KB044918

사주의 원리를 정복하고 진면목을 볼 수 있는

生年月日時의 神秘

四主推命學

편저 박종갑

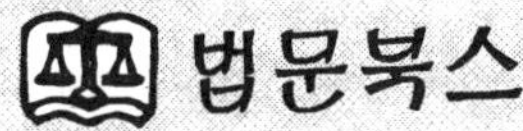

서 문

사주추명학(四柱推名學)은 자유중국의 『피오·메카닉크』(生物機構學)이다。 지금 본인은 이것을 새로히 『명리학』(命理學)이라고 이름 붙인다。

저 도궁술(陶宮術)은 이가운데의 十二지(支)를 쓰는 술(術)이다。 그리고 저 九성(星)이라 함은 이 가운데의 생년(生年)만을 표준으로 한 것이다。

사주추명학(四柱推名)이란 사람의 생년·월·일·시(生年月日時)에 따라서 그 규정된 명리(命理)를 추단(推斷)하는 것이다。

그럼으로 지금 본인은 이것을 일러 명리학(命理學)이라고 부르는 것이다。

명리학(命理學)은 모든 술학(術學)의 연원(淵源)이며 근저(根底)이다。 우리나라 술학(術學)은 물론이고 「유럽」에 있어서의 점성학(占星學) 같은 것도 대개 여기에 근원을 둔것이 아닌가 생각 된다。 여기에 간단히 그 특장을 말하면 아래와 같은 것이다。

첫 째――조부(祖父)의 업무(業務)의 계승(繼承) 여하(如何)、 성쇠여하(盛衰如何)、 및 사람에게 유전음덕(遺傳陰德)의 유무여하(有無如何)를 알 수 있는 것이다。

둘 째—부모의 힘의 유무(有無)、그 친부(親否) 및 전불건(健不健)의 여하를 알수 있는것이다。

(부모의 유전병(遺傳病)—위병(胃病) 화류병(花柳病)등을 잘 알 수 있다)

셋 째—형제자매의 운불운(運不運)및 자기에게의 친소(親疎)를 알수 있다。

넷 째—자기와 처와의 관계가 좋은지 나쁜지를 잘 아는 것이다。

(부부의 연분(緣分)이 한번으로 끝나는지 아닌지를 알수있다)

다섯째—자기와 자계 들과의 관세 자식들의 사람됨을 알수 있는 것이다。

여섯째—그 사람이 성공하느냐 못하느냐 언제쯤 성공하느냐 또는 실패 하느냐 어느 해에 좋은지 아니면 흉인지 일체가 명료(明瞭)한 것이다。

일곱째—그사람의 길고 짧은점 뿐만아니라 처의 길고 짧은 점도 알수 있는 것이다。

여덟째—어느 만큼의 표준으로 돈을 모을 수 있다는 것을 알수 있는 것이다。

아홉째—남에게 사랑을 받는지 받지 못하는지 고독(孤獨)한지 인기가 있는지를 알수 있는 것이다。

열 째—어떠한 직업을 가지면 성공 하는지를 알수 있는 것이다。

그밖에 명리학(命理學)에 있어서는 대인관계 그 인물(人物)등도 밝혀 알수 있는 것이다。 인상(人相)에서 말하는바 상상(相像)이란 것을 행할 수도 있는 것이다。 또 그 사람의 일상생활의 행동에서 심리작용(心理作用)、 심지어는 규방(閨房)의 일까지도 알수 있는 것이다。 실로 무서운 술학(術學)인 것이다。

본인은 지금 뜻을 같이 하는 사람들과 함께 명리학회(命理學會)를 일으켜 이 학문의 보급(普及)에 노력하여 강의록도 발행 하고있다。 따라서 회원 이외에는 전할수 없는 비전(秘傳)이 있음도 알아주기바란다。 ―그러나 본서는 이른바 사주추명학(四柱推命學)의 본체(本體)를 현실(現實)에 설명하였다。 이에 따른 새 구성학(九星學) 같은것은 따로히 명리학회 命理學會)에서 발행하는 『팜프렛트』로서 알아주기 바란다。

—차 례—

전편(前篇)

본편(本篇)

차 례

전편(前篇)

사주 추명술(推明術)과 나

여기 나는 이러한 문제를 들어 본인의 겪은바 참회(懺悔)를 말하고져 한다。그러는 것이 이길을 가장 손쉽게 여러분의 귀 또는 눈에 들게하여、그 술법(術法)을 쉽게 알리는 수단이라고 생각하기 때문이다。

나는 지금으로 부터 약 十년전에、이른바 액년(厄年)에 큰병에 걸렸고 동시에 十七세가되는 맏아들을 잃었다。그리하여 나는 정신적인 고민을 해결하고져 여러가지를 연구하여 보았으나 어느것 하나가 만족하게 그것을 해결해 주는 것은 없었다。

더욱이 나는 세상에 나면서부터 근심이 많은 사람이었으므로『예수교』를 믿어 세례(洗禮)를 받고 종교에 관한 책을 읽어보기도 하고 그보다 앞서 아동교육에 관계 하고 있었으므로 교육학 아동심리학 또는 철학등 아무것이고 할수 있는것을 하여 보았으나 그때까지 얻은 지식으로서는 아이를 잃은때의 근심을 해결할 아무것도 가슴에 남아 있지 못하였다。(나는 二十五세에 아비가되었다)

그간에는 진실천리교(眞實天理敎)의 교도가 되어 「향내 걸기」라는 것을 해보기도, 하고 절간(寺)에가서 마음과 도를 닦아보기도 하였으나 그래도 지금의 나의 근심을 해결해주지는 못하였다。그 다음 다음해인 서기 一九二一년에 비로소 잡지 『運의世界』를 발행하고 그때까지 근무하던 「직장」를 그만두고 전심(專心) 방술(方術)의 길에 들어선때를 전후하여 중국에 『淵海子平』의 법、즉 우리나라에서 말하는 사주추명술(四柱推命術)이 차츰 동쪽으로 전해져 우리 나라에서도 유행 하기시작 하였다는 것을 어떤 사람으로 부터 들었고 또 이법은 운명 판단술의 으뜸으로서 이에 더한 좋은법은 없다는것도 들었다。

이 술법(術法)은 그사람의 운의 흥폐(興廢)는 물론、부모자식 형제 처자의 운 불운 상생상극(相生相尅)의 예(例)등도 알수 있다는 것을 들었다。 그리하여 그사람은 자기의 모르고있던 형(兄)이 추명(推命)으로서 발견된 세상에도 얄궂은 희비극(喜悲劇)의 이야기도 들려주었다。

그 이야기는 마치 한편의 소설(小說)과도 같았으나 지금 그것을 쓰자면 길어지므로 그만두지만 나에게는 대단히 흥미 있는 문제 였으므로 시험 삼아 죽은 자식의 생년월일시를 넣어 판단을 청하니 그 아이는 부자상극(父子相剋)의 이별이 있으므로 빨리 집을 벗어나게 하여 집에 동거(同居)하지 않음이 좋다。동거하면 그 어느 편이 이기거나 저서 넘어질 것이라 하였다。오늘날 내가 얻은 경험으로는 그 아이에 상극(相剋)의 별이 있는 것이 아니고 나에게 자식을 극(剋)하는 별이 있는 것이다。그 때문에 자식의 생명을 잃게한바 무엇 때문에 자식을 잃어버렸는가 하는 천만무량(千萬無量)의 생각 천갈래 만갈래로 흩어 져 걷잡지못하는 난문(難問)—이른바 인생의 회의(懷疑)는 그것으로 얼마만큼 가셔졌다고 생각된다。그일은 구저(舊著)『現代三世上』(서기一九二三년출판) 가운데에『부친이자식의 생명을 빼앗음』이란 제목으로 참회적으로 적었으므로 기억 하는 분도 있으리라 생각되나 그 아이의 명식(命式) 즉 생년월일시는 다음과 같다。

서기一九〇三년三월三일、오후七시생

比肩(비견) 癸卯年 帝旺(제왕) 天厨人(천주인)

傷官(상관) 甲寅月 建祿(건록) 金輿祿(금여록) 深水流霞(심수유하)

(甲傷官)(갑상관) 癸巳日 建祿(건록)

食神(식신) 乙卯時 (長生)(장생) 建祿(건록) 天德合(천덕합)

空亡午未(공망오미)

그 명식(命式)에 있어서는 중국의『三命通會』에 癸日乙卯時、食神干旺、癸以爲學堂食神、卯上癸重生、乙坐祿、柱中無己辛奪、午酉刑衝、通月氣、有倚托、主聰明有壽、居官食祿、若有己土不貴、春月生北運顯達、라고 있다。

그러므로 十五세에 집을 나가서 상가(商家)에서 일을 배워 독립하여 사업을 해보겠다는 것을 나는 반대 하지 않았어야만 했던것이다。 그러나 뒤에는 본인도 희망하므로 집으로 돌아오게하여 중학에 넣었는데 바로 병마(病魔)가 따라 마침내 순일(旬日)에 죽어간 것이다。

여기에 대하여 쓰는것은 새로운 눈물을 부르므로 싫으며 또 더 쓸것도 없다。 그러나 이번에 다른이의 희망으로 「命理學으로 알수있는 肉身相尅」이라 제목하여 적은 것이므로 그것을 아래에 엮는다。 그러므로 중복(重複)되는 점은 양해를 바란다。

「부자상극、형제상극、부부상극」、이러한 일이 사람들의 운명상에 행하여 지고있는 것이다。 그것은 너무나도 무서운 사실이며 또한 슬픈사실인 것이다。 이 상극(相尅)의 예를 여실(如實)히 가리킨것이 「高木乘」의 저서(著書) 「現代三世相」 가운데에 있다。 그것이 어떤 것이냐 하면 「高木乘」이 홀연(忽然)히 운명론자(運命論者)가 되어、또 이길에 종사하여 다소라도 다른사람을 위하여 운명에 관한 것을 말하고 있음은、「高木乘」이 장남(長男)의 죽음으로이며 「高木乘」은 그 장남의 죽음의 참 원인을 알자 ——죽은 자식의 나이를 헤아리는 것보다 한걸음 나아가서 그 사인(死因)의 본체(本體)를 알려고 이길에 들어 섰다。

장남의 죽음의 참원인——그런것은、인상(人相)、수상(手相)、성명학(姓名學)구성(九星)、역학(易學)에서도 가르쳐 주지는 않는다。 「高木乘」 그사람이 자식의 인연이 얇다는 막연(漠然)한 판단(判斷)은 내리지만 그 아이의 사인(死因)은 알지 못했다。 「高木乘」도 성명학(姓名學)을 말하고、인상학(人相學)을 배우며、구성(九星)을 알고、역학을 통달했으나 아이의 사인(死因)을 가르쳐주지 못한다。 ——그것을 가르쳐준 것은 중국의 명리학(命理

學)뿐이다。

명리학(命理學)에서는 이렇게 말하였다。 너와 너의 자식은 상극(相剋)의 이별이있다。 빨리 너의 곁에서 떼어 놓는것이 좋다고 하였다。 그러나 그때는 이미 때가 늦었다。「高木乘」은 두번이나 자기 곁에서 떠나간 자식을 거이 무리하게 돌아오게 하여 도리어 그자식의 생명을 줄인것이다。 그러나 때는 이미 늦어서 돌이킬수 없는 것이다。 그것이 운명(運命)이다。 운명이라 생각하고 단념 해버리면 그만이지만 그러한 마음의 상처가 그리 쉽사리 나을것인지 경험있는 사람들은 잘 알것이다。

울고 또 울어 눈물이 말라버린 마음속 밑바닥에서 생겨난것은 무엇인가 하면 그 하나는 이 명리학(命理學)——크게 말하면 사람의 운명(運命)、다시말하면 인간의 생리적(生理的)으로 심리적(心理的)으로 결합되어 있는 자연적 기구적(機構的)인 사실을 보다 올바르게 남에게 가르친다는 것이다。

그러한 뜻에서 「高木乘」은 언제나 사람들에게 사람으로서의 올바른 길을 가르치고 있다고 그 말의 한끝이 어느때 잡지「운(運)」의 편집장「大目」씨의 귀에 들어가서 부자상극의 예를 말해달라는 요구를 해온 것이다。 때마침 다른 본성(本姓)에 있어서의 사업인 도검연구(刀劍硏究)의 저서(著書)에 열중(熱中) 해있을 때 였으므로 집필(執筆)도 할수없이 그대로 있었던 것이다。 지금에야 조금 여가를 얻어 여기에 일문(一文)을 초(草)하는 바이다 그러나 육친상극(肉親相尅)의 예 등은 너무나 비참(悲慘)하여 자타가 말하기를 그다지 마음이 좋지 않는 것이다。「高木乘」한사람의 신상의 이야기라면 괜찮지만 (그것도 내자식에 관한 이야기라고 생각하면 좀 불쾌하다) 다른 사람의 신상 이야기라면 더욱 참지못할 일이다。 그러나 그예(例)를 말하지 않으면 그길(道)을 밝히기 힘들므로 지금「高木乘」이 최근에 경험한 한가지 예를 들어 말하고져한다。

이것은 한번 명리학회(命理學會)의 기관지(機關紙)『福星』지상에도 실었으나 여기 이제 말하는 사주(四柱)를 가진 청년이었다。(이것을 여기에 명리학〈命理學〉의 전문방법에 따라서적는다)。

食神(식신) 丁未年 衰(쇠)

傷官(상관) 丙午月 帝旺(제왕)

食神(식신) 乙巳日 建祿(건록)
正財(정재) 戊寅時 長生(장생)

이와같이 생년월일 가운데 사・오・미(巳・午・未) 이렇게 나란히 있음은 남방(南方)의 불(火)로 된다。

남방의 화로서 염상격(炎上格)으로 한다。그러므로 이 사람은 사양(辭讓)하는 마음이 두텁고 공경(恭敬)하면서 위엄(威嚴) 질중순박(質重淳朴)하고 얼굴은 위는 삐쭉하고 아래로는 넓어 양자성(養子星)의 골상(骨相)이다。화대과(火大過)하므로 공경(恭敬)하며 총명(聽明)하다。학재(學才)에 뛰어 났고 사물(事物)을 보는 지능(智能)에 뛰어났으며 일찍 노성(老成)한 풍이 있다。즉 천하의 수재(秀才)이다。이사람은「高木乘」의 오랜 친구의 맏아들이다。처음은 귀여운 미모(美貌)의 소년이었다。커서는 법정대학의 수재이었다。자나깨나「高木乘」의 곁에서 종교론(宗敎論)、철학(哲學)、불교철학(佛敎哲學)、운명론(運命論) 같은 것을 토론하였다。「高木乘」은 이 청년에 따라서 크게 배우는 것이 있었고 또 불교철학의 깊은 한끝을 알게 되었다。「나의 아버지는 순수(純粹)한 신앙가(信仰家) 이기는 하나 학자(學者)는 아니므로 학문으로서의 나의 생각은 선생님이 들어주셔야 되겠읍니다。하며 모든열을 기울여 번번히 밤이 깊어지는것도 모르고 十二시 새로한시 두시경 까지도 이야기를 주고 받은 것이다。「高木乘」은 수재(秀才)는 천하의 수재이지 아버지 소유(所有)가 아니라고 말하여 그청년의 장래성 있음을 즐겨 하였다。

「아니다 그 생년월일시로 부터 판단하고 또 그 아비의 생년월일시로 부터 판단 하여 부자상극(父子相剋)의 티가 있음을 알고 열심히 부자가 별거(別居) 할것을 말하여 당자도 또한 크게 그뜻이 있었으나 미쳐 실행하기 앞서 二十三세의 十一월에 이르러 (이때에 화운(火運이왔음) 폐염(肺炎)에 걸리었다。 부모님은 놀라서 어찌할바를 모르고 순수한 종교가이므로 의술(醫術)은 물론 부처님의 가호(加護)를 내몸과 바꾸어달라 기원하며 모든 방법을 다하였으나 병은 점점 더하여 갈뿐이었다。「高木乘」는 의사를 찾을 방위를 가리켜서 절망의 깊은 곳에서 한때 생명을 붙들어 그 뒤 반년간을 병상(病床)에 있어 한때는 걸어 다닐수 있게 되고 「高木乘」또 몇번이나 방문하여 그청년과도 또한 학문을 이야기 하였으나 마침내 다음해의 같은 때에 화운(火運)이 왔을때에 二十四세의 생명을 마지막으로 불태우고 말았다。

물론 현대의약의 혜택을 받지않은 것도 아니고、 그사람의 단명인것에 관계되나 다른원인으로는 부자상극의 관계가 있는 것이다。 그러면 그 부친의 생년월일시를 살펴보면 그 명식(命式)은 다음과 같은 것이다。

傷官(상관)	辛巳年(신사년)	胎(태)
正財(정재)	癸巳月(계사월)	胎(태)
偏印(편인)	戊辰日(무진일)	冠帶(관대) 魁罡(괴강)
食神(식신)	庚申時(경신시)	建祿(건록)

여기에 적는 괴강(魁罡)이라는 것이 가장 나쁜것이다。 편인(偏印)이라는 것도 자식을 넘어뜨리는 별인 것이다。 이러한 사람은 빨리 자식을 별거(別居)시켜야 하는것이다。 그사람은 맏아들이 죽은해와 그 전년에 맏딸과 둘째 아들과를 잃고 있는 것이다。 맏따님은 二十五세、 둘째 아들은 二十一세이었다。 그 밖에도 어린아이를 둘인지 셋을 잃었다。 몸은 사회

의 신앙을 모아가진 종교가이지만 이와 같은 명리상(命理上)의 관계에 있으면 그경지(境地)로 부터 빠져 나가기란 실로 어려운 것이다。 있는 것은 오직 한가지 방법뿐인데 부자친애(父子親愛)의 길、 사회공존(社會共存)의 의의로부터 생각한다면 쉽사리 행하기어려운 일로서 「高木乘」도 좀처럼 남에게 권하지 않는다。 또 세간보통의 인정 사회관으로 보아도 꾸지람을 아니하여도 될 자식을 마구 꾸지람하는 어버이등은 그중 어느편엔가 부자상극의 관계가 있으므로이다。 자식을 어쩐지 눈앞에 서지못하게 하는 부모는 반드시 이러한 관계에 있는 것이다。 거리를 산보할때 길가에서 아이를 지나치게 나무라는 어머니 들을 볼때에「高木乘」은 눈시울을 덥게 하며 그곳을 빨리 벗어나는 것이다。 이러한 부모를 말리고 아이를 두둔하면 도리어 뒤에 아이를 고통주는 결과가 되는 것이다。 그러므로 할수없이 눈물을 감추고 그곳을 벗어나는 것이다。

「高木乘」은 멀리서 아이들의 울음 소리를 들어도 온몸에 소름이 끼치는 것이다。 그만큼 부자상극의 운이 골수(骨髓)에 사무쳐있는 것이다。 그러나 보통 누구에게도 권하지 않고 자기자신의 몸을 정신적으로 고통받고 있는 것이다。 아마도 많은 사람 가운데에는 「高木乘」과 같은 경험이 있는 사람도 있을 것이다。 그러한 사람은 자기에게 자식을 극하는 별이 있음을 알고 이후 충분히 주의하여 달라는 것이다。 또 어려서 일찍 죽는 아이는 대개가 수재(秀才)이고、 영리하다。 영리수재(怜悧秀才)를 자랑삼아서는 아니되는 것이다。

부자상극이 되는 사람은 자연히 부자 서로간의 마음이 어딘가 맞지 않는 것이고 형제 상극도 또한 이와 같은 것이다。 상극되는 관계가 있으므로 마음이 맞지 않는 뜻이며、 만약 이러한 사람이 있으면 주의하여 달라는 것이다。

책을 열자 먼저 나는 불쾌(不快)한 이야기를 하였다。 그래서 입관 눈을 새롭게 명리학(命理學)에서 개운(開運)한 재미있는 이야기를 하나 하려한다。 잊어 버리지도 않는 서기 一九二二년의 여름이었다。 마침 내가 「現代三世相」을 출판하는 전년이었다。 그때 三十一세의 「細川勝賴」군이 나에게로 왔다。 그때 「細川」군은 四七、〇〇〇원이나 되는 빚 때문에 궁박(窮迫)한데 그 빚이 양가(養家)에 걸리면 아니된다고 하여 집을 나와 이연(離緣)의 계출서(屆出書)를 우송하고서 몸을 감추어 있었든 것이다。 (그것이 七월이다)

그사이 「細川」군은 여러곳의 인상가(人相家)나 역자(易者) 또는 구성가(九星家)를 찾아 날을 의논 하였으나 누구하나 밝게 그앞길을 가리켜주는 사람은 없었다。 어떤 사람에게는 한번에 七〇원이란 많은 돈까지 주었으나 아무것도 아니었다고 말하였다。「細川」군은 그때 푼돈도 아쉬웠다。그리하여 나에게 회중시계를 내어놓고 요금대신 받아 달라는 것이었다。나는 시계를 맡을것을 거절하였다。그러나 추명학(推命學)에서의 판단은 해주기를 하였다。그리하여 단호(斷乎)히 방침(方針)을 발하였다。그때「細川」군은 저녁때에 와서 밤 十一시경 까지 이야기 하였다。「細川」군의 명식(命式)은 아래와 같다。

서기 一八九二年三월四일 아침(七시경)생

印綬	壬辰年	墓	○辰과辰는自刑의별(空亡)
印綬	壬寅月	衰	
(甲劫財)	乙未日	冠帶	
正官	庚辰時	養	
順每年運	空亡	辰 巳	

그때의 운은

大運 壬寅 印綬 帝旺

歲運 丙申 傷官 胎

○壬水와 丙火와의 다툼, 寅과申과의 冲運(大凶)

유년(流年)은 ○辛酉의 偏官七殺絕運

이라는 조직 이므로 견질수 없다。 그러나 (서기一九四二년 임인수(壬印綬)가 되면 내가 좋은 법을 가르쳐 줄터이니 그것으로 빚도 갚고 세상에 나가서 다시 활동하도록하시요。 그때 까지는 숨어 있으라고 하였으나 좀처럼 믿으려 않고 듣지도 않았다。 채권자(債權者)에게 미안 하다는 말을 한다。 나는 소리를 높여 나를 믿거든 내가 하는 말을 들어라 나를 믿지 못하면 곧 돌아가라고 하였드니 「細川」군도 겨우 양해하여 그때 까지는 어떻게 하면 되느냐 하고 묻는것이다。 형제간의 집에나 낳은 부모집에고 아무데고 가서 있어도 괜찮을 터이니 그렇게 하고 명년 二월 절분(節分) 날이되거든 나에게로 오라고 하였다。 밤이 깊었으므로「細川」군은 돌아갔다。 또 그다음날도 그다음날도와서 같은 말을 되풀이하여 좀 처럼 결정을 내리지 못하였다。 나는 또 몹시 나무라서 돌려 보냈으나 그로부터「細川」군은 매달 와서는「아직 멀었느냐、아직 멀었느냐」고 재촉 한다。 내가 무슨『찹쌀떡』이라도 만들어 주는것처럼 생각하는 모양이다。 나도 말을 못하고 있으니「細川」군도 좀처럼『찹쌀떡』이 나오지 않으므로 할수 없이 사이가 좋지못한 아우의 집(信川)으로 돌아간모양이었다。 그로부터 七개월이 지난 절분(節分)의 이튿날 약속과 어김없이「細川」군은 나에게로 왔다。

그리하여 말하는 바가 마치 소설가운데 이야기 같았다。

「오늘을 기다리다 못해 어제 저녁「信川」를 떠나 오늘 아침「上野」역에 도착 하였읍니다 그리하여 선생님댁으로 올려는데 때마침 운수 나쁘게도 전차안에서 한사람의 채권자(債權者)와 마주쳤읍니다。 깜짝 놀라 어쩔줄 모르고 있을때 또한 사람의 채권자(債權者)의 처(妻)가 죽었으므로 지금부터 거기 간다는 것이다。 빚은 빚이고 다른경우와 틀리니 나와 함께 그집으로 가자」고 하는 것이었다。 그러나 선생님께 왔다 가지 않으면 안심이 되지 않으므로 애써 변명을 하고서 여기부터 먼저 왔읍니다。 거기 가야 되겠읍니까? 어찌 해야 되겠읍니까?」라고 말한다。

물론가야하지요 그후 다시 내게로 오시게、 그때 비로소 군의 四七、〇〇〇원의 빚은 갚게 하여 준다。 가보게」

「선생님、 농담이 시죠」

「농담이 아니야 참말이야 가보겠나」

「細川」군은 여우에 홀린것 같이 나의 집에서 그 채권자의 집으로 갔다。 그러고 있으니 또 밤중에 와서

「선생님、 일이 얄궂게 되었읍니다。 실은 이러한 이야기 입니다——아내를 잃은 채권자(債權者)는 망처(亡妻)에의 추선공양(追善供養) 때문에 저의 부채(負債)를 그어버린다는 것입니다。——그리고 채권자는 셋인데 모두가 그자리에 있었는데 군도 나하나만의 부채만 살아진다 하여도 곤난할터인즉、 지금 내가 정리해 줄터이니 위임장(委任狀)을 써라、 그리고 미리 봉해둔 주권(株券)의 처분을 맡겨라。 또한 둘째 문제로서는 나는 아이를 하나 다리고 당분간 조용한곳에 가있을 터이니 우리점포(都賣商)를 경영(經營)하여 달라……고 말하는 것입니다。 어찌된 영문입니까。」하고 의아에찬 얼굴로 이야기 하는 것이다。

「그것이다。 내가 만들어 줄려고 생각한 『찹쌀떡』은 七개월이나 걸려서 겨우 만들어졌다。

맡기게나 맡겨 위임장도 써주도록하게、그러나 점포를 맡는일 만은 거절하게 그것이 끝나거든 또 나에게로 오시게、약속한 四七、○○○원의 빚은 거기서 깨끗하게 정리되는 것이다。그것은「천우(天佑)」다。

사주추명(四柱推命)으로 미루어서의 전혀 천우(天佑)이다。천우가 온 것이다。조상(祖上)의 은덕(隱德)이 나타난것이다。그것을 하늘로 부터 얻자니 군도 七개월이나 기다린것이다。나도 기다리게 한것이니라。또 보은(報恩)할 날이 있을 터이니 그사람의 호의를 좇아 정리하도록 하게나。」나는 그렇게 말하며「細川」군을 돌려 보내었다。군은 그 사람집에가서 장의(葬儀)를 도와 준 끝에 위임장(委任狀)을 써주었던 것이다。그결과 담보물건을 매각처분(賣却處分)하니 단지六四○원이 되었다。그것을 다른 두사람의 채권자(債權者)가 절반(折半)하여 四七、○○○원의 빚이 단번에 깨끗이 반재(返濟)되었다。명리판단(命理判斷)의 묘령(妙靈)도 여기에 이르면 마치 무한의 신력(神力)이 있어서 사람의 흥폐(興廢)를 맡아봄과도 같이 유(愉)하고 쾌(快)하고 남의 일이지만 가슴이 후련하고 또한 환희의 눈물을 금할수가 없었다。

이것은 결코 내가 지은 이야기도 아니고 우리 명리학회(命理學會)에는 그「細川」군도 자주 출석 하고있으니 틀림없는 것이다。 (이 「細川」군과 공동하여 관동대진재(關東大震災)의 예언을 발표하다) 또 서기 一九二三년의 봄 二十만원의 부채 때문에 파산신청(破産申請)까지 하게된 「후꾸지마」현의 「白河」군이 왔는데 이 사람도 그 전년 무엇인가 용자(龍子)의 판단에 따라서 일을 시작하여 큰실패를 한 사람이다。「白河」군도 『후꾸지마』로 부터 잠옷바람으로 산보 하는 척하여 도망하여 나온 사람이다。 이사람에도 찹쌀떡을 만들어 주어 요행으로 파산신청(破産申請)을 해제 한후에、 부채(負債)를 낙착(落着)시켜서 『도오꾜오』에 있어서 맨손 맨주먹으로 사업을 일으키게 하였다。——이렇게 말하면 내가 무엇인가 요술이나 마술을 부린것 같이 생각될지 모르나 그런것은 나는 모른다。 그저 명리판단(命理判斷)의 가리키는 바를 단호(斷乎)히 실행(實行)시킨것에 지나지 않으며 「白河」군도 오늘에는 『긴자』에 당당한 상회를 만들어 전화를 세대나 끌어들이고 점원을 七명이나 부리고 세사람 공동의 사업을 하고 있으나 이 사업을 시작할때도 사실 한푼의 돈을 낸것도 아니고、 다른 사람으로 부터 양복이며 구두며、 양산 그리고 모자며 『샤쓰』에서 『빤쯔』까지 얻어서 입은 그야말로 참으로 알몸뚱아리 였든것이다。

이사람의 명식(命式)은 아래와 같다。

서기 一八八八년十二월二十四일 아침巳時생

劫財 戊子年 沐浴
正官 甲子月 沐浴
(壬正財) 己巳日 建祿
偏印 丁卯時 衰

甲巳干合偏官이 됨

「白河」군이 회천(回天)의업?·이라고도 할만한 일을 한것도 결코 나의 공적(功績)은 아니고 「白河」군이 가진바 조상의 은덕(隱德)을 내가 명리학(命理學)상에서 보아서 잘 활용(活用)한 것에 지나지 않는다。

그밖에도 이와 비슷한 개운(開運)의 기(機)를 잡아준 사람은 한두 사람에 그치지 않는다。한사람의 사람을 건지는것도 쉽지 않는데 나는 큰섬에가서 파묻혀버리겠다는 「細川」군、그리고 용감한 장교로 한번 군문에 들었든몸이라 칼로서 배를 활복하여 채권자(債權

者)에 대하여 사과 하겠다던 「白河」군을 명리학(命理學)에서 건질수 있었음은 하늘에 크게 감사를 올려야할 일이라고 생각하고 있는 것이다。 이것들도 모두 죽은아이「重敎」의 명리(命理)를 깊이 그리고 알뜰히 연구를 그 전년중에 해두었기 때문이라고 생각하여 인생의 기연(機緣)의 극히 영묘(靈妙)함을 통감(痛感)하게 되는 것이다。

그리고 대진재(大震災)로 사람들이 四·五년 어지러운 가운데 세월을 보낸 때문인지 마음깊이 잡고 늘어지는 사람도 없고 대난문(大難問)을 해결한 일도 없고 나의 명리(命理)의 덕도 빛을 내지 못하고 헛되이 여기 十년이란 세월을 흘려 보냈는데 그러나 최근다수의 동지를 얻어 이길을 세상에 널리 펼수 있었다는 것은 한둘 소수(少數)의 사람의 명리적 해결을 하는것보다도 유쾌한 것이다。

나는 어쨌든 피눈물을 흘리면서 명리를 연구하였다。 그간에 또한 조도전 대학(早大)졸업을 앞둔 二남「正敎」를 잃었다。

이것을 적으면 또한 한편의 비루사(悲淚史)가 엮어지나 이것도 요컨데 자식의 인연(因緣)이 얕은 나의 면하기 어려운 명운(命運)이었든것이다。 二남「正敎」의 유업(遺業)은 나의 별도(別途)의 연구이다。「日本刀劍學」방면에 나타나 있다。 금일은 그저 명리(命理)의 길에 따라서 무형(無形)의 축적(蓄積)을 하늘을 향하여 하는것 뿐이다。 그것이 나의 오늘날의 처지이다。 지난날에 있어서의 나 자신(自身)의 명리학적 과정(過程)은 너무나 비참(悲慘)하여 여러분이 참고로 할바도 못된다。

이상과 같은 이유에서 이 학문을 이른바 과학(科學)——(과학이란 수리상(數理上)의 공식(公式)에서 나오는 것이다。 그것이 나오지 않고서는 입으로는 과학(科學)이라 불러도 공식적과학은 아니다)과 가까이 할려고、 독일 나라 같은데 있는 『피오·메카닉크』(生物機構學의 예를 따라서 연구한 것이나 『피오·메카닉크』가 산 인간 그것을 해부대(解剖臺)에 올리지 못하는것 처럼 명리학(命理學)도 산 인간을 해부할수 없으므로 자칫하면 추상적 논리(抽象的論理)로 떨어져간다。 그래도 다른 동물의 예 등에 따라서 고찰(考察)하여 만들은 것이 아래에 가리키는 나의 『라이프·메카닉크』 인생구성학(人生機構學)인것이다。 이것은 본편(本篇)을 읽기전에 읽지 않아도 되지만 명리학(命理學)을 배우는 사람은 귀찮아도 꼭 읽어주어야만하는 한편이다。 여기에 공식논리(公式論理)가 있다。 이 논리는 전에 「現代三世相」가운데에 가리킨 「인간이 가지고 있는 운명의 궤도(軌道)」를 더욱 연구하여 다시 쓴것이다。

그리고 끝으로 사주추명(四柱推命)——명리학은 생년월일시만 알면)、

아무것이고 모르는 것은 없다。

는것을 덧 붙이고 싶다。 아니 그 생년월일도 모르는 것을 알게 되는 것이다。

서기 一九二六년一월호 잡지『文藝春秋』지상에、소설가「加能作郞」씨가『안타까운일』이란 글을 주어 자기의 난해를 모른다고 한것은 시골의 일이라 형이 죽고 얼마있다가 자기가 태어났는데 부모들이 새로 신고를 하지않고 그냥둔것으로 호적에서는「作太郞」이란 형의 이름으로 나이도 한살더하고 생월도 확실하지 않으며 그러한 얄궂은 호적부를 가진 사람이라 자기의「생일」이라는 것도 모른다。 그래서 아이들로부터 아버지의 생신은 언제입니까? 하고 물음을 받으면 대답하기 곤난하고 부모님에게 물어도 기억이 흐릿하고 정정(訂正)도 할수 없으며 언제나「안타깝게 생각하고있다」고 하는 것이다。 그리하여「술년(戌年)의 절분(節分)의 달이 마지막 날로서 눈이 내리고 있었다。」라고 한 년만(年滿)하신 부친의 말을 끄나풀로 추명(推命)을 하여 보니 아래와 같은 것이였다。

서기 一八八六년 二월二十八일(생시불명)

劫(겁)財(재) 丙(병)戌(술)年(년) 病(병)

正(정)財(재) 庚(경)寅(인)月(월) 絕(절)

(甲(갑)印(인)綬(수)) 丁(정)亥(해)日(일) 帝(제)旺(왕)

(生時不明)

학문문장(學問文章)의 별이다。갑(甲)의 인수(印綬)가 나오는 것은 확실히 인월(寅月)이 아니면 아니된다。그것이 빨리 세상에 나타난 것은 二十八일생이 아니면 안된다。二十六일도 二十七日도 운세와 맞지 않는다。그리하여 대강 상상(想像)한대로 적어서 「加能」씨에게 부쳐드렸드니 씨로부터 아래와 같은 편지가 왔다。

근계(謹啓) 아직 뵈옵지못했읍니다만 점점 청영(淸榮)하심을 앙하차축(仰賀且祝)하옵니다。그러하온데 전일에는 졸문(拙文)「안타까운일」에 대하여 여러가지로 친절하게 감정(鑑定)하시와 결과를 알으켜주셔서 감사히 받아 읽었읍니다。바쁘신 가운데 매우 귀찮은일을 일일히 알아주신 호의에 깊은 감사를 드립니다。곧 나아가 고마운 말씀을 올려야 할것을 와병중(臥病中)이라 오늘까지 늦어진 실례를 용서(容恕)하시기 바라옵니다。감정(鑑定)하신 여러가지에 대하여는 깊이 수긍(首肯) 할 점이 많으며 더욱이 성격(性格)에 관한 점에는 거이 가 맞은것 같읍니다。 언젠가 만나 뵙고서 여러가지 질문(質問)에 응하고 또한 귀하신 의견(意見)을 듣고져 합니다。 따라서 그 옥고(玉稿)는 단지 소생(小生)에의 사신(私信)으로서가 아니고、『文藝春秋』에의 기고(寄稿)라고 보아서 좋을는지、일은 소생 일개인에 관한일이지만 일반에게 공개(公開)하여도 괜찮을듯 생각되므로 될지안될지는 몰라도 일단 문예춘추사(文藝春秋社)로 보내어 보고자 생각하는바 뜻이 어떠하온지 전해 주시면 감사하겠읍니다。 그러면 우선 인사를 겸하여 이만 줄입니다。 총총

二월九일 「加能作次郞」

「高木乘」 귀하

이것은 문예춘추에 실리지는 않았으나 이러한 예는 이밖에도 있다。 또 추명(推命) 상에서 그사람의 결점(缺點) 장점(長點)을 지적(指摘)하여 하룻밤 사이 도의원(道議員)이 된 사람까지 있는것이다。 이것은 본편(本篇)중에서 설명하기로 많은 예를 본편 가운데 넣어 두었으니 각부에 따라 살펴보시기 바란다。

라이프·메카링크 (人生機構學＝推命의科學)

인간에 있는 세가지 형

十九세기의 세계적 작가인『모리스·마아텔링그』는 뒤에 철인(哲人)이 된 사람이지만『마아텔링그』는 특히 사람의「운명」에 따라서 깊이 논한일이 있다。그에게는 걸작「몬나·반나」가 있음과 동시에 논문집(論文集)「지혜와운명」이 있다。문예적 작품으로서 세상에 남긴 걸작은「몬나·반나」는『마아텔링그』의 운명관(運命觀)을 이 역사극(歷史劇)위에 표현한 것으로서「운명」은 얼른보아 필사(必死)의 힘과도 같이 생각 되나 사람으로서 한번 밝은 예지(叡智)에 눈떳을때 인생에 있어서의 거이 모든 우발적(偶發的)인 일은 모두가 우리들의 심안(心眼)에 비치는 것이다。따라서 이 예지(叡智)에 따라서 사람은 본능(本能)의 맹목적(盲目的)인 힘을 타파(打破)하고 그 둘래의 운명의 힘을 감살(減殺)할수가 있는것이다 거기에 행복이 있다는 것으로서 여주인공(女主人公)「몬나·반나」야 말로、즉『마아텔링그』

의 이른바 예지로서 운명을 뚫어보고、 거짓된 결혼에서 벗어나서 새로운 생애(生涯)에 뛰어 들려고한 것이다。

이와 같이 『마아텔링그』는 예지(叡智)로서 운명의 힘을 감살할수가 있다고 역설(力說)하고 있으나 「운명의 개척(開拓)」이란 불행한 사람이 행복한 길로 나아가자면 끊임없는 의식(意識)으로서 무지의 세계로 부터 지각(知覺)의 세계로 나아가지 않으면 아니된다。「불행」이라고 하는 것은 말하자면 그 사람의 무지각인격(無知覺人格)의 역사라고 하는 것이다 그러므로 지각력(知覺力)인 무의식(無意識)의 의식을 가지지 못하는 자는 역시 「행복의 경지」에 도달하기 어려운것이다。『마아텔링그』는 이러한 인격의 구별을 확실하게 하지 않았다。 이사람 저사람이 모두 「지각력(知覺力)인 무의식(無意識)의 의식」에 이를수 있다고 하였다。 거기에 학자의 심리적인 논구(論究)——철학(哲學)은 있으나 실제생활에 있어서의 차별、 다시 말하면 인간으로서의 실행성(實行性)을 생각않는 결점이 있었다。

왜냐하면 이와같은 심경(心境)에 이르를수 있는 것은 보편적(普遍的)으로 생각하여 어느정도의 학문이 없어서는 아니된다。 즉 교육이 없어서는 아니된다。 뛰어난 상식이 없으면 아니된다。 그런데 세상에는 무식한 사람도 있다。 고등교육을 받지 못한 사람도 있다。 또한 상식 조차 넉넉하게 갖추지 못한 사람도 있는 것이다。그러므로 「마아텔링그」가 말하는 의식의 세계를 쌓아올려서 자기를 행복하게 하는 사람은 열사람 가운데 五、三、一사람정도이고 대개는 「의식의 세계로 부터 지식의 세계로 나아가지 못하는」 사람이다。

그러므로 여기에 내가 한걸음 나아가서 말한다면 세상에는 이와 같은 의식의 세계에 나아가서 행복해지는 사람도 있는가 하면 전혀 무지각(無知覺)한 인격인 사람도 있는 것이다。이러한 사람은 행복하지 못하다。대개 이 두가지 형이 있다。그러나 다시 이것을 숙명적(宿命的)으로 볼때에는 아래와 같이 세가지 형으로 구별하는 것이 정당(正當)한것같다。

一、자연히 큰 지각적능력(智覺的能力)을 갖추고、하는 일이 이루어지지 않음이없고、이른바 대성공을 하여 부귀영화를 누리는 몸이되는 형의 사람。

二、어느정도의 지각적능력(智覺的能力)을 가졌고、자기의 고심(苦心) 노력으로서 이것을 한층 유효(有效)하게 하고 상당한 공을 걷울수 있는 형의사람。

三、지적능력(智的能力)도 동적능력(動的能力)없고、아무리 노고(勞苦)를 하여도 전혀 재록(財祿)의 혜택을 받지 못하고 아니면 불행이 계속하여 마침내 한탄(艱歎)과 눈물속에 일생을 마치는 형의사람。

이것이다。 이러한 형이 없다고 한다면 이른바 저 밑바다 생활을 대대로 하는 사람은 전혀 세상에서 찾아 볼수 없을 것이다。 그런데 세상에는 아침밥 저녁죽도 없어 굶어죽게된 고통을 맛보는 사람도 있다。 이것은 바로 이 제三의 형에 속하는 사람이기 때문인 것이다。

결국은 사람의 「운명」은 『마아텔링그』한 사람의 연구 만으로 판명(判明)할수 있는것처럼 쉬운것이 아니므로이다。 보다 깊은 약속이라든가 원인같은 것이 있을 것이다。

지금 이것을 추상적(抽象的)으로 말하면 「운」이란、『마아텔링그』가 말하는 것처럼 하나는 사람이 만들어내는 것이지만 또 하나는 신의 힘이 더하여서 각자에게 만들어진 모습이라고 보는 것이 타당(妥當)할 것이다。 지금 신(神)이란 말을 썼으나 「신」이라고함이 맞지 않으면 「불(佛)」이라도 좋다。 「조물주(造物主)」라도 괜찮다。 또는 학문적으로 생리학(生理學)이나 생물학(生物學)상、 유전적법칙(遺傳的法則)의 『메카니칼』이라 불러도 좋다。 아뭏든 그러한 것이 인간개체(個體)의 생리적、 심리적 작용(作用)에 더하여 그래서 가지가지 그 사람의 「운」이 열리는 것이라고 생각하는 것이다。 다시 말해서 학문적으로 말하면 인간의 「운」은 하나의 기구적사실(機構的事實)의 나타남인 것이다。

운명은 하나의 기구적 사실(機構的事實)

그러면 무엇때문에 「운」이 하나의 기구적 사실인지 그에는 그만한 설명이 필요하나 오늘날 가장 좋지 않은것은 보통 인간의 생장(生長)이라는 기구적인 사실에 대하여는 그사람 그사람이 모두 그것이 「그저 돌아가는대로의 인력법칙(人力法則)」이라고 생각하고 동시에、인간의 의식주(衣食住)에 관한 개인 개인의 진퇴(進退)변화의 사상(事象)은 그 사람의 의지(意志)의 발현(發現)이라고 생각하고 있는 점이다。매우 낮은 자(低級)의 판단으로는 여기에 「후천적운명(後天的運命)」등이라 말할수 있는 명칭(命稱)을 주어、사람의 정신과 생활과를 이원적(二元的)으로 관찰하여 행복은 어떤 사람이라도 노력으로서 얻어진다고 하였다。지금 이 낮은 사람(低級)들의 잘못을 바로 잡기란 되지 않을 일이므로 그만두나 둘째에 정신과 생활을 이원적으로 생각하는 것이 큰 잘못이다。그러므로 사람의 좋은 이름을 붙여서 운이 열린다고 하는것등은 전혀 쓸대없는 일로서 기분을 고치는데에 지나지 않는다。엄밀(嚴密)한 뜻으로 말하면 인생상 하등의 가치가 없는 것이다。

사람의 생장(生長)은 「돌아가는 대로의 법칙」으로서 나타나는 것이 틀림없으나、인간의 경우는 그것이 결코 「기르워주는것」도아니고 「기르움을 받는것」도 아니며 「큼」 또는 「크지 않음」이라고하는 예정적인 법칙、 처음부터의 기구적사실(機構的事實)에 의함과 동시에 그 사람이 (一) 크게 행함。 (二) 조금밖에 행하지않음。 (三) 전연 행하지 못한다。 는 대개 세가지의 의지(意志)와 힘을 가져온것도 또한 미리 예정된 기구적사실(機構的事實)에 나타남이다。

진화학설(進化學說)에서는 이『프레포르마션』(豫成論)은 한 학설(學說)에 지나지 못하나 그러나 운명현상(運命現象)의 풀이를 하자면 지금으로서는 이보다 나은 생각은 없는것이다。

앞에서도 말한것처럼 인간에는 세가지의 형이 있어 첫째형의 것은 가능(可能)하게 둘째형의 것은 조금 가능(可能)하게、 셋째형의 것은 전연 불가능(不可能)에 속하지만 그러나 여기에도 또한 높고 낮은 구별이 있음은 여러가지 꽃이 꽃밭에 피는 것과 같은 것이다。 그중 제三형에 속하는것에 따라서 말하면 그 돌아가는 대로의 생활의 방향이나 늦고 빠름을 그 사람이 마음대로 움직이려 하여도 이 사람의 힘으로서는 어쩔수도 없는 경우가 있음은 그러한 처지에 놓인 사람의 특히 통절(痛切)하게 느끼는 것이다。

부모 보다 앞서 죽어간 아이의 생명을 불러 일으키거나 결혼후 얼마 아니된 젊은 부인이 죽어간 남편의 혼을 불러 올수 있거나 경제적 동요(動搖)때문에 혹은 뜻아니한 재난때문에 연기로 사라질 재산을 끌어 안고 있을수 있단말인가、그것은 모두가 되지않을 일이다。 되지 않을 일이라는 것을 알면서도 사람은 본래 노력론(努力論)이나 수양론(修養論) 또는 정신지상론(精神至上論)을 듣고있고 또 그런 이야기를 자주 듣고 있으므로 사람은 이 헛된 추상론(抽象論)에 의하여 기구적사실(機構的事實)의 빠진곳을 덮어감추고、행복을 얻기위하여 아픈 마음에 매질하여 언제나 노력하는 것이다。

그 방법、수단、정신은 가상할만하다。동시에 나는 노력론이나 수양론을 배척(排斥)하는 것은 아니지만 많은 사람은 자칫하면 이 아름다운 말에 빠지기쉽고 그때문에 자기의 기구적 존재에 대한 연구를 잊고 (대개는 전연생각지 않음) 노력 분투하면 어떤 일도 이루어진다고 생각하여 자기의 생활은 물론 혹은 처자의 생활도 버리고 돌아보지 않는 사람이 많음에 놀라지 않을수 없다。

많은 사람으로부터 오해받지 않기 위해 나는 결론(結論)을 조금식 먼저 말 하지만 인간은 노력 만으로 반드시 빈궁에서 유복해질수는 없는 것이다。그러나 정신의 빈궁으로 부터 행복에 이를수 있음은 먼저 많은 사람에게 있어 가능하다 거기에 행복이 있는것이다。가령 한그릇의 밥을 나누어 먹어도 일가 단란(團欒)、부부형제 부모자식이 의좋게 그날 그날을 살아갈수있다면 이에 더한 행복은 없을 것이다。 처 자식에게 고생을 시킨다는 것은 기막힌 일이나 그러한집의 아내가 되고 그러한 부모를 부모로하여 자란 아이는 또한 한가지 원인이 있어서 나타나게된 것이다。 불교에서 말하는 인연(因緣)이 그것이다。 할수 없는 일이다。

누구를 원망하지 말고 서로 도우며 서로 양보하는 곳에 참된 인생의 행복이 있는 것이다。

운명은 유전(遺傳)에 따른다

누구나 빈한것은 싫다。 부유해 지고져한다。 적어도 그날 그날의 생활에 쫓기지 않고 만족한 생활을 하고져 한다。

그렇게 되는 것은 행복한 것이다。 그러나 좀 처럼 뜻대로 되지 않는 것이 허다하다。 왜냐하면 많은 사람이 버릇처럼 말하는 노력론(努力論)이나 정신일도론(精神一到論) 같은 것으로는 해결되지 않는것이다。 조상때부터의 약속이 있으므로이다。 그 약속의 주요한 것은 인간의 덕(德)의 엷고 두터움에 있다。 생물학적으로 본다면 인간개체(個體)의 완성이다 덕이란 개체의 완전이다。 즉 조상으로 부터의 덕이 있고 없음에 따라서 그 사람의 운명의 엷고 두터움이 있는 것이다。 이것은 하나의 기구적사실(機構的事實)이다。 진화(進化)의 법칙에 있어서의 『레지치임』(合法的)인 것이다。

이 기구적사실의 여하에 따라서 이끌려가는 것이 우리들이 말하는 운명인 것이다。

따라서 어느 한사람이 자신의 생활에 있어서의 변화의 방향과 빠르고 느짐을 마음대로 전환할수가 없는 것은 진화론적으로 말하면 먼저 그 본질로서 「획득유전(獲得遺傳)의 형체를 가지고 다음은 정신력의 우열(優劣)여하를 그 사람대로 갖고 있으므로이다。 그러므로 어떤사람에 있어서는 「자기자신을 마음 먹은대로 움직일 수 없다」 이것은 신(神)이라 하여도 또한 어쩔수 없는 것이다。 즉 신으로서도 인간이 가진 법칙에는 손을 대일 수가 없는것이다。 왜냐하면 「신」이란 대소 어느 것이나 「법칙」 그 자체인 것이므로 일직이 「島崎藤村」 선생은 자신의 신상(身上)이 반드시 十년마다 변화한다고 하였다。

「高木乘」 자신은 반드시 八년째 마다 변화한다。 이와같이 사람은 누구나 매년、二년、三년、四년마다 十년까지의 사이 반드시 주기적(週期的)으로 신상(身上)에 변화가 있는 것이다。 이것은 우연한 일로 보아 넘기는 사람도 있는가 하며、「무엇인가 있다」고 주의 하는 이도 있다。 혹은 이렇게 생각하는것 부터가 이미 미신이라고 보는이도 있다。 미신(迷信)과 진신(眞信)과의 구별은 종이 한장의 틈이므로 다른 사람이 이것을 미신이라고 할수는 없는 것이다。이 주기율(週期律)이란 것은 즉 인간이 가진 기구적 사실의 나타남인 것이다。인간도 또한 하나의 생물로서 진화론(進化論)의 법칙의 토의(討議)를 받을 것이지 결코 달리 존재하는 특수한 신비적 영능(靈能)의 형체는 아니다。인간은 이미 하나의 생물에 지나지 않는다고 하여도 인간으로서는 또 따로 나아갈길、노력한 길이 있는 것이다。그길을 버리고 보면『아메바』(原生動物)와 다를바 없을 것이며、그러면서「어떻게도 되지 않는 인간적 사실」이란 것을 복잡한 사회나 많은 사람이나 그때의 풍조(風潮) 등에 귀착(歸着)시켜서 죄를 그 방면에 지움은 그릇된 사실이다。그들 불행 또는 불우(不遇)라는 것은 그 사람의 본질상에 기구적 사실의『에너지』가 없으므로이고 혹은 조상의『오르가닛지』(有機體質)의 응화(應化)이라고도 할 수 있다。

인간이 기구한 사실의 존재이라는 증거는 따로 생리학(生理學) 등에서 밝혀지고 있는 일이지만 그 보다 더 내질적(內質的) 신비적(神秘的)인 것은 진화설에서 해설 할 수 있는『메카닉칼』이 아닌가 생각된다。지금 그들 광범위한 근시(近時)의 사상과 말로서 설명하고 연구한 것은 여러분에게 도리어 귀찮을 것이므로 극히 통속적인 생각에서 아래와 같은 의

문을 들어 여러분의 참고로 하시기 바란다。 먼저

一、인간의 생명은 우리들의 어디에서 시작되어 있는가、그리고 우리 인간이 남자나 여자된 성(性)의 결정은 어디에서 시작되는가?

二、인간의 태생기간(胎生期間)은 대개 二백八十일간이고 여자의 임신 일수도 같은 二백八十일간이다。 여자의 월경은 그 十분의 一인 二十八일간으로서 일주기(週期)로 하나 그 약속은 도대체 무엇으로 말할 수 있는가?

三、우리들은 무엇 때문에 오늘날 아는 모든 지식에 있어서 인종의 여하에 관계 없이 대저 「인간」은 어머니의 태내에 二백八十일간의 생활을 하는 것인가、그 생활 조직、분열 유전은 그만두고라도 이 공약(公約)된 「기간」은 인간에 있어서의 분변의 법칙으로서 되어 있는 이상 거기에 특수한 도리(道理)의 「존재」가 없어서는 아니된다고 생각하지 않는가?

四、우리들은 어머니의 태로부터 떨어짐과 동시에 이들 여러가지 자연적인 공약에서 떠나서 전연 자유의지(自由意志)아래에 존재할 수 있는가、혹은 또 눈에 보이지 않는 공약(公約)을 생존의 호흡 가운데 묶어두고 다음 존재의 인자(因子)즉 유이체(遺移體)가

되는가 하면 이것은 후자(後者)쪽이 확실한 것이다。 더욱이 우리들이 말하는 것은 생리적 아니면 진화론적인 기구(機構)를 말하는 것이 아니고 눈에 보이지 않거나 오히려 공간(空間)에 걸려 있는 인간의 한 갈래의 길、 생활체의 현상(現象)에 따라서 생각하고 있는 것이다。

五、 다시 한걸음 나아가서 생각하면、 부인의 월경은 조금(潮水)의 오르내림에 관계가 있고 따라서 달의 운동에 관계가 있다고 말하나 그렇다면 무엇 때문에 인간의 태생 二八〇일간의 약속에도 달의 관계가 있는 것인가。

이렇게 생각 하여보면 우리들이 이렇게 생활하고 있는 사이에도、 눈에 보이지 않는 자연의 약속、 피치 못할 법칙이 우리 자신들 안에 있어 부자(富者)는 부자、 아무리하여도 가난을 벗어날 수 없는 사람、 또는 노력하면 상당한 부를 획득(獲得)할 수 있는 사람、 이렇게 세갈래 쯤은 예정되어 있는 것이 아닌가 생각된다。

그러나 이와같은 어려운 문제를 아무리 설명한다하여도 사실을 증명할 수 없는한 좀처럼 다른 사람을 수긍(首肯)하게 할수는 없을 것이다。 또 이러한 문제를 설명하자면 철학、 생리학、 우생학(優生學)、 천문학、 조석학(潮汐學)、 수학 등을 끌어오지 않으면 되지않으나、

그만큼 자세한 학설(學說)의 준비합이란 나로서는 어쩔수 없이 어려운 것이다。 그저 전에 부터 생각하기도 하고 조사하기도한 학문적 사실에서 본다면 아래와 같은것 만은 말할 수 있는 것이다。

인간 생활의 변화에 주기율(週期律)이 있다

나는 지금、 사람들 개인의 생활에 어느 일정한 주기(週期)로 여러가지 변화가 일어 나는 것은 결코 유심적(唯心的)인 것이 아니고、 습관적인 것도 아니고、 전혀 그사람 자체에 있어서의 공약적(公約的) 생리적 기구(生理的機構) 사실이라고 갈라 말할 수 있다。 그 증거는 그 사람의 생일 여하에 따라서 여러분에게 그 대요(大要)를 가리킬 수가 있으므로이다。

물론 이 사실은 이와 같지 않다 하여도 세상에는 이미 알고 있는 사람도 있다。 어느 작가(作家)가 아래와 같이 쓴 것을 나는 읽은 적이 있다。 「그러나 인간은 한 생애(生涯)가운데 반드시 세차례의 분약기(奮躍期)때와 일곱차례의 권태기(倦怠期)가 있다는 것이다。 벗과의 권태、 형제간의 권태、 주종(主從)의 권태、 부부간의 권태、 생명의 권태、 이것은 어지간이 주기적(週期的)으로 닥아오는것 같으나 분약기(奮躍期)로 말하면 수가 적은 때문인지、그 물결이 극히 고르지 못하고、젊을때에 복작복작 한번에 몰쳐 지나가는 사람도 있는가 하면 늙으막에 가서 근근히 삶을 티우는 사람도 있고、한번의 분약기 (때)와 두번째의 분약기(때)의 사이가 三十년이나 五十년이란 사이가 있어 앞뒤의 연락이 되지않아 어쩔지 모르는 사람도 있고 하여 사정이 허락할때만 오는것이 아니므로 이「때」의 닥아오는 차이에 따라서 인간생애(人間生涯)의 손과 덕이 결정 되어버린다고 하여도 될것이다」라고…

우리들 운명론자(運命論者)로서 본다면、이설명 또는 관찰(觀察)은 충분하지 못하나 아뭏든 여기까지 알게된 사람이 있다는 사실의 증거는 될것이다。그 운명의 오는 법은 전혀 그 사람의 난 생년월일 여하에 따른 것으로서 우리들이 본다면 엄연(嚴然)히 예약(豫約)된 것이라 할 수 있는 것이다。그러면 지금 왜 이것을 그사람의 생일에서 구하느냐 하면 위에 말한 변화의 주기율(週期律)은 그 사람의 생일을 기초로 하여 일정한 변화로 산출(算出)할 수 있기 때문인 것이다。물론 이 변화주기율(變化週期律)에는 A와 B가 있으며、또한 남녀의 차이에 따라서 일년식 틀리는 일이 있다(개인에 따라서 조사 할때는 틀림을 가져오는 경우가 적은 것이다)그것을 지금 일반적으로 가리킬 수도 있다。

즉 아래에 가리키는 표는 그것이며、이표 가운데 윗난(上欄)에 1、2、3 등 10까지있는 것은, 一년부터 차츰 十년까지 사이에 그 사람의 생활상(生活狀)이 변화 하는것 十, 九, 八……이렇게 있는 것은 十년 또는 九년 혹은 八년을 주기로 하여 그 사람의 신상에 무언가 변화가 있는 것을 가리키는 것이다。

→ 순 행 변 화 년 운(順行變化年運)											
		九 년	一년	二년	三년	四년	五년	六년	七년	八년	九 년
형(型) 및 생일	A형	4 일	—7	—10	—13	—16	—19	—22	—25	—28	3(1) —3(4)
	B형	5 일	—8	—11	—14	—17	—20	—23	—26	—29	1(2) —4(5)
	C형	6 일	—9	—12	—15	—18	—21	—24	—27	—30	2(3) —5(6)
	D형	7 일	—10	—13	—16	—19	—22	—25	—28	—31	3(4) —6(7)
	E형	8 일	—11	—14	—17	—20	—23	—26	—29	—1	4(5) —7(8)
	F형	9 일	—12	—15	—18	—21	—24	—27	—30	—2	5(6) —8(6)
		二 년	년十	년九	년八	년七	년六	년五	년四	년三	년二 년一
(運年代變行逆) 운 년 대 변 행 역 ←											

물론 이것은 그 사람의 정확한 출생일로서 기산(起算)한다。 또 이 변화 종류는 A로부터

B、C、D、E、F의 여섯가지 종류의 형으로서 구별한다。

이상의 여섯가지 형 가운데、 여러분은 그 어디에 해당 하는지 그 생일과 자기가 익히고 있는 변화주년(變化週年)을 찾아 보시면 반드시 생각나는 것이 있을 것이다。「島崎藤林」씨가 十년의 변화라고 하는것은 난 달이 二월 十七일이므로 실은 A형의 제六열 즉 十七일로부터 十九일 까지의 탄생에 해당하고 실은 五년째 마다 변화하는 것이지만 그 五년째의 변화는 알수 없고 十년째 마다의 변화가 두드러지게 보이는 것이다。 또「高木乘」의 신상에 八년째 마다의 변화가 있는 것은 B형의 제九열 三월 二十九일생이기 때문이다。 이와같이 자기의 생일이 어느날인지를 보아 그 변화를 생각하고 A로부터 F까지의 형가운데를 찾으면 자기가 그 어느형에 속하는가를 알게되는 것이다。

이를테면 七월 四일생의 사람이 十년만에 변화가 있다고 하면、 그것은 B형에 속하고 四월 八일생의 사람이 九년째 마다 변한다고 하면 그 사람은 E형에 속하고 三월二일생의 사람이 二년째 마다 변한다고 하면 그 사람은 F형의 역행운(逆行運)이 되어 있다고 하는 것을 안다。

또한 이것은 음력으로는 응용(應用)이 되지 않는다。 어느것이고 태양력이므로 서기 一九

二七년 十二월 三일 태양력 채용 이전에 탄생한 사람 및 지방에 있어서 음력생일을 쓰고있는 것은 이 표의 변화 주년과 합치하지 않는다。 우리들은 이 여섯 가지 형 가운데 그 어느 것에 해당하는 날 출생후 일정한 변화주기율(變化週期律)을 갖고 있는 것이다。 이것은 자연의 법칙이 인간의 세포、 조직、 기관의 기능에 가한 공간적이고 또 시간적인 곳의 일원적(一元的)인 『트라베큘』(支梁)이다。 즉 인간의 각각 의지(意志) 밖에서 있어도 따로 이러한 생체적(生體的)인 기구(機構)를 가지고 있는 것이다。 또 이 주기일(週期日) 四일부터 九일까지를 채용(採用)한 것은 二十四절후(節候)의 고정일수를 딴것이다。 二十四절은 三백六十일의 평균 태양일을 二十四등분 한것으로서 각절은 평균 十五일로 되어있다。 각절은 매달 二회있으나 월초의 절은 四일、 五일、 六일、 七일、 八일、 九일의 어느 것이고、 이 밖에 다른 날의 절일(節日)은 없다。 오늘날 태양력을 사용하고 있는 것은 입춘(四일)、 입하(六일)、 입추(八일)、 입동(八일) 뿐이지만 그 밖에 월말의 소절 대한、 춘분、 하지、 대서、 추분、 동지를 쓰고 있다。

나는 위의 六일의 각 절일(節日)을 기점(起點)으로 하여 사람의 생일을 각각 삼등분하여 그 얻은바 상(商)을 변화주년으로 한 것이다。 이것은 결코 세상에 흔히 행하여지는 구성판단(九星判斷)과 같은 근거(根據)가 희미한 학설(學說)에서 딴것은 아니다。 기구 사실에 뿌리박은 여러가지 연구에서 수확한 것이다。 되풀이하여 말하지만 인간은 어머니의 태내로 부터 나는것 뿐이고、 일정한 기구는 교육에 의하여 전연 그 특성을 형성(形成)할 수 있는 것처럼 망상(妄想)하는 것은 또 인간에 대한 생물학적 『메카닉크』가 성립되어 있지않으므로이다。 인간은 이리하여 호흡하고 있는 동안 즉 공기를 마시고 살아 있는 동안은 의지(意志)나 정신(精神)이외의 어떠한 세력을 받으며、 또 그줄로서 먼 과거(過去)로부터 미래(까지 가지고 있는 것이다。 그렇지 않으면 인간은 마음대로 한달쯤의 태내생활에서도 형편에 따라서는 세상에 뛰어나와도 좋을 것이나。 고금(古今)을 통하여 九개월 二七〇일(그 가운데는 다소 앞서고 뒷섬이 있음)로서 출현(出現)하는 것으로 정하여 있어서 어떻게든 할 수 없다。 거기에다 인간의 생각도 또한 이르지 못한다。 하나의 항존성(恒存性)—『포텐샬』이 있는 셈이다。

그 항존성(恒存性)에 대한 하나의 가정(假定)이 곧 내가 앞에서 가리킨 여섯가지형(變化週年)이 있는 것이다。

三을 기초로 하는 수리(數理)

생월을 三분 한다는 산술(算術)은 원래 중국인이 발명한 것이다. (漢氏의 曆法) 중국에서는 二천년의 옛날에 태양의 흑점(黑點) 같은 것——黑僞라고하였다——를 보았고 다시 천문 학자는「천一을 생하고, 지二를 생하고, 三은 천지의 법이다」라고 말하고, 혹은 또「一二를 생하고, 二, 三을 생하고, 三, 만물을 생함이라고 말하여 오늘날의 원자설(原子說)을 암시(暗示)하고 있다. 중국의 역괘(易卦)는 생성수학(生成數學)이다.

생성수학을 다시 철학적(哲學的)으로 하고, 윤리적(倫理的)으로 한것이 주역(周易)인 것이다. 그리고 또 그 역수(易數)는 오늘의 대수학(代數學), 미적분학(微積分學)으로 증명할 수 있는 산법이다.

그러므로 역을 미신(迷信)이라고 하는것은 역(易)의 본질(本質)과 그 효과를 혼동(混動)하여 생각하고 있는 것으로서 전혀 역을 모르는 사람이다. 역의 수리(數理)야말로 처

1+2= 3
3+3= 6
6+4=10
10+5=15
15+6=21
21+7=28
28+8=36
36+9=45
45+10=55

음을 가리키면 五의 수를 허수(虛數)로 하여 五十五의 수를 쓰고 있다。즉

이것을 등차급수(等差級數)로 하면

$H+2+3+\cdots\cdots+n$를 구함

이라는 식(式)과 같은 것이다。이것은 초항(初項)이 1. 말항(末項)이 n. 항수(項數)도 n인 등차급수(等差級數)의 총화이므로

$a=1\ \ d=1\ \ l=n\ \ n=n$로 하면

$S=\frac{n(a+l)}{2}$가 되므로

$S=\frac{n}{2}$가 된다

이 오른변(邊)을 $\frac{(1-n)}{2}$로 고쳐쓰면 이렇게 하여 1로부터 n까지의 정수(整數)의 화(和)는 n와 그 다음의 정수(整數) $n+1$과의 적(積)의 반분과 같다는 것과 같은 것이다。

그러므로

$$1+2+3+4+5+6+7+8+9+10=\frac{10\times 11}{2}=55$$

이다。또 역(易)의 한가지 형식(形式)이며

1 4 9 16 25 ― 55

를 등차급수를 이루는 五수가 있고、 그 화(和)는 十五로서 각각의 수의 평방(平方)의 화(和)는 五十五、五수 각각은 어떠나는 문제라면

$x-2y,\ x-y,\ x+y.\ x+2y$ 로 하여

$(x-2y)+(x-y)+x+(x+y)+(x+2y)=15$ ………(1)

$(x-2y)^2+(x-y)^2+x^2+(x+y)^2+(x+2y)^2=55$ ……(2)

(1)에서 $5x=15\quad \therefore\ x=3$

(2)에서 $5x^2+10y^2=65\quad \therefore\ x^2+2y^2=11$

$x=3$ 을 대입(代入) 하면 $3^2+2y^2=11$

$\therefore\ y^2=1\quad \therefore\ y=\pm$

따라서 $x=3.\ y=1$ 혹은 $x=3.\ y=1$

이리하여 구한 3수는

1.2.3.4.5

가 되어서 역(易)의 천수 五、 합하여서 十五가 됨도 같은 것이며、 그 가로 세로(橫縱)十둔자의 배열(配列)이 후세(後世)에 이루어진 것이다。 구성(九星)의 『마직크·스퀘야』가 되는 것이다。

역의 수리는 미적분(微積分)에 따라서 개전(開展)할 수가 있는 것이다。 이 연구는 현재 자기가 종사하고 있는 바의 것이다。

여러분도 알고 있는 바와 같이 이 우주(宇宙)의 조립벽돌이 되어있는 바이 『아톰』(原子)은 二원자 또는 三원자가 모여서 한 분자(分子)를 만들고 있다。 물질(物質)이라고 부르는바의 것도 또한 그러하며 세개의 산소원자(酸素原子)는 모여서 한개의 오존분자(O_3)를 만들고、 수소원자 두개、 산소원자 한개는 모여서 물의 한 분자(H_2O)를 만들고 있다。 물론 각 원자는 중앙(中央)에 있는 원자핵(原子核)과 그 둘레에 있는 약간의 전자로서 이루어져 있고、 원자(原子)의 종류가 다른것과 같이 그 배열(配列)해 있는 전자수(電子數)는 다른 것이며、 단지 삼이란 수만으로 정하여지는 것은 아니다。 우주의 건설적항존성(建設的恒存性)의 분자는 삼일 것이고、 지금 추측(推測)하는 것으로서、 이들의 증명은 어떤 박사도 또한 꾀하지 않았다。 그저 어느 학자는 이들 분자의 조립(組立)은 태양계(太陽系)의 조직과 같은 것이라고 하나 이것도 실로 지나친 추측이다。 즉 태양계는 삼으로 나눌수 있는 아홉 개의 큰 혹성(惑星)으로 부터 성립되어 있기 때문이지만 최근 미국 『로엘』천문대의 박사들은 다년 연구한 결과、 천문학자가 오랫동안 찾고있던 해왕성(海王星)이외의 가상혹성(假想惑星)을 발견하여서 천문학상의 신기록을 만들었다。 즉 이 신혹성(新惑星)의 발견에 따라서 태양계의 혹성은 도합 열개가 된것이다。 그러므로 위와 같은 엉터리 없는 추측론(推測論)은 오늘날 붕괴(崩壞)를 가져온 것이 되는 것이다。 남은 것은 앞서 내가 말한 지나친 추측론이다。 이것은 또한 생명이 있다。

아뭏든 지금 삼으로 나눌 수 있는 수에는 무언가 우의(寓意)가 있는것 같다。 그것은 삼의 수에 기적적인 신비력이 있는 것이라고 나는 생각하지 않는다。 삼으로서 나누어지는 수의 자연현상(自然現象)이란 것은 거기에 일정한『리듬』이 있을 것이라고 생각한다。 예를 들면 부인의 월경의 주기는 보통 二十七일 만이다。 이것을 달의 작용、 바닷물의 승강에 관계가 있다고 하는것은 항간의 습성인 것이다。 그런데 실제 학자들이 조사한 바에 의하면 부인의 월경에는 사주간형과、 五주간형이 있다는 것이다。 사주간형은 二十八일만에 래조(來潮)하고 五주간형은 三十五일 만에 래조하고、 六주간형은 四十二일만에 래조한다。 이것을 삼으로 나누어도 五주간형은 나누어지지 않는다。 나누어지지 않으나 실수적으로 또 운명관(運命觀)적으로 이것을 볼때에 27÷3=6로 한것이 좋지 않을가 생각되는 점이 있다。 삼은 즉 운명관적인 「지수」이고、 우리들의 가정(假定)이다。 이 가정(假定)에서 우리들은 아뭏든 인간의 기구적사실、 바꾸어 말하자면 별과 같이 돌아가는 운명의 괴도(軌道)를 발견한 것이다。

태어난 것이 운명

앞에 말한 주기율(週期率)이란 것은 즉 인간 개개의 「운」이 나타나는 때입니다。 기쁨이 있고、 불행이 있고、 좋은 직업을 가진다。 실직(失職)을 한다。 자식을 잃는다。 아내나 남편을 잃는다。 주소가 바뀐다。 ——그러한 인생상의 생활현상은 앞서말한 A형、 B형、 이하 네가지 형(型)의 어느 것이 가리키는것 같이 아무래도 어느 주기율을 가지고 그 위에 나타나지 않을 수 없는 것이다。 그것은 인간이 다른 생물과 같이 역시 만유(萬有)의 일정한 법칙에 따라서 이 세상에 존재해 있기 때문이다。

보통 「운명」이란 그저 「먹을 수 있다」、 「먹을 수 없다」의 문제가 아니다 여기 이렇게 우리들이 태어나 있는 것이 하나의 운명인 것이다。 그러함에도 보통 학자들은 이 「운명」이란 것을 사람의 생활현상에만 당겨 붙여서, 운명이 이미 정하여진다고 한다면 「성인군자(聖人君子)는 무엇 때문에 선(善)을 닦고 악(惡)을 멀리 하라고 하였는가」 등으로 말하고 있다。 (이 말은 雲谷禪師의 말이다。 이것은 수사적(修辭的)인 미담으로 하등 철학적인 함축(含蓄)없는 공소(空素)한 말이다)。

오늘날 운명론(運命論)을 배타(排打)하는 보통 상식학자는 모두 이 범위를 벗어나지 못한다。 거기에는 생사의 문제, 우생학적 유전(遺傳)의 문제, 인간으로서의 생활변화의 문제 등을 생각하고 있지 않다。

사람은 무엇때문에 태어났는가, 무엇때문에 노력하는가, 무엇때문에 집안 일을 경영하며 번식을 하는가, 이들이 참 운명의 근본적 관념(觀念)이 아니면 아니된다。 그들은 인간의 기구적 사실(機構的事實)도 정신적 존재(精神的存在)도 모두 뒤섞어서 입론(立論)하고 미사여구(美辭麗句)로서 사람이 곧 느끼기 쉬운 심리(心理)에 호소하고 있는 것 뿐이다。

우리들을 결코 수양 노력을 배척하는 것은 아니다。 선(善)을 닦고 악(惡)을 멀리 하는것을 거절 하는 것은 아니다。 그밖에 오히려 엄연히 있는 생물로서의 인간의 길(道)을 한층 생각하고 그렇게 되는 소이(所以)를 밝혀 그 길에 꼭 맞는바의 전 인격을 만들려고 하는 것이다。

이 점에 있어서 오히려 말이 모자람을 보충하면 사람의 선(善)을 닦고、덕(德)을 다스린다는 것은 창조(創造)를 사랑하는 인간의 다른 또하나의 약속이고、그 생존(生存) 또는 생활、빈부 등에 깊이 관계하지 않는 것이다。

그러므로 세상에는 빈궁(貧窮)한 가운데서도 묵묵히 오히려 공부하고、혹은 한그릇의 밥을 달가히 만족하고서 그 덕성(德性)을 갖고 닦는 사람도 있는 것이다。그러나 부유(富裕)한 사람이면 도리어 수양치덕(修養治德)의 도(道)를 밝지않고 혹은 사회의 미풍 양속을 파괴하고、혹은 인도(人道)를 그릇치고、그 가운데에는 다른 사람에게까지 피해를 기치는 자도 많이 있는 것이다。이렇다면 세상에 많은 「雲谷禪師」유의 운명관(運命觀) 같은 것은 미사여구(美辭麗句)에 따라서 나타난 개념적(槪念的)인 공론에 지나지 않는다는것을 알수 있는 것이다。우리들은 인간 각자의 도(道)로 도라가는 바를 알고、미장이는 좋은 미장이되겠금、목수는 도목수가 되겠금、농민은 좋은 농민이 되겠금、장사군은 좋은 장사군이 되고、학자는 더 한층 학문과 덕을 갈고 닦아서 세상 사람들의 칭찬 받는 사람이 되라고 각각 그길이 완전을 희망하고 있는 것이다。 거기에 또 정확한「운명」의 길이 있다고 생각하는 것이다。

그런데 한마디로「운명」이라고 하여도 실은 극히 깊은 뜻을 가지고 있는 것이다。 또 그 해석(解釋)하는 법이 재미있는 것이다。

아주 옛 사람으로 부터 현금(現今)의 학자에 이르기까지「입이 쓰도록 논(論)하였으나 정작「운명」이 실재(實在)라고도 공상(空想)이라고도 결정이 없다。 그러나 넓은 의미로 진화(進化)의 사상이「인연관계」(因緣關係)와 관련이 있는 것 처럼 운명은 진화의 사상과도 관련이 있음과 동시에「인연관계」와도 관련하고 있다。 혹은「인연」그것이라고도 할수 있고 또 기구적인 사실에 있어서는 진화론상의『다아위니즘』이나『라마르키즘』같은 것과도 관련하고 있다고도 말할 수 있다。 인연(因緣)의 학설에서는 오랜 옛날『베에콘』의 창창(創唱)한 귀납(歸納)의 근거인 인과율(因果律) (Caus lieysyem); 〔현상이 일어남에는 반드시 그 원인이 있다〕는 확실한 철학적견해로 본 운명의 한가지 모습임이 틀림없다。 이같은 사상을 다른 말로 나타낸것에는 부처님이 말한「고집멸도(苦集滅道)」의 가르침이고 즉 윤회(輪廻) (San sara)이다。 먼저 이 고집멸도(苦集滅道)를 다른 말로 하면「인과(因果)」의 두 글자로 돌아가는 것으로서 『베어콘』의 사상은 여기에서 얻어진 것이다。 그리고 이것을 상세히 말하면 「苦諦(도부가)」는 결과이고、「集諦(삼다야)」는 원인이다。〈이것이 미(迷)〉。 「멸체(滅諦)」는 원인이고、「도체(道諦)는 결과이다。〈이것이 오(悟)〉。 이렇게 인과(因果)에 무게를 둔 것은 결과에서 원인으로 거슬러 올라가서 생각하게 하기 위함이고、『베에콘』의 소위 〔한가지 현상이 일어날 때는 반드시 그 원인이 있다〕 말하는 이치와 같은 것이다。

좋은 씨는 좋은 열매를 맺는다

돌이켜서 『그리이스』의 옛을 들추어보면 대성(大聖)『프라토오』는 『에르』라는 인물에 천년의 여행을 하게하여 인과보복(因果報復)의 이(理)와 운명의 기막힘을 설명하고、(예수·크리스트」는 『가라리야』들판에서 외치기를 「대개 좋은 나무는 좋은 열매를 맺고、나쁜 나무는 나쁜 열매를 맺는다。 좋은 나무는 나쁜 열매를 맺지 않고、나쁜 나무는 좋은 열매를 맺지 못한다、 대개 좋은 열매를 맺지 못하는 나무는 베어져서 불에 던짐을 받는다。 이 때문에 그 열매로서 알것이다」라고 설명하였다。

인과의 이(理)는 인연관계(코오자리티) 그것이지만 이것이 진화론과 밀접한 관계를 가

진다。그것은 一원인 없이는 아무것도 낳지를 못하고 흔적(痕跡)을 남기지 않고는 아무것도 소실(消失)할 수가 없다」만물은 그 이전에 존재하던 것으로부터 생하고、그리고 그후에 달리는 것을 생각하는 것을 말하는 것이다。

『에너지』의 보존의 법칙은 이 한 진리를 표현한다。인간에 있어서도 또한 동물과 같이 그 생식에 있어서 행하여진 전이(傳移)의 사실은 세포 및 상관 형 질、강약의 여하 그리고 정신에의 특이(特異)한 전이(傳移) 또는 변이(變移)에 따라서 인간으로서의 우성형질(優性形質)이거나 아니면 어느 몇대(代)인가의 열성형질(劣性形質)인가에 따라서 그 사람의 생활양식이 전연 부모와 달리 나타나는 것으로서、그것이 우리들이 말하는 기구학적(機構學的)인『에너짓슴』한 「운명」그것이고、동시에 앞에서 말한 변화주기율(變化週期律)인 것은 그 개체가 가지는 일정한 생활에 있어서의 이런 저런 선(線)인 것이다。

그러나 오늘날의 학자 가운데에는 「운명」과 「숙명(宿命)」을 별종(別種)의 것으로 하고 「운명」을 인위적(人爲的)、습성적(習性的)、후천적(後天的)인 것으로 보고 「숙명(宿命)」을 자연 본래의 것、즉 인연적(因緣的) 요소(要素)에 의하여 생겼다고 해석하고 있으나 이와 같은 것은 문자의 이런 저런 것을 늘어 놓을 뿐이고、운명의 내용 또는 요소에 따라서는 아무런 견해를 나타낼 수가 없다。 운명이란 것도 아니면 숙명이라 하나 Desuing 이거나 모두가 같은 성질의 것이다。 즉 사람의 명수(命數)를 정하고、 혹은 자연히 예정된 현상——디스틴』된 것이 운명인 것이며 사람의 생활현상도 변화의 주기율도 모두가 하나의 운명인 것이다。 그저 각 사람에 있어서 그런대로의 내용이 형식이나 인연관계 등이 다른 것뿐이다。

그러나 또 이러한 의론(議論)을 하는 사람이 있다。「인간의 행 불행이란 것은 한 마디로 말해 버릴 수 없는 것이다。 갑이 불행이라 하는 것도 을에 있어서는 행복한 것도 있고、 을이 불행한 것도 갑에 있어서는 행복한 것도 있는 것이다。 행 불행으로서 사람의 운명이라고 할수는 없음과 동시에 불행은 또 운명이라고 할 수 는 없는 것이다」

그렇게 됨은 그렇게 되는 기구적사실(機構的事實)에 의함

오늘날의 학자는 너무나도 운명이라는 말을 싫어하고 있다。 학자가「학자가 되었다」라는 사실 그것이 이미 하나의 약속운명이라고 한다면 그들이 희망하여 그렇게 된것은 본래 학자가 될수 있는 소질이 있었기 때문이다。 이미 소질이 있다고 한 사실은 진화론적(進化論的)인 기구사실——이전(移傳)、 변이(變移)、 그 밖의『가락테엘、 고레라치이프』(相關形質)이 조상의 어디엔가 있었기 때문이다。 그것이 인연이다 (우리들이 말하는 운이고 약속이다) 그들은 전혀 자기의 인간적 존재라는 것을 잊고 있는 것이다。 자기가 운전수이면서 운전수의 성능(性能) 직책(職責)을 망각(亡却)하고 또한 이것을 무시하는 것과 같은 것이다。 인간인 이상 어떤 사람도 이 넓은 뜻(廣意)으로 말하는 바 운명을 무시할 수는 없는 것이다。 「여기 이렇게 태어나고、어떠한 사람이 되어있다」라는 사실이 이미 그운명이므로 말이다。

그것은 그들은 게(蟹)와 같이 눈알을 밖으로만 돌리고서 자기 자신의 「정체(正體)」나 「정신」을 돌아보지 않으므로 이다。 그리고 그들은 그저 자기의 지력의 우월한 것을 자기마음대로 가질수 있었다고 생각하고 있다。

그러므로 앞서 말한 것과 같은 이야기 나름대로의 경향에 꿔어 맞추고 있는 것이지만 그것도 하나는 「인간」에 대한 「생체기구학(生體機構學)」이 또 완전히 연구되어 있지 않으므로 그렇다고 생각한다。

그러나 나 자신으로서는 지금의 경우 「운명」에 대하여 종교적인 설명、또는 윤리적(倫理的) 도덕적(道德的)으로 볼려는 것도 아니고 그저 운은 인간 각 개인에 「주어진 무엇인가」인 동시에 그것은 각각 진화론적、유전적、우생학(優生學) 아니면 『다아위니즘』『스펜시』

『어와이스만』、『라말크』등의 설을 생각하고 그 중에도 『루우』씨에 의하여 창도된 「생체기구학」에 뜻을 받아서 운명을 운명으로서 그대로 인정하고、그것으로 보다 좋은 방향으로 끌어가고져 생각 하고 있을 뿐이다。『스트린베루히』가 말한 「인간의 운명이란 것은 자체가 알 수 없는 것이다」라고 한말은 나로서는 동의하기 어려운 것이라는 신념에서 이 미지수(未知數)인 X를 향하여 열리지 않는 신비의 문을 열려고 하는 것이다。만약 이 신비(神秘)가 애누리 없는 과학의 공식(公式)에 의하여 열리고、미지수의 X가 수학의 방정식(方程式)에 의하여 증명된다고 하면 그 기쁨은 결코 우리들 한 사람만의 것은 아니다。

그러나 그 전도는 여간 먼것이 아니다——이러한 「운명의 도」를 아는 방술로서 세상에 역(易)、구성(九星)、인상(人相)、성명학、등이 있으나 그것들은 조그만 껍질만의 방편(方便)품에 지나지 않는다。그러나 사람은 갈피를 잡지 못하여 망서리는 것 보다는 역(易)에나 무엇에나 매달려 보는 것이 좋고 하지 못하는 것 보다는 해보는 편이 좋은 것이므로 세속(世俗)의 방술로서는 굳이 버릴것도 아니나 「운명을 아는 방술」의 가장 권위있는 것은 나의 항상 연구하고 있는 「명리학 〈인간의 『피오·메카닉크』〉에 따르는 것은 없고 그 다음은 수양적、윤리적인 사상으로서의 역(易)을 따라가는 것이 없다。

본 편(本篇)

명리학(命理學)의 성질

우리들이 이름하여 명리학(命理學)이라 말함은、 중국의 소위 「淵海子平」 우리나라에도 일찍 건너온바 사주추명술(四柱推命術)이다。 사주추명술이란 누가 이름붙였는지 자세하게는 알수 없으나 이술은 「德川期」에 널리 퍼져 오늘에도 사람의 운명을 감정(鑑定)하는 것은 이술 뿐이라고 자타가 믿고 「관서인」은 곧 추명술에 관한 이야기를 함에도 불구하고 동경인」은 이러한 좋은 술이 있음을 모르고、 입만열면 곧 구성(九星)에 관한 것을 말함은 동경인」이 대개 지방사람이 모여사는 것이고 동시에 동경의 기풍(氣風)에 동화 된것은、 개념적사상(概念的思想)에만 강하고 「관서인」과 같이 실질적(實質的)인 생각이 기루어져 있지않으므로 따라서 실질적인 추명술(推命術)을 즐겨하지않고 걷잡을수없는 곳이 많은 구성술(九星術)과 같은 것에 의지하고 있으며 그런만큼 이종류의 구별에는 유치하고 지방적으로

뒤멸어지고 있다고 생각하는 것이다。

추명술(推命術)은 현실적(現實的)이고、 이해타산(利害打算)술이고 동시에 대단히 엄밀(嚴密) 한것이며 또한 아무리하여도 종교적으로 해결 하지 않으면 안되는 것이 있다。 그런만큼 방술도 여러 갈래이고 풀이하기 어려운 곳도 있다。 그러므로 귀찮기도 하고 많은 추고(推考)또한 조사도 필요하고 술자 자신의 학력도 있어야 한다。 그만큼 배우기 어려우므로 「동경」에는 퍼지기 어려우나 「관서인」은 나면서 부터의 성질로하여 실제적이고 현실미(現實味)에 뛰워서 일반으로 보급시키겠금 「관서지방」에는 실로 느낄만한 사람이 많다。

그러나 나는 추명술을 연구한 결과 따로히 일파를 세워서 동지와 같이 명리학회(命理學會)를 일으키어 이술을 명리학이라 이름 하였다。 따라서 나의 명리판단(命理判斷)은 구추명술(推命術)의 법식에 또 다른 신미(新味)를 더하여 다른 사람이 아직도 하지 않는 일을 하고 있다。 요즘은 「동경」의 사람들도 근근히 이술(術)이 다른 여러가지 판단에 뛰어났고 더욱더 적절긴요(適切緊要)한 것을 인정하고 또 스스로 연구 하는 것도 나오고、 본회 설립후 매달 십수인식의 입회자(入會者)를 모은 정도이고 보면 멀지 않아 관동 지방에서도 이술이 보급됨도 멀지 않다고 생각하여 크게 기뻐하고 있는 터이다。

우리들은 이를 명리학(命理學)이라고 자칭하고 있으나、「淵海子平」의 원리는 깨트리지 않았다。(그러나 많이 새로운 맛이있다) 지금 이 비법을 공개 하는것은 초학자(初學者)에 있어서는 귀찮을일이고、 알기어렵고、또 이것은 명리학회 발행인 명리학 강좌중에 설명하여 있으므로 여기에는 줄이고、「淵海子平」의 이(理)、곧 사주추명술(推命術)이 어떠한 법식밑에 서 있다는 것을 여기에 가장 쉽게 일반적으로 설명해 보려고 생각 한다。

그런데 「淵海子平」의 원리라함은 중국 당(唐)나라때에 당의 대부 「李虛中」이란 사람이 처음으로 만들은 것이다。즉 사람의 생년 월일시의 네가지로서、그 생극왕상(生剋旺相)、휴수제화(休囚制化)의 이치를 조사하는것、오행역(易)에 있어서의 그것을 알아봄과 같이 하고、그것으로서 그사람의 화복(禍福)、내지 부모형제의 있고없음、처자와의 관계、자기 운명의 성쇠(盛衰)등을 알아보는 것으로서 나자신의 경험에 의하면 조부모 및 손자 까지의 전후 삼대(代)에 있어서의 인생의 구비구비를 밝힐수가 있는 것이다。

「李公」의 죽은뒤 「昌黎韓公」은 이의 묘지(墓誌)를 만들어서 기념으로 하였다。뒤에 (呂大夫」란 사람이 이 법을 이어 받았으나、송대(宋)에 이르러 「徐公升」이란 사람이 사람의 생일을 주로하여 육사로 나누어 의론정미(議論精微)를 다하여 「淵海의 書」를 만들었다。오늘날 세상에 행하여지는 것은 이 「徐公升」의 법인 것이다。

그런데 또한 이것을 「淵海子平」의서 라고 이르는 것은、 六十화갑자납음(六十花甲子納音)에 있어서 갑자 을축 간지(甲子乙丑干支)는 해중금(海中金)으로 부터 시작된다。 자(子)는 수(水)에 속하고、 또 「淵湖」를 이루고 겸하여 금(金)은 자(子)에 죽으므로서 수왕금묘(水旺金墓)의 지(地)를 이름하여 해중금(海中金)이라 부름과 같이 자평(子平)하면 수평(水平)하여 파도(波濤)가 없고 사람의 운명도 또한 그와 같이 물결이 일지 않으면 처세(處世)가 편하고 또 각자 노력하여 행복을 얻음은 해중(海中)의 구슬을 찾는것과 같고 그리하여 마침내 얻을 수 있으므로 이 법을 이름하여 「淵海子平」의 법이라 부르게 된 것이다。

따라서 이 법은 오행(五行)을 중히 여기고 또 오행의 상왕(相旺)을 중히 여기나 가령 수력발전(火)을 일으킴과 같이 전혀 상반하는 두 물(物)의 활용에 의하여 대공용(大功用)을 하는 경우도 자주 볼수 있는 것이나 이작용、 우리들의(술어(術語)에서 말하는 화성(化成)의 법을 쓰는 상응(相應)의 얻어서가 아니면 알 수 없는 것이다。 지금 「子平」의서에 따라 오행소생(五行所生)의 처음부터 해설하여 보자。

오행소생(五行所生)의 처음

천지(天地)가 아직 나뉘지 않을때에는 그 이름은 혼둔(渾沌)이라고 하였다。 건곤(乾坤)이 아직 나뉘지 않았을때에 이것을 이름지어 배혼(胚渾)이라고 하였다。 일월성진(日月星辰)이 아직 생하지 않고 음양한서(陰陽寒暑)가 아직 나뉘지 않을 때 이다。

※(이러한 설명은 믿어도 좋고 또한 믿지않아도 좋다)

위로는 비도 이슬도 없고、 눈서리도 없고、 번개도 우뢰도 없이 아득하고 어둠만있을 뿐으로 아래에 있어서는 초목이 없고、 산천이없고 금수도 없고 사람도 없으며 그저 어둠컴컴하기만 한데 이때 한갓 기운(氣運)이 반중(盤中)에 굳어져 여기에 있어서 태역(太易)이 수(水)에 생하고 (아직 기(氣)가 없음을 太易이라함) 태초(太初)에 화(火)를 생하며 (기(氣)는 있으나 아직 체(體)가 없음을 太初라고 함) 태시(太始)는 목(木)을 생하고 (모양은 있으나 아직 질(質)이 없는 것을 太始라고 함)、 태소(太素)는 금(金)을 생하며(질(質)은 있으면서 아직 체(體)가 없음을 太素라고 함)、 태극(太極)은 토(土)를 생함、 (형체(形體)가 이미 갖추어진 것을 太極이라 함)、 그러므로 수(水)의 수(數)는 一、 화(火)의 수는 二、 목

(木)의 수는 三、금(金)의 수는 四、토(土)의 수는 五、여기에 있어서 三원(元)이 이미 정하여지고、배혼(胚渾)은 나뉘고、가벼운 것은 맑아져서 천(天)이되고、무거운것은 가라앉아서 지(地)가 되었음、二기(氣)가 서로 이루어지고 양의(兩儀)는 이미 생한다。그리하여 화(化)하여 천(天)이됨。즉 그처음인것이다。어떤 것은 사람모양 새의 부리를 가졌고、혹은 사람의 머리에다 몸은 뱀이고 즐기는 것이 없고、성명도 없으며 나라도 없으며 군신(君臣)도 없고、나무위나 굴속에살며、비바람이 부는대로、그부모를 알지 못하고 오곡을 심으지 않고、풀을 먹고 피(血)를 마시며、그 이름은 되는대로 그 낙은 또한 밑도 끝도 없었다。

그때에 성현(聲賢)이 한번 세상에 나타남에(성인은 복희(伏羲)、신농(神農)、황제(黃帝)、지우(知愚)、둘로 나누고、마침내 군신부자(君臣父子)의 분별이 생기고、예악의관(禮樂衣冠)의 제도가 이루어 진것이다。

천간지지(天干地支)가 나옴

황제(黃帝)때에 치우(蚩尤)이 나와 요란(擾亂)을 피웠다。

※(註 치우(蚩尤의 성은 姜、염제(炎帝)의 신으로—신화시대의일이다)

황제(黃帝)심히 백성의 고생을 근심하여 마침내 치우(蚩尤)과 탁록(涿鹿)의 벌팔에서 싸워 이를 죽였다。유혈(流血)이 백리를 거둘수가 없으므로 여기에 황제 목욕제계하고 단을 모아 하늘에 제사 지냈다。

천(天)은 곧 십간(十干)—甲、乙、丙、丁、戊、己、庚、辛、壬、癸、十二支—子、丑、寅、卯、辰、巳、午、未、申、酉、戌、亥、를 내리었다。제(帝)는 곧 십간(干)을 둥글게 깔아서 천형(天形)을 만들고、十二지(支)를 방(方)에 깔아서 지형(地形)을 만들었다。

※(註 앞의 一、二、三、四、五에 이르는 수리(數理)는 소위 자연수(自然數)를 설명하는 것이고 여기에 둥굴면서 모가 있는것은 기하학(幾何學)의 초보、즉 원내 四각형에 있어서의 원(圓)에 밖으로 접하는 평행四변형과 같은 것이다。또 역(易)에서는「一기(奇)는 상원(象圓)으로서 三을 둘러쌈」이라고 있는 것은 또한 원내 三각형의 법칙과 같은 것이며 이는 중국 고대에 나타난 기하학사상(幾何學思想)의 한쪽이다)

비로소 간(干)으로서 천(天)으로 하고、지(支)로서 지(地)로 하고、빛을 합하여 직문(職門)에게 일러서 이것을 놓아 보내어 그런뒤에 세상이 잘 다스려지는 것이다。(천원(天園)지방의설、十간、十二지가 여기 나온다고함)이로부터 뒤에 대요(大堯)씨가 나와서 후세의 사람들 때문에 이를 근심하여 말하기를 아 황제(黃帝)는 성인으로서도 오히려 그 악살(惡殺)

을 잘 다스리지 못하니 만일 후세에 재(災)를 보고 고(苦)를 입을때 그는 또 어떻게 할터 인가、하고 마침내 十간十二지를 나누어서 六十갑자(甲子)를 이루었다。

十간(干) 十二지(支) 양음(陽陰)

양(陽)――甲(木)丙(火)戊(土)庚(金)壬(水)

음(陰)……乙(木)丁(火)己(土)辛(金)癸(水)

양(陽)……子(水)寅(木)辰(土)午(火)申(金)戌(土)

음(陰)――丑(土)卯(木)巳(火)未(土)酉(金)亥(水)

천간상합(天干相合)

갑(甲)은 기(己)와 합함(甲은 木에 속함、己는 土에속함、木은土로서 처재(妻財)로 함。

소위 합(合)을 얻음

을(乙)은 경(庚)과 합함、병(丙)은 신(辛)과 합함、정(丁)은 임(壬)과 합함、무(戊)는계

(癸)와 합함、명리추명(命理推命)의 법에 있어서 간합(干合)의 일은 잘 조사하지 않으면 아니된다。

먼저 간합(干合)은 월령(月令) 〈즉 월지(月支)가운데 세 나오는간이 제강(提綱)이 되는 것이므로 이것을 목표로 하여 다른 간(干)과의 간합의 유무와 함께 다른 간과 간합하여 무엇이 되는가를 보지 않으면 아니된다。그리하여 갑(甲) 기(己)가 합하여도 월령이 갑(甲)인 경우와、기(己)인 경우이며、같이 토화(土化)하여도 스스로 다른 것이라는 것을 생각하지 않으면 아니된다。예를 들면

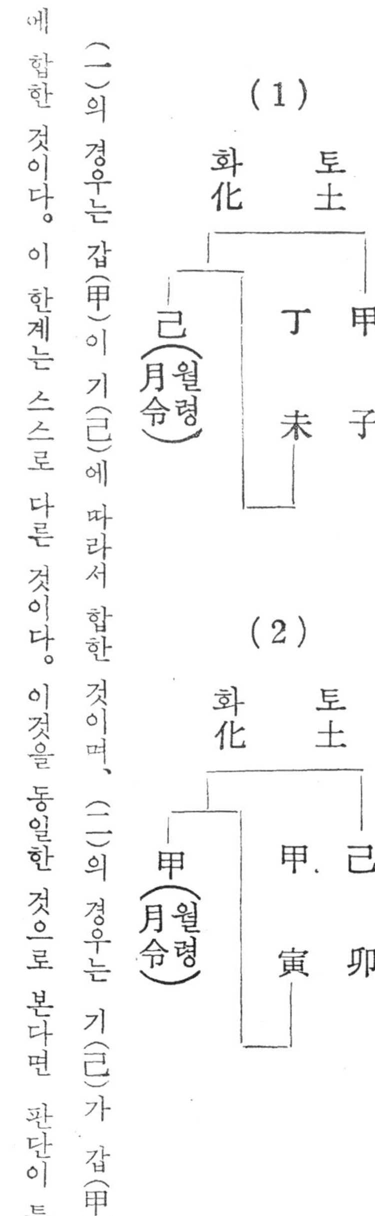

(一)의 경우는 갑(甲)이 기(己)에 따라서 합한 것이며、(二)의 경우는 기(己)가 갑(甲)에 합한 것이다。이 한계는 스스로 다른 것이다。이것을 동일한 것으로 본다면 판단이 틀

린다。 그 이치는 뒤에 다른 화기와 함께 말하기도 하고 먼저 화기(化氣)의 운기가 어떻게 되느냐하는 일반적 법칙을 말한다。 그것은 다음과 같은 것이다。

갑(甲)과 기(己)가 화하면 경을(庚乙)의 금(金)이됨。

임(壬)과 정(丁)이 화하면 목림(木森) 〈木化〉가 됨。

병(丙)과 신(辛)이 화하면 수(水)가 되지만、

이에는 맑은 물과 흐린 물이 있다。

무(戊)와 계(癸)가 화하면 남방(南方)의 화염(火焰)을 범(犯)함。

이것이 五운의 화기(化氣)이다。 다시 갑기(甲己) 토화 하면 중정(中正)의 합을 얻고、지(支)에 진술축미(辰戌丑未) 〈어느 것이나 토(土)〉가 갖추어지면 가색(稼穡)、구진(勾陳)의 자리(位)를 얻는 것이다。

경(庚)과 을(乙)이 합하여서 금(金)으로 화하면 인의(仁義)를 뜻하고、사、유、축(巳、酉、丑)이 모두 있으면 또 금(金)이 되어 종화격(從華格)이 된다。

무(戊)와 계(癸)가 합하여 화하면 무정의합(無情合)이 되어、지(支)에 화국(火局)이있으면 (인、오、술〈寅午戌〉) 염상격(炎上格)이 된다。 병(丙)과 신(辛)이 합하여서 수(水)를 얻고、자、신、진(子、申、辰)의 수국(水局) 있으면 윤하격(潤下格)이 된다。

그러나 이와 같은 사람은 좀처럼 없다。위의 삼국지(三局支) 가운데、이지(二支)인합(隣合)하여 있는 것이 있어서、각각의 국(局)을 보면 하나 건너 마다 있을 때는 국합(局合)이 얇아서 힘이 없다。대운(大運)의 다른지(他支)와 합하여서 삼국(局)이 합할 때에는 각각의 삼국(局)이 되어서 움직인다。곧 지(支)에 인(寅)、오(午)가 잇달아 있고 대운(大運) 술(戌)인 때는 삼국합(三局合)이므로 국의 작용을 하지만、그때 간합(干合)이 이를 깨트리는 경우에는 힘이 되지 않는 일이 있다。임(壬)에 정(丁)이 화(化)하면 목(木)이 되고、지(支)에 해、묘、미(亦、卯、未)가 있으면 목국(木局) 곡직(曲直) 인수(仁壽)의 격(格)이 된다。

천간(天干)이 합하는 것은 수기(秀氣)로 하고 그사람의 사주(四柱)에 세력이 있는 것이므로 수기(秀氣)가 발하는 운(運)에 이르면 복덕(福德)을 받게 되는 것이다。지지(地支)가 합하는 것은 복덕(福德)이 있으므로 삼국(三局)이 모두 갖추어진 사람은 옛말로 정승판서가 될만한 사람이라 한다。그리하여 평소에 복을 받는다。이와 같은 사람은 가령 빈한한 집에 태어나도 그야말로 미꾸라지가 화하여서 용(龍)이 되는 것 처럼、풍운(風雲)을 얻어서 하늘에 오른다。

월령(月令)에 왕(旺)이 생하고 양(養) 관대(冠帶)、건록(建祿)의 지에 있음) 음양합(陰陽合)을 얻으면 부부배필(夫婦配匹)、중화의기(中和氣)를 얻어 더없는 안락한 신분이 된다。만약 제왕(帝旺)의 운등이 갖추어지고、합에는 편관칠살(偏官七殺)등이 생하고、겁재(劫財 패재(敗財)등이 있는 것은 지나친 것은 모자람만 못하다는 말과 같이 남아 돌아서 도리어 나쁘다。

앞에서 든 예에 따라서、남편이 아내를 좇아서 화(化)하고、아내가 남편을 좇아서 화(化)하는 일이 있다。그러한 때는 남편은 아내를 따라 내주장(內主張)을 하여도 집안이 편하고 아내는 남편에게 꾸지람을 들어면서도 정순(貞順)하기 그지 없이 살아가는 것이다。이것이야말로 사주(四柱)의 간합여하(干合如何) <간합(干合)이 없어도 그제복(制服)>으로서 알수 있는 것이다。

또 양(陽)이 간화(干化)하여 음(陰)이 되는 경우도 있고、음(陰)이 간화(干化)하여 양(陽이 되는 경우도 있다。그것은 대체로 양일생이 화하면 음(陰)이 되고、음일생인 사람이 화함은 양(陽)이 된다고 알면된다。그러나 갑(甲)이 기(己)에 합함은 음화(陰化)이고、기

(己)가 갑(甲)에 합함은 양화(陽化)이다。어느 것이고 월령(月令)을 목표로 함)、또 월령이 아니라도 다른 주(柱)에서 화하는 때에는 각각의 관계(부모、형제、처자 등)에 있어서 각각의 년운에 이르러서 변화의 이치가 나타나는 것으로 생각 할 수 있다。다음에 이렇게 보는데에는 전각(轉角)이란것이 있어 미곤 신、축、인간(未坤 申 丑 寅艮)곧 보통으로 말하는 귀문(鬼門) 뒷귀문(裏鬼門)의 때에는 전각(轉角)으로 역경 (易經)에 동북(東北)에 벗을 잃고 서북(西北)에 벗을 얻는다는 것이다。

화(化)하여 참(眞)인 것、즉 三국(局)이 있는 사람은 나라에 이름있는 사람이나 정승이 되거나、부귀(富貴)할 격이지만 화하여 참(眞)이 아닌것、즉、지지(地支)에 三국(局)이 없는 사람은 참 부귀공명에 이르지못하고、고아나 양자、또는 승려나 학자나 아뭏든 이면(裏面)에서 일하는 사람이 되는 것이다。

단지 무계(戊癸)가 화(火)로 화(化)하여도 남방인 오(午)는 되지 않는다。또 북쪽인 자(子)에는 화(化)하지 않는 것이다。오(午)는 역(易)의 소음(少陰)의 화(火)이므로 화하지 않는다。인신(寅申)은 즉 소양(少陽)의 화(火)에 화(化)하는 것이다。

이 화국(化局)은 현(玄) 가운데의 또 현묘(玄妙)한 것이라고 한다。판단의 요결은 이 화기(化氣)여하를 보는데에 있다。

월운간지(月運干支)

一년은 十二개월 이를 十二지(支)에 꿰어 맞추면 마치 맞으므로 월지(月支)는 매년 일정하여 있는것이다。그러나 간(干) 쪽은 十간(干)이므로、매년 월간(月干)은 달라진다。거기서 금년의 어느달의 어느 간지(干支)에 해당하는지를 보는데에 간편한 표를 만들어 연구자의 참고로 삼게 한다。

다음표의 해설、숫자 1 2 3은 一월、二월 三월의 일이고、갑、지、을、경、병、신、정임 무계(甲己 乙庚 丙辛 丁壬 戊癸)는 그해의 간(干)、지(支)의 아래의 十二지(支)는 그 가로줄(横列)의 숫자 즉 월지(月支)、즉 一월은 축월(丑月) 〈매년 변하지 않음〉 二월은 인(寅)、三월은 묘(卯)라는 차례이다。

서기一九三〇년은 경년(庚年)이므로 一월은 정축(丁丑)으로부터 시작하여 十二월무자(戊子)에 끝난다。서기 一九二五년 十四년은 을년(乙年)이었으므로 같이 一월은 정축(丁丑)에서 十二월은 무자(戊子)가 된다。

支	戊 癸	丁 壬	丙 辛	乙 庚	甲 己	년 월
丑	癸	辛	己	丁	乙	1
寅	甲	丑	庚	戊	丙	2
卯	乙	癸	辛	己	丁	3
辰	丙	甲	壬	庚	戊	4
巳	丁	乙	癸	辛	己	5
午	戊	丙	甲	壬	庚	6
未	己	丁	乙	癸	辛	7
申	庚	戊	丙	甲	壬	8
酉	辛	己	丁	乙	癸	9
戌	壬	庚	戊	丙	甲	10
亥	癸	辛	己	丁	乙	11
子	甲	壬	庚	戊	丙	12

서기 一九三〇년은 신년(辛年)이므로 一월은 기축(己丑)으로부터 시작된다。

十간(干) 소속 방위 十二지(支)소속

갑을(甲乙)은 목(木) 동방에 속함(인묘진〈寅卯辰〉의 자리、동방청룡의 상(象)으로 합)、병정(丙丁)은 화(火) 남방에속함、(사오미〈巳午未〉의 자리、남방 주작(朱雀)의 상(象)으로 합)、무기(戊己)는 토(土)、중앙을 맡아있음(술、진、축、미〈戌、辰、丑、未〉의 자리 구진등사(勾陳騰蛇)의 상(象)으로합)、경신(庚辛)은 금(金)、서방에 속함、(신、유、술〈申酉戌〉의 자리、양방 백호(白虎)의 상(象)、임계(壬癸)는 수 (水)、북방에 속함、(해、자、축의 자리 북방현무〈北方玄武〉의 상이다)。

갑을(甲乙)의 목(木)은 청색(青色) 병정(丙丁)의 화(火)는 적색(赤色)、무기(戊己)의 토(土)는 황색(黃色)、무신(戊辛)의 금(金)은 백색(白色)、임계(壬癸)의 수는 흑색(黑色)。

이때에 대요(大堯)씨、갑을로서 목(木)에 속(屬)하고 병정(丙丁)으로서 화(火)에 속하고 무기(戊己)로서 토(土)에 속하고 경신(庚辛)으로서 금(金)에 속하고 임계(壬癸)로서 수(水)에 속하게 한다고 하나、또한 지원(支元)、인묘(寅卯)는 목(木)에 속하고 사오(巳午)는 화(火)에 속하고、신유(申酉)는 금(金)에 속하고、 해자(亥子)는 수(水)에 속하고、진술축

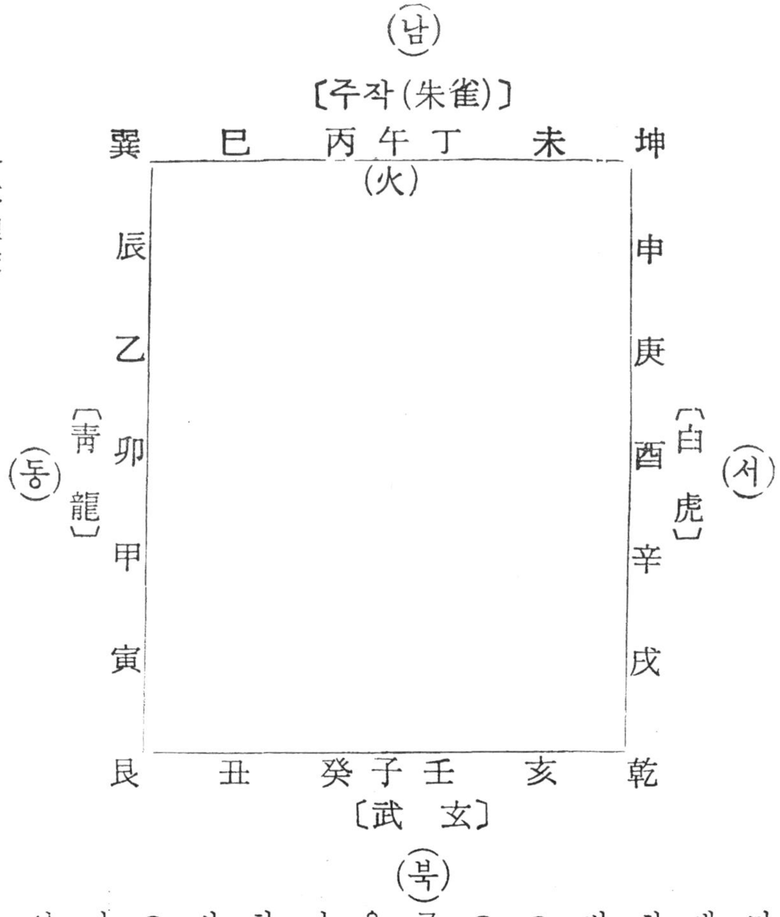

(남)

〔주작(朱雀)〕

巽　巳　丙午丁　未　坤

(火)

艮　丑　癸子壬　亥　乾

〔武　玄〕

(북)

辰 乙 卯 甲 寅

(동) 〔靑龍〕

申 庚 酉 辛 戌

〔白虎〕 (서)

미(辰戌丑未)를 토(土)에 속하게 하는 그 이치는 무슨 뜻인가。동방에는 태호(太昊)복희(伏羲)씨가 있어 진(震)에 승(乘)하고 집규(執規)를 잡아서 봄을 맡아 있고、인풍화기(仁風和氣)를 생하게 하여 만물을 발생(發生)시킨다。 그러므로 목(木)으로서 여기에 있다。그러므로 갑、을、인、묘(甲乙寅卯) 다함께 같은 것이다。

남쪽에는 신농(神農)씨가 있어 리(離)에 승(乘)하여 형(衡)을 잡아서 여름을 맡았으며 염양혹기(炎陽酷氣)를 생하고、 만물이 여기에 이르러 함재(咸齊)함。 그러므로 화(火)로서 여기 있고、 그러므로 병정사오(丙丁巳午)는 같은 것이다。(하천(夏天)은 만물이 자라남은 맡았고、 초목이 무성함、 모두 화(火)의 덕을 입는 것이다)

서쪽에는 신소호(神小昊)가 있음(神農의 子)。 태(兌)에 승(乘)하고、 거(矩)를 잡고 가을(秋)을 맡아봄、 숙살(肅殺)한 정기(靜氣)를 생하고、 만물이 여기에 이르러 수렴(收斂)한다 그러므로 금(金)、 여기에 있다。 그러므로 경신(庚辛)、 신유(申酉)는 같은 것이다。

북쪽신 전제(顓帝)가 있어 감(坎)에 승(乘)함、 권(權)을 잡고서 겨울을 맡았음、 응결(凝結)하여 엄기(嚴氣)를 생함、 만물이 여기에 감추어 진다。 그러므로 수(水)、 여기에 있음、 고로 임계해자(壬癸亥子)가 같은 것이다。

중앙에는 신 황제(黃帝)가 있어、 곤(坤)에 乘하고、 색끼(繩)를 잡고서 중토(中土)를 맡았음。 항(況)、 목、 화、 금、 수(木火金水) 모두가 토(土)가 없으면 되지 않는다。

그러므로 바로 무기(戊己)、 중앙에 있음。 진술축미(辰戌丑未)는 사유(四維)에 흩어지고

각각 그 곳을 얻는다(四維란 봄 三월、 여름 六월、 가을 九월、 겨울 十二월이다)

※(註 이들의 사상(思想)은 천(天)의 원지(圓地)를 방(方)이라고 보고、 또한 지구(地球)의 자전(自轉) 등을 모르는 시대의 산물이므로 오늘날 이것을 채용(採用)할 필요는 없으나、 그리고서 그 의식적(意識的) 내용을 써도 좋음)

이와같은 기구(機構)에 의하여 추명(推命)의 근원(根元)은 이루어지는 것이다。 이에 대하여 중국의 경위설(經緯說)로서 여러가지로 설명할 것이나、 지금은 추명(推命)의 법을 말함에 있고、 경위설(經緯說)의 연구를 하는것이 아니므로 「淵海子平」이 전하는 대로 줄이어 적어 둔다。

사주 추명(推命)의 조직

사주란 사람의 생년、월、일、시의 네가지를 말한다。 사주팔자(四柱八字)란 생년、월、일、시의 간지(干支)를 말하는 것이다。 그 간지(干支) 팔자(八字)로 보고、 오행(五行)의 이치에 따라서 그 길흉흥폐(吉凶興廢)를 관찰하는 것이 추명술(推命術)이다。

그리하여 이 법에 세가지의 요소가 있다。 즉 천간(天干)으로서 천(天)으로 하고、 지지(地支)로서 지(地)로 하고、 지(支) 가운데에 감추는 것으로서 인원(人元)으로 한다。 또 사주를 나누어서、

생 년——을 뿌리로 함
생 월——을 묘(苗)로 함
생 일——을 꽃으로 함
생 시——를 열매로 함

또 사주를 나누어서

생년——을 조부모의 윗대로 하고 세대(世代)의 성쇠(盛衰)를 알아봄。

생월——을 부모로 하고 또 형제자매로 하고 친음명리(親陰名利)의 유무를 알아봄。

생일——을 나의 몸 및 아내로 하고 그 친소흥폐(親疏興廢)를 봄

생시——를 자식 및 손자로 하고 빈천부귀(貧賤富貴)、 질병건강의 여하를 구별함。

이상 八자(字)로서 안밖 생극취사(生尅取捨)의 근원을 찾고、 간지(干支)의 강약(强弱)을 정하여 몸의 강약(强弱)、 저항(抵抗)이 있고 없음을 미루어 깨칠 것입니다。 따라서 간지(干支)의 배열(配列)은 뿌리로 부터 열매가 생하면 순서가 맞지만、 열매 또는 꽃으로 부터 뿌리를 생함은 역(逆)이다。 간(干)이 이와 같이 역행(逆行)하는 것은 빨리 피어나서 빨리 쇠(衰)하고 혹은 빨리 그 수명(壽命)이 마치는 것이다。

길한 예(吉例)
←
年	月	日	時
甲	乙	○丙	丁

흉한 예(凶例)
→
年	月	日	時
丁	丙	○乙	甲

년(年)으로서 뿌리로 함

년으로서 뿌리로 함, 묘(苗)가 자라고, 꽃이 피고, 열매를 맺음은 뿌리가 튼튼하여야 한다. 그러므로 먼저 뿌리를 사람의 논밭으로 한다. 세대(世代)의 파로 함. 조부(祖父)의 업으로 함. 이 뿌리ㅡ곧 년의 간지에 흉성(凶星)이 있으면 조부(祖父) 힘이 없고 혹은 미천(微賤)한다. 이 뿌리로 부터 五행으로서 월을 생하면 조부모는 그 사람의 아버지에게 가업을 전한 것이 되고, 년월의 간지(干支) 극상(尅傷)하면 혹은 아버지가 독력으로 업을 벌리거나 아니면 아버지가 조부의 업을 파괴한 것이다. 년월의 위에 재관성(財官星)〈변통성을 보라〉이 있고, 지(支)에 형충파해(刑冲破害)〈이것도 아래에 있음 이러한 술어(術語)는 하나 하나 아래에 설명함.〉가 없으면 그 사람의 아버지는 반듯이 부모의 복을 받은 것입니다。그러나 그 년월의 간지(干支)가 일(日)의 위에 왕하여 움직이지 않으면 그 사람은 부모의 복을 받기 어렵다。혹은 도리어 부모의 복을 깨트리는 일이 있다。일(日)로서 나의 몸으로 한다。생일이 바로 어떤 궁에 임(臨)하는 지로서 자세히 그 소장(消長)을 생각하지 않으면 아니된다。그러나 이 지(支) 가운데에 감추는 것을 인원(人元)으로 한다。이 감춘다는 것은 五행의 하나로서 별표(別表) 변통성(變通星)에 따라서 꿰어 맞춘바 별이다。이 별에 생하는 것은 좋고 극(剋)함을 받으면 나쁘다。

그 명식(命式)은 대개 아래와 같은 것이다。

명식(命式)

서기 一九七九년 三월 二九인 오전 一시생

편인 偏印 토 己卯年

편관 偏官 화 丁卯月

금 辛亥日

○묘(卯)에 을(乙)이 있고 편재(偏財)가 됨。이것이 용신(用神)

○해월(亥月) 중에 임(壬) 있어 상관(傷官)、그것이 인원(人元)이 됨

印綬(인수) 토戊子時 (水)

이 명식(命式)은 생년(生年)의 뿌리에서 월(月)을 생하지 않는다。 그러므로 조부와 아버지와는 운기가 따로 따로이고、 조부도 그 복을 주지 않는다。 생월의 정(丁)과 생일의 신(辛)은 묘(苗)와 꽃으로 하나、 이것도 극(尅)하므로 아버지는 힘이 없고 이 명(命)의 사람에게 아무런 재력(財力)도 주지 못한다。 꽃과 열매와의 관계도 또한 좋지 않으나、 무토(戊土)로 부터 신(辛)은 생하므로서 도리어 자(子)의 복을 받는 것이 된다。 그리하여 부부간은 묘(卯)와 해(亥)와는 목국(木局)하므로 정재(正財)가 되며、 신금(辛金)과 비화(比和)하기 때문에 친밀한 것이다。

우선 이렇게 보는 것이나、 그밖에 이 명(命)의 사람의 형제자매는 어떤가 자식의 흥폐현우 소장(興廢賢愚消長)은 어떤가 학문 지식의 정도、 부(富)의 정도 등도 볼 수 있으나 지금 일시에 이런 것을 설명하면 예비지식(豫備知識)이 없는 사람들이 곤난할 것이므로 이것들은 아래에 다시 상세하게 설명하고져 한다。

달로서 형제자매로 함

또 사주에서는 간(干)이 같은 것으로서 형제로 함。 즉 갑(甲)은 을(乙)로 아우로 하고、을(乙)은 갑(甲)으로서 형으로 하는 류(類)이나 변통성의 패재(敗財)、겁재(刼財)에 당할 때에는 자매(姉妹)이다。

또 사주 중에 신(辛)이 많으면 을목(乙木)을 상(傷)하게 하고、경(庚)이 많으면 갑목(甲木)을 상(傷)하게 한다。 곧 형제에 극(尅)이 있어 사이가 좋지 않다。 가령 갑일생(甲日生)의 사람은 을(乙)로서 아우로 하지만 주(柱) 중에 신(辛)자가 있어 을목(乙木)을 극할 때에는 자매(姉妹)의 힘을 입을 수 없는 것이다。

을일생(乙日生)의 사람은 갑으로서 형으로 하나 사주 가운데 만일 경금(庚金)이 있으면 갑목(甲木)을 극(尅)하므로 즉 형제의 힘을 얻지 못하는 것이다。 보통 형제의 유무를 보는 것은 이와 같이 하는 것이나。 그 목표로 하는 곳은 생일에 있어 이 월지(月支)가 쇠병사묘절(衰病死墓絕)의 운이 있는 것은 형제자매는 있어도 힘이 되기 어렵다고 해석할 수 있다。

명식(命式)

서기 一九〇四년 十월 九일 밤十一시 생여자

偏印(편인)	甲辰年	養(양)	
正官(정관)	癸酉月	病(병)	
(辛正財)(신정재)	丙子日	建祿(전록)	
傷官(상관)	己亥時	胎(태)	

○진해(辰亥) 수국(水局)함。 정관(正官)

○병(丙)은 계수(癸水)의 관(官)에 극(尅)함을 받음。

역十년운 공망(空亡) 신유(申酉)

이 사주팔자로서 형제자매를 보면 병(丙)에 대하여 계(癸)는 음(陰)이므로 이 사람이 장녀(長女)이고 이 아래에 아우나 누이동생이 있는 것이다。 계정관(癸正官)에서 편인(偏印)의 목(木)이 되어 일주(日主)의 병(丙)이 되나、 유(酉) 가운데의 신(辛)은 또 병(丙)과 합하여 수(水)가 됨。 수(水)는 갑(甲)을 생하므로 또 편관(偏官)이 된다。 그러하면 숨어 있는 정관(正官)이 둘 정관(正官)과 상관(傷官)이 있는 것이고、 일주상(日主上)의 관성(官星)은 형제이므로 아우가 셋 유(酉)중에는 경신(庚辛) 둘 있어 이것이 재성이므로 누이동생이 둘 있는 것이다.

그러나 이별이 일주(日主)를 극(剋)하여 있는 것으로 이 여자는 형제의 극(剋)을 받아서 집에 있을 수 없다. 어느 박사의 영양(令孃)인데 집에도 갈 수 없고 여급(女給)을 하고 있다. 부모는 있으나 형제에도 인연(因緣)이 없는 생이다. (이 사주 조직은 고독〈孤獨〉하다)

지지(地支)를 처첩(妻妾)으로 본다

사주에서 보면 간(干)으로 극(剋)함은 처(妻)이다. 즉

	비견 比肩	패재 敗財	식신 食神	상관 傷官	편재 偏財	정재 正財	편관 偏官	정관 正官	편인 偏印	인수 印綬
갑일생 甲日生	甲	乙	丙	丁	戊	己	庚	辛	壬	癸

←목극토(木克土)로 처재(妻財)를 극함

이와 같은 것이다. 그러므로 사주에 무기(戊己)의 재성(財星)이 없어도 아간(我干)으로 부터 극(剋)하는 것은 처(妻)이다. 재(財)가 많고 간(干)이 왕(旺)하는 것은 좋다. 또 그 사람

에 복이 있다。재(財)가 쇠(衰)하는 것은 좋지 않다。도리어 화(禍)가 있다。또 재성(財星)이 많고서 몸이 약한 사람은 부실지빈인(富室之貧人)이라 하여、재를 얻기 쉬우면서 손에 잡기 어렵다。통털어 처와 재보는 동일하게 보는 것이다。그러나 처를 본다는 것은 생일의 지(支)를 목표로 한다。생일의 간(干)과 지(支)가 같음은 처(妻)를 극(尅)함、갑인(甲寅)、무술(戊戌) 등이다。또한 아래와 같은 명식(命式)도 처(妻)를 극(尅)하는 것이다。

서기 一九〇〇년 六월 二十일생 남자

偏官(편관) 庚子年 ○午 가운데의 정상관(丁傷官)을 이룸。

偏印(편인) 壬午日 즉 편재(偏財)를 움직여서 첩(妾)을 만들음。

甲子日 ○자오(子午) 충(冲)하고 식신(食神)이 움직임。여색(女色)을 좋아한다。

이 명식(命式)에는 재성(財星)이 없다。그러나 년에서 월로 월에서 일로 경금(庚金)으로 부터 임수(壬水)로부터 갑목(甲木)을 생하고 있으므로、삼대상전(三代相傳)의 사람이라는 것을 알 수 있다。즉 조부 및 아버지의 음복(陰福)을 받고 있는 사람이다。그러나 위와 같이 여색(女色)을 좋아하는 상식(傷食)의 별이 있으므로서 정재(正財)인 기(己)는 이기지 못해 몇 사람이 집을 드나드는 것이 되는 것이다。

생일로서 사자(嗣子)로 함

그러나 사주로부터 하면 간(干)을 극(剋)하는 것은 사(嗣)이다。 갑일생(甲日生)인 사람에 있어서는 경금(庚金) 신금(辛金)의 편관(偏官) 및 정관(正官)이다。 여자는 간(干)이 생하는 것이 자(子)이다。 가령 갑을일생(甲乙日生)은 경신(庚辛)으로서 자식으로 하나 여자는 갑을생이면 병정(丙丁)의 식신상관(食神傷官)은 자식이다。 그리하여 그 목표는 생시에 편관(偏官)이 없는 경우에도 자식이 없다고 말한다。 또 생시 가운데 충형양인(冲刑羊刄)의 흉성(凶星)이 있는 것도 좋지 않다。 이들은 모두 각각의 부에 자세히 설명하여 두었으므로 거기 따라서 보는 것이 좋다。 그리하여 계속하여 十二지(支)의 二합、三합、상충(相冲)、천(穿) 등의 표를 적어 아래의 법식으로 옮아 가기로 한다。

명식(命式)

안정 二년 五월 二八일 자시생(子時生)여

偏官(편관)	乙卯年	死(사)
正財(정재)	壬午月	胎(태)
(丙印綬)(병인수)	己卯日	帝王(제왕)
正官(정관)	甲子時	胎(태)

○자오(子午)충(冲)함

순(順) 九년운 공망(空亡) 신유(申酉)

○이 사람은 명치유신(明治維新)의 공(功)으로서 남작(男爵)이 된 사람의 미망인이다。영식(令息)은 습작(襲爵)하여 남작(男爵)이다。그것은 생시(生時)에 갑(甲)의 정관(正官)이 있는 것으로서도 알 수 있고、또 이 년월일도 틀림 없다。그러나 자(子)와 오(午)의 충(冲)이 있고、인수(印綬)가 왕함은 어머니를 극(剋)하고 자(子)를 해(害)하므로、우선 어머니에 좋지 않다。듣자니 이 부인의 어머니는 여섯이나 바뀌었다는 것이다。그리하여 아버지도 대단히 고생하였다는 것이다。병수(丙數)는 셋 또는 육이다。어머니가 여섯이었다는 것은 여기에 나타나 있다。

⊙ 또 언니(姉)가 있다。(생월의 임〈壬〉、그러나 생일부터 이것을 극(剋)하므로 언니(姉)와도 맞지 않는다。실제동복(實際同腹)의 언니(이미 사망)와도 맞지 않았다고 한다。

그런데 또 아들의 처는 재성(財星)이다。기일(己日)부터 이를 극(剋)하므로、아들의 처와도 맞지 않는다。그리고 이 사람은 눈병을 앓고 있다。이는 순(順) 구년의 운으로서 서기 一九三一년 이 七十七세이므로

九 세	壬午
十八세	辛巳
二十七세	庚辰
三十六세	己卯
四十五세	戊寅
五十四세	丁丑
六十三세	丙子
七十二세	乙亥
八十一세	甲戌

세 운(歲運) 丙子 인수(印綬)

유 년(流年) 辛未 식신(食神)

이고、목(木)은 화(火)를 생하고、병화(丙火)는 심장(心臟)、눈병 등이 있는 것은 뒤에 적었으니、참조하기 바란다。그리고 식신(食神)은 도기(盜氣)이다。칠년은 임(壬)의 정재(正財)이다。또 갑목(甲木)을 생한다。그리고 고망이다。경(庚)은 또 수(水)를 생한다。병세(病勢)가 깊어 좋지 않는 징조이다。

십간지이합(十干支二合)

子丑合、土、 寅亥合、木、 卯戌合、火、 辰酉合、金

巳申合、水、 午未合 午、太陽(태양) 未、太陰(태음)

十二지(支)三합(合)

자신진(子申辰) 합하여 수국(水局)이 된다。해묘미(亥卯未) 합하여 목국(木局)이 된다。인오술(寅午戌) 합하여 화국(火局)이 된다。사유축(巳酉丑) 합하여서 금국(金局)이 된다。진술축(辰戌丑) 합하여 토국(土局)이 된다。

十二지(支) 상충(相沖)

○자와오는 충(子午는 沖)、인과 신은충(寅申沖)、묘와 유는 충(卯酉는 沖)、진술은 충(辰戌은 沖)、사해는 충(巳亥는 沖)、축미는 충(丑未는 沖)、자(子)는 계수(癸水)、오는 정화(丁火)、수(水)는 잘 화(火)를 극(剋)하므로 충이 됨。사람의 생년월일시 가운데 이 충(沖)이 있으면 한 평생중 부모형제 처자의 신상에 충해(沖害)를 받는다。운도 또한 같다。

十二지(支) 천(穿)

자(子)와 미(未)、축(丑)과 오(午)、인(寅)과 사(巳)、묘(卯)와 진(辰)、신(申)과 해(亥)、유(酉)와 술(戌)과는 상천(相穿)이라 하고、해(害)를 함。생년 월일시 가운데에 이것이 있으면 六친(親)에게 손해를 끼친다。

十二지(支) 상형(相刑)

○인(寅)은 사(巳)를 형(刑)함。 사(巳)는 신(申)을 형(刑)함。 신(申)은 인(寅)을 형(刑)한 사주중 그 형(刑)이 있는 사람은、 자기의 세력을 믿고 저돌맹진(猪突猛進)하여서 운기를 깨트리는 것이다。

○축(丑)은 술(戌)을 형(刑)함。 술(戌)은 미(未)를 형(刑)함。 미(未)는 축(丑)을 형(刑)함 사주 중에 이 형(形)이 있는 것은 무은의 형(無恩形)이라 하고 사람됨이 냉혹(冷酷)하여 벗을 팔고、 은혜 입은 자를 빠트리고(謀陷) 금시 변하여 적(敵)에게 붙고、 세상이 좁아지는 짓을 저지르고 남을 해치고 내몸 또한 고립(孤立)하고 도와 주는 이 없는 사람이 되는 것이다。

○자(子)는 묘(卯)를 형(刑)하고 묘(卯)는 자(子)를 형(刑)함。
이 형(刑) 있는 자는 예의(禮儀)、 겸양(謙讓)을 모르고、 야만(野蠻)스러워서 남에게 불쾌한 감을 잘 준다。

○진진(辰辰)、유유(酉酉)、해해(亥亥)는 자형(自刑)의 형(刑)으로 함。

사주 중에 진진(辰辰)、유유(酉酉)、해해(亥亥)로 있는 사람은、집착심(執着心)이 없고、열의가 적으며、사물을 잘 가늠하지 못하고 있다고 하여도 뒤가 난잡하여、때로는 비(非)를 이(理)로 하고、부정을 참으로 하며、자기의 이유를 먼저하고、백을 흑이라 하고、아망을 세우고、스스로 그 운을 해치고、발달을 방해하고、남에게 멀리함을 당하고、마침내는 궁경(窮境)에 빠지고 아니면 고집으로서 몸을 망치는 것이다。

천강 생왕 사절(天干生旺死絕)

갑목(甲木)은 해(亥)〈수(水)〉에 생함。목욕은 자(子)〈수(水)〉에 있고、관대(冠帶)는 축(丑)〈토(土)〉에 있고、건록(建祿)은 인(寅)〈목(木)〉에 있으며、제왕(帝旺)〈목(木)〉은 묘(卯)에 있고、쇠(衰)는 진(辰)〈토(土)〉에 있고、병(病)은 사(巳)〈화(火)〉에 있고、사(死)는 오(午)〈화(火)〉에 있으며、묘(墓)는 미(未)〈토(土)〉에 있고、절(絕)은 신(申)〈금(金)〉에 있으며、태(胎) 유(酉)〈금(金)〉에 있고、양(養)은 술(戌)〈토(土)〉에 있음。이상과 같이 갑목(甲木)이면 갑목(甲木)이 다른 오행、즉 목화토금수(木火土金水)의 어느것에 작용하면 무엇이 되느냐라 하는 것은 十간(干) 모두 있으나 지금 그것을 일일히 기록함은 번잡(煩雜 하기도 하고、초학자에게는 익히기도 힘든다。그러므로 이것은 아래에 적는다。「十二운표」에 따라서 배우기 바란다。

사주팔자(四柱八字)의 조사조직(調査組織)

먼저 사주 추명(推命)을 하자면 「간지표(干支表)」에 따라서 그 사람의 생년월일시를 뽑아낸다。(생시를 몰라도 괜찮다) 그리하여 월율분야표(月律分野表) 〈별표〉에 따라서 그 왕분을 조사한다。이 월율분야표는 첫째로 알아두지 않으면 아니되는 것으로서 언제나 좌우에 둘 필요가 있다。

이 표는 가령 자(子)의 十二월 중에는 임수(壬水)가 十일 三부 三있고、계수(癸水)가 二十일 六부 七있다고 한다。그래서 지금 十二월 十五일에 난 사람을 본다고 하면 그때에는 절입(節入)에서 절입(節入)까지 세어 나가는 것으로 (節入은 구력은 아니고 양력을 딴 것으로서 一년을 三백六十五일로 나눈 것이다。) 十二월의 절입일을 보면 해분에 따라 다르나八일에 절입(節入)이 되었다고 하면 十五일부터 八일을 빼면 七일이었다。 七일의 일수(日數)는 十二일 자(子)의 임수(壬水) 十일의 가운데 있으므로、 그 사람은 十二월지 중의 임수(壬水)라는 것을 힘(그것을 수기(受氣)라 함)으로 가지고 있는 것이 된다。 사주에는 이 힘을 내어서 판단상의 용신(用神)으로 하는 것이므로 가장 중요하다。 이와 같이 어느 해라도 一월 축(丑) 중에 났다고 하면 가령 그 생일이 二十一일이라면 절입(節入)의 六일을 빼고、 나머지 十五일로서 축(丑)의 분야를 보면、 계수(癸水)에는 모자라고 계수(癸水)의 九일三부와 신금(辛金)의 三일一분을 합하여도 十二일 사푼 밖에 되지 않으므로、 十五일에는 모자란다。 즉 기토(己土)의 十八일 쭉에 들어있다。 따라서 그 기토(己土)를 그달의 월령으로 하는 것이다。

더육더 정확하게 써볼때는、 그 사람의 생일이 어느날 몇 시인가 또 절입(節入)의 날이 몇일의 어느 몇 시 인가를 보고、 전후의 공(空)인 시간을 끊어서 버리고 절입(節入)의 날의 정미(正未) 시간과 난 날의 정미(正未)의 시간과를 섞어서、 그기에 그간의 十三일간이면 十三일에 몇 시간 있다고 헤아리고 그 나머지 시간이 三十六시간 미만이라면 하루 가운데 넣어서 끊어서 버리고、 三十六시간 이상이라면 하루로 하여 계산하는 것이므로 앞의 사

제 一 표

五 월 巳 庚金九일三분 戊土五일一분七 丙火一六일五분三	六 월 午 丙火十일三분三 己土九일三분 丁火二일三분三	七 월 未 丁火九일三분 乙木三일一분 己土一八일六분	八 월 申 巳土七일二분三 戊土三일一분 壬水三일一분 庚金一七일五분七
四 월 辰 乙木九일三분 癸水三일一분 戊土一八일六분	律(율) 令(령)		九 월 酉 庚辛十일三분三 丁巳長生 辛金二〇일六분七
三 월 寅 甲木 癸長生 乙木二〇일六분七	分(분) 野(야)		十 월 戌 辛金九일三분 丁火三일一분 戊土一八일六분
二 월 寅 戊土七일二분三 丙火七일二분三 甲木一六일五분四	一 월 丑 癸水九일三분 辛金三일一분 己土一八일六분	十二월 子 壬水十일三분三 癸水二〇일六분七	十一월 亥 戊土七일二분三 甲木五일一분七 壬水一八일六분

람이 一월 二十一일에 나서 정미(正味) 十三일 三十四시간이라면 분야표(分野表)는 기(己)라도 뒤에 쓰는 대운법(大運法)에서는 이것을 三으로 나눌 수 있는 五의 상수(商數)로 하지 않으면 아니된다。 왜냐하면 十三일 三十四시간에서는 三四、 十二이며 또 하루의 二十四시간과 三十四시간 도합 二일과 二十시간 있으므로 이것을 五의 상수(商數)로 하여 三·五十五로 하면 十五일에 十四시 부족할 뿐이므로、 五의 수가 그 사람의 대운(大運)이 되는 것이다。 말하자면 이 설명은 증가할 때의 주의가 아니고 감(減)할 때의 주의이다。 즉 十三일과 二시간인 때에는、 三·四 十二로서 나머지는 二十六시간이므로 이것을 끊어서 버리고 十二로 하고、 四의 상(商)을 그 사람의 대운(大運) 즉 큰 파동의 변화기로 하는 것이다。

이 대운을 뽑아내는 방법과 율영분야(律令分野)의 수를 뽑아 내는것 하고는 좀 다르므로 혼동하지 않도록 할 것이다。

위의 예에 따로서 아래 명(命)을 봄。

서기一九三一년 九월 八일 오전 十一시반생 (남)

正(정) 財(재) 辛 未 年 冠帶

敗財(폐재) 丁酉月 偏財(편재) 長生(空亡)

丙子日 帝旺

偏印(편인) 甲午時 死羊刃

逆三년운(역) 空亡(공망) 申酉

서기 一九三一년 九월은 九일 자각(子刻)〈밤 十一시 오전 一시〉가 절입(節入)이므로, 이날은 정미 二十四시간 있다。 거기에다 난날의 시간이 十一시간이므로、꼭 九일간과 十一시간 있다。 三十六시간은 끊어 버리는 예이므로 그것을 三으로 나누면 물론 三三은 九로、상수(商數)의 三이 이 명의 대운이 되는 것이고 九는 또 그 월령분야중의 유(酉)의 九분이므로、경(庚)가운데 있다。 그러므로 이 명은 유(酉)중의 경(庚)이 월지(月支)중의 분야가 되고、병일(丙日)의 편재(偏財)가 되는 것이다。 이것은 또한 대운(大運)을 뽑아내는 법과 비추어 보시기 바랍니다。

또 하나의 예를 든다。

명식(命式)

서기 一九三一년 八월 二十八일 오후 一시반생(여)

(印綬)수(水)가 됨	偏官(편관)	辛未年	衰(쇠)	○未와 卯는 목국(木局)
	傷官(상관)	丙申月	病(병)	○申 중의 경(庚) 즉 乙의 (正官)
	(庚正官)(경정관)	乙卯日	建祿(건록)	
	偏官(편관)	癸未時	墓(묘)	

신월(申月) 중에는 무기(戊己)、임(壬)、경(庚)이 있다。 八월 절입은 八일 오후 九시부터 十一시까지 이므로 그날은 三시간 뿐이다。 이것을 빼면 十九일 三시간이다。 또 二十八일 오후 一시반까지는 十三시간반이므로 합하여 十九일과 十六시간반이다。 즉 신(辛)、경(庚)의 十七일 六분이상이다。 그러므로 경(庚)이 을(乙)의 정관(正官)이 되어서 사주 위에 나타나는 것이다。 이 명의 길흉에 대해서는 일부러 풀이하지 않는다。

천간변통성(天干變通星)

이미 간지표에 따라서 사람의 생년월일시를 알았으면 거기 따라서 그 천간(天干)의 변통성(變通星)을 붙이는 것이지만 변통성은 양음 다섯 가지씩 있다。 즉 갑、병、무、경、임(甲、丙、戊、庚、壬)은 양이고、을、정、기、신、계(乙、丁、己、辛、癸)는 음이다。 이 표는 다음에 드는 제二표 및 제三표이다。

이것들은 생년월일시에 어느 간지(干支)에 붙는가를 보아서 이것을 일일히 종이에 적어 가는 것이다。 즉 갑일생에 을의 간(干)이 있으면 겁재(劫財)、패재(敗財)가 되고、이별이 있으면 아버지를 극(尅)하고、혹은 또 처(妻)를 극(尅)하여 아버지가 빨리 세상을 떠나고、또 처(妻)가 사망하거나 재혼하거나 하는 것이다。 또 갑간일(甲干日)생인 사람에 병(丙)이 있으면 이는 식신(食神)이 되어、식록(食祿)의 별이고、수명(壽命)의 별이므로 일생동안의 식에 부자유가 없다。 이들의 성질 내용은 뒤에 적으나 이 변통성을 뽑아 내는 법이 끝났으면 이번에는 지(支)에 따라서 十二운을 내는 것이다。

명식(命式)〈예〉

서기 一九三一년 六월 八일 오전 一시생(남)

正官(吉) 辛未年

印綬(吉) 甲午月 — (七일이 六월의 절입(節入)이므로 甲午月이 됨)

丙食神(吉) 甲子日 (午月中)

比肩(凶) 甲子時

이와 같이 되어 길복(吉福)의 명을 이루는 것이다.

표

천간	四柱干 / 생일
甲	甲
甲	比肩 비견
乙	敗財 패재
丙	食神 식신
丁	傷官 상관
戊	偏財 편재
己	正財 정재
庚	偏官 편관
辛	正官 정관
壬	偏印 편인
癸	印綬 인수

오양변동 제二

오	丙	丙	丁	戊	己	庚	辛	壬	癸	甲	乙
양	戊	戊	己	庚	辛	壬	癸	甲	乙	丙	丁
변	庚	庚	辛	壬	癸	甲	乙	丙	丁	戊	己
동	壬	壬	癸	甲	乙	丙	丁	戊	己	庚	辛

○비견(比肩)은 형제의 류

○편관(偏官)은 七살(七殺)、관귀(官鬼)、장성(將星)

○겁재(劫財)、패재(敗財)는 부모를 극(尅)함。

○정관(正官)은 록마(祿馬)、영신(榮神) 부모。

○정처(正妻)는 정처 모를 극(尅)함。

○상관(傷官)은 퇴재(退財) 모기(耗氣) 자손

○인수(印綬)는 정인(正人)、군자(君子)、산업(産業)

○편처(偏妻)는 편처(偏妻)、첩자(妾子)를 극(尅)함。

○식신(食神)은 천주(天厨)、수성남(壽星男)으로 함。

○도식편인(倒食偏印)은 효신(梟神)이 여름 극(尅)함。

제三표

천간오음변통

四柱干 생일	비견 比肩	상관 傷官	식신 食神	정재 正財	편재 偏財	정관 正官	편관 偏官	인수 印綬	편인 偏印	겁재 劫財
乙	乙	丙	丁	戊	己	庚	辛	壬	癸	甲
丁	丁	戊	己	庚	辛	壬	癸	甲	乙	丙
己	己	庚	辛	壬	癸	甲	乙	丙	丁	戊
辛	辛	壬	癸	甲	乙	丙	丁	戊	己	庚
癸	癸	甲	乙	丙	丁	戊	己	庚	辛	壬

○비견(比肩)을 형제 붕우로 함。

○편관(偏官)七살(칠殺)은 관귀모(官鬼媒)로 함。

○편재(偏財)는 편처자(偏妻子)를 극(剋)함

○정관(正官)은 녹마(祿馬) 부모를 극(剋)함。

○정재(正財)는 정처모(正妻母)를 극(剋)함。

○상관(傷官)소인(小人) 도기(盜氣)、질(姪)로 함。

○식신천수(食神天壽)、자손。

十二운(運)

변통성(變通星)을 뽑아내기를 마쳤으면, 이번에는 十二운을 조사한다。 十二운은 년월일시의 지(支)에 붙이는 것이다。 이 법도 종래의 법과 「高乘木」의 새로운 법이 지금은 종래의 법식만을 가리킴。 단 실예 명식은 「高乘木」의 신법으로서 나타내었다。

즉 앞에 예를 든 서기 一九三一년 六월 八일 오전 一시생의 남자의 명(命)에 十二운을 붙여보면 지금 제四조에 자라

正官(정관)	辛未年	墓(묘)
印綬(인수)	癸巳月	衰(쇠)
	甲子日	沐浴(목욕)
比肩(비견)	甲子時	沐浴(목욕)

가 되어、 정관(正官)의 묘운(墓運)、 인수(印綬)의 쇠운(衰運)、 비견(比肩)의 목욕운(沐浴運)이므로 어느 것도 왕(旺)하지 않는다。 十二운 가운데의 쇠병사절(衰病死絶) 및 목욕(沐浴)은 그 글자가 가르치는 것과 같이 약한 운이고、 태(胎)、 양(養)、 장생(長生)、 관대(冠帶)、 건록(建祿)、 제왕(帝旺)은 생왕(生旺)하는 운이고、 더욱이 관대(冠帶)、 건록(建祿)、 제왕(帝旺)은 대길이다。

이들 장생、 목욕、 관대 등의 현상은 초목의 눈이 트고、 잎이 무성하고 꽃이 피고、 열매가 매지고、 또 흙에 들어 가는 것과 인간의 생장하는 현상을 가리킨 것으로 먼저 태(胎)로 부터 시작되는 것이다。

사람은 태내에 十개월간 잠자고、 기름을 받아서 장생(長生)하면 목욕(沐浴)을 하여서 또 커진다。 이 목욕은 노고(勞苦)이므로、 사주중에 이별이 있거나 목욕(沐浴)의 운이면 일찍 부모의 슬하를 떠나는 일이 있거나 혹은 부모의 곤궁시대에 처세(處世)하여 심한 흉운을 가진 사람은 이 시대에 요절(夭折)하는 일이 있다。

이것을 무사히 통과하면 관대 즉 봉건시대의 상투 쫓음과 같으며 어른이 되고 다음에 건록(建祿)을 말하고、 자기의 식록(食祿)을 세우는 시대가 된다。 이때에는 아버지와 동등한 힘이 되는 것이므로 부운(父運)이 엷은 사람은 이때에 아버지를 잃어 버리는 일이 있다. 다음에 제왕(帝旺)의 운으로 그 사람의 한창 때가 되어, 나무라면 꽃이 한창피고, 그것이 지나면 쇠운(衰運)이 오고 병이 되어, 죽음이 되어 묘에 들면 흙으로 하여서 절멸(絶滅)에 이르는 것이다.

이들의 별은 그 어느 것인가 누구나 네 가지 생년월일 가운데에 가지고 있는 것이다. 그러므로 만약 앞에 쓴 것 같이 사주 가운데에, 병사묘절(病死墓絶)의 별 등이 있으면 변통성은 길(吉)하여도 대길(大吉)을 이루지 못하고 보통 운기로 되는 것이다.

표 四

十二운 / 생일간	장생 長生	목욕 沐浴	관대 冠帶	건록 建祿	제왕 帝旺	병 病	쇠 衰	사 死	묘 墓	절 絶	태 胎	양 養
甲	亥	子	丑	寅	卯	辰	巳	午	未	申	酉	戌
乙	午	巳	辰	卯	寅	丑	子	亥	戌	酉	申	未
丙戊	寅	卯	辰	巳	午	未	申	酉	戌	亥	子	丑
丁己	酉	申	未	午	巳	辰	卯	寅	丑	子	亥	戌

제

庚	巳	午	未	申	酉	戌	亥	子	丑	寅	卯	辰
辛	子	亥	戌	酉	申	未	午	巳	辰	卯	寅	丑
壬	申	酉	戌	亥	子	丑	寅	卯	辰	巳	午	未
癸	卯	寅	丑	子	亥	戌	酉	申	未	午	巳	辰

흉성(凶星)이라면 더욱 그러하며、 부모 친족 형제에도 친할 수 없는 생이 된다。

이와 같은 별이 있는 사람은 아무리 성명을 고치 九성을 어쩌구 저쩌구 한다고 하여도 행운이 오는 것은 아니다。 이에 반하여 제왕(帝旺)이 있는 사람은 자연히 명리(名利)를 겸비하는 제일류의 사람이 되어 건록(建祿)있는 사람은 빈손으로도 능히 재산을 이루는 것이다。

이상의 조사를 마치면 새로히 길신흉신(吉神凶神)을 자세히 조사하지 않으면 되지 않으나、 여기에는 항을 고쳐서 먼저 변통성 및 十二운의 내용에 따라서 이것을 설명 하기로 한다。

十二운(運)의 작용(作用)

사주추명(四柱推命) **十二운명표**(이표는 앞에 있던 제四표와 같음)

四주 / 생일	장생 長生	목욕 沐浴	관대 冠帶	건록 建祿	제왕 帝旺	쇠 衰	병 病	사 死	묘 墓	절 絶	태 胎	양 養
甲	亥	子	丑	寅	卯	辰	巳	午	未	申	酉	戌
乙	午	巳	辰	卯	寅	丑	子	亥	戌	酉	申	未
丙戊	寅	卯	辰	巳	午	未	申	酉	戌	亥	子	丑
丁己	酉	申	未	午	巳	辰	卯	寅	丑	子	亥	戌
庚	巳	午	未	申	酉	戌	亥	子	丑	寅	卯	辰
辛	子	亥	戌	酉	申	未	午	巳	辰	卯	寅	丑

壬	申	酉	戌	亥	子	丑	寅	卯	辰	巳	午	未
癸	卯	寅	丑	子	亥	戌	酉	申	未	午	巳	辰

추명(推命)의 법은 가령 갑자일(甲子日)에 난 사람은 갑(甲)자리에 자(子)를 보면 목욕(沐浴)에 당한다。—이것이 생일에 붙는 지(支)로서、 다음에 생년 생월및 생시와 그지(支)의 여하에 따라서 위의 표 가운데서 각각의 十二운 가운데의 별을 붙인다。 추명(推命)의 법은 앞서도 말한 것처럼 생일에 중점을 두고、 다음에는 생월에 무게를 둔다。 그리하여 생년이란 것은 그다지 관계치 않으나、 구성(九星)법은 이와 반대로 생년、 생월、 생일、 생시도 고찰(考察)하여 간다。 그것은 생년의 구성이란 것에 무게를 두기 때문이지만 토대(土臺) 구성이란 것은 구구하며 참으로 믿을만한 것이 없다。 추명(推名)의 법이야말로 천문학 조직에도 꼭 맞고、 정밀(精密)한 것이다。

사주는 난날을 보고、 달을 보고、 난해를 보며、 난시간을 본다。 난날로서 그 사람의 장년시대(壯年時代)와 아내와의 관계를 보고、 난 달로서 그 사람의 중년(中年)의 운기와 형제의 일을 보며、 난 해분으로서 만년(晩年)의 운기와 부모 또는 조부모의 관계를 보고、 난시간으로서 극히 만년(晩年)의 자기의 운기와 자기 아들과의 관계를 본다。 이것은 또한 단역(斷易)의 납의법(納義法)과 같은 것이다。

추명의법에서는 난날이 세운유년(歲運流年)이 되어、 난달이 대운(大運)이다。 대운은 난일수를 三절(折)한 그 상수(商數)라는 것은 앞에도 설명한 바와 같다。 그러면 어떻게 그난날을 알아내는가 하는데 이르르면 그것은 간지표(干支表)에 따라서 자기가 난날의 간지(干支)를 끌어 내지 않으면 아니된다。

그러면 다음에는 이 十二운이란 것은 어떤 것이냐 하면 그것을 해설하면 이 十二운은 세상에서 보통 말하는 유기무기(有氣無氣)이고、 유기(有氣)에 든다고 하여 사람들이 기뻐하는 것은、 즉 그 사람의 생년에서 보아서、 목、 화、 토、 금、 수(木、火、土、金、水)이 五성(性)의 사람이 해의 돌아가는 것으로 태(胎)에서 양(養)、 장생(長生)、 목욕(沐浴)、 관대(冠帶)、 건록(建祿)、 제왕(帝旺) 이렇게 七개년 계속 되는 것을 말하는 것이다。 무기(無氣)라는 것은 쇠(衰)、 병(病)、 사(死)、 묘(墓)、 절(絕)、 이렇게 五년 계속되는 것을 말하는 것이다。

유기무기(有氣無氣)를 찾아내는 방법을 여기서 또 되풀이 하여 말하자면、 이를테면 목성

납음(木星納音)의 사람은 유년(酉年)、유월(酉月)、즉 九월의 유일(酉日)、유시(酉時) 부터 七개년 유기(有氣)에 들며、또 화성(火星)의 사람은 유기(有氣)에 드는 것은、자년(子年) 자월(子月)(十二월) 자일(子日) 자시(子時)에서、유기(有氣)에 드는 것이다。무기(無氣)는 전자(前者)라면 진년진월진일진시(辰年辰月辰日辰時)、후자(後者)라면 미년미월미일미시(未年未月未日未時)로부터 무기(無氣)에 드는 것이다。(그러나 개념적(概念的)인 유기무기(有氣無氣)는 믿을 수 없다)。

이 十二운이란 것은 사람의 일생에 비유할 것으로서 먼저 사람이 태어나면 반드시 태가 있는 것이다。즉 회태(懷胎)로서 여기에 태(胎)라고 있는 것은 사람의 운세도 배에 있는 태아(胎兒)와 같은 것에서 발생한다。그리하여 태(胎)가 이루어지면 기룸(養)을 받는다。사람의 운도 또한 양성(養成)과 같은 시대에 온다。그리하여 장성(長城)한다。

이 장생(長生)의 운에 들었을 때、소년시대는 점점 발달한다。二十세 가까이 되어 활동하게 되면 점점 신분도 높아져서 생각하는 것 하는 일이 되지 않는 것이 없다는 시대에 들어간다。그리하여 만일 그 사람이 一월생이라면 절운(絶運)까지 八년간 있으므로、九・二二十七세의 해나 八・四 三十二세의 해에 그 운이 오는 것이 되는 것이다。十월생이라면、

十一개년 있으므로, 十一년째가 되지 않으면 또 본래의 호운(好運)이 돌아오지 않는 것이 된다.

다음에 장생(長生)하여서 탕(湯)을 쓰게 된다. 즉 목욕(沐浴)이다. 더운 탕에서 나왔다. 들어갔다 한다. 더운 일도 있으며 추운 일도 있다. 몸의 때를 싯자면 애도 먹는다. 그러므로 유기(有氣)에 들었다고 하여도 이 때에는 특히 부침(浮沈)도 많고, 고생도 끊임없다. 그 목욕(沐浴)이 끝나면 비로소 의복을 입고 태도를 고친다. 그러므로 그 운기가 오면 다른 사람으로부터 존경받고, 전의 고생도 옛 이야기로 되어 안락하게 세상을 살아가게 된다. 장생(長生)의 운은 사물의 발달하는 때이나, 관대(冠帶)의 운은 꽉 짜일 때이다. 그 시대에 보다 뒷일을 꾀하지 않으면 그 뒤는 쇠병(衰病)의 약운이 와서 막힌다. 이미 정관속대(頂冠束帶)하였으므로 차츰 관위(官位)에 임한다. 그것을 임관(臨官)〈四주에서는 建祿〉이라고하여 옛날에는 관존시대(官尊時代)이었으므로 관에 임함. 이 세위(勢位)가 계속되고, 관위(官位)도 차차 올라가서, 세력이 왕성하여 진다. 이것을 일러 제왕(帝旺)이라 하였고, 제왕(帝旺)의 운은 그 절정, 크게 왕성할 시대로서 여기까지 가면 인생도 멈칫하고 뒤에는 쇠운이 오는 것이다. 성자필멸(盛者必滅)의 이치로 천지의 공도(公道)는 왕성한 뒤에는 반드시 뒤에는 쇠(衰)한다。 제왕(帝旺)의 운 다음에는 쇠가 온다。 쇠하면 병(病)이 온다。 병(病)들면 마침내 죽는다。 사운(死運)이 오면 보통이라도 사물은 실패하고 가정에는 고장(故障)이 일어나고、 친척과는 불화(不和)하여지고、 붕우(朋友)와도 다투고 혹은 자식과 헤어지고、 부부가 헤어지거나 아니면 자기도 생명을 잃게되는 것이다。 十二운중 가장 조심할 것은 지금부터의 운이다。

사운(死運)의 뒤는 묘운(墓運)、 즉 매장(埋葬)되어서 묘속에 들어가는 것이다。

이 운이 왔을 때에는 묘에 들어간 때와 같은 것이며 아무일도 되지 않는다。 병을 앓으면 생명이 위험하다。 묘에 있으면 살과 뼈가 부서져서 흙이 된다。 이것을 절운(絕運)이라고 한다。 가장 무서운 운(運)으로 이 병、 사、 묘、 절(病死墓絕)운에 태어나는 사람은 중년기(中年期)를 지나지 않으면 천운(天運)의 왕성기(旺盛期)에는 들지 못한다。 혹은 천운의 왕성기(旺盛期)에 들지 못하고、 일생 고생하다가 죽는 사람도 있다。 이하 새로히 각운에 따라서、 각인의 년운의 변화를 가리키고져 한다。 이것은 대체의 일이므로 그해에 맞힌 사람은 앞의 방법에 따라서 잘 연구하여 주기 바란다。 그 찾아내는 방법은 생월에서 찾아 돌아가고、 유년(流年)은 사주의 생일에서 찾아 돌아가는 것이다。

장생(長生)의 운

○장생(長生)은 발달하는 기운(氣運)이다。 이별이 생일에 당하여 다른 피해성(破害星)을 만나지 않으면 복록증진(福祿增進)、 사회에 발달하는 운명이다。 또한 이 주(柱)가 변화하면 그 변화에 따라서 그 사람의 운기를 보지 않으면 아니된다。 생일로서 그 사람 초년부터 三十전후까지의 운기로 한다。

○이별이 생일에 있으면 부부 금슬이 좋고、 처덕(妻德)이 있으며 젊어서 일찍 발달하여、 가령 二남、 三남으로 나서도 부모의 은혜 깊고、 언어 행위 다같이 온화하고、 명이、 길고 형제에도 인연이 깊고、 또 남과도 형제처럼 친한 사람이 있다。 그러나 무인일(戊寅日)、 정유일(丁酉日)의 장생(長生)은 조금 복분이 엷다。 불을 도우는 것은 물이므로 수생화(水生火)가 되면 인목(寅木)에 장생(長生)을 붙이는 것이 되므로 길(吉)하나、 여기에서는 화생토(火生土)의 관계에서 무인(戊寅)에 (寅은 木으로서 木生火가 됨) 장생(長生)을 붙이는 것이며、 실은 목(木)〈寅〉 극토(尅土)가 된다。 그러므로 무인(戊寅)은 조금 복문은 엷다고 한 것이다。 또 토(土)는 신(申)에 장생(長生)을 붙이나、 만일 음간기(陰干己)、 음지유(陰支酉)에 장생(長生)이 붙으면、 그것은 음음이므로 복분이 엷어진다。

○이별이 생월지(生月支)에 있으면 중년발달을 한다。○생년지(生年支)에 있으면 만년발달을 한다。○생일시지(生日時支) 다같이 있으면 크게 발달하고 사회상에도 나타나고、신분이 고귀하고 복록도 두텁다。○시지(時支)는 자식과의 관계를 보는 것이므로 여기에 있으면 자식도 또한 크게 발달하고 아버지의 명적(名蹟)을 이을 수가 있다。

○장생(長生)이 변화를 만나는 경우는 아래와 같은 것이다。

戊	戌	年	衰(쇠)	冠帶(관대)
辛	酉	月	病(병)	建祿(건록)
癸卯乙		日	長生(장생)	建祿(건록)
乙	卯	時	長生(장생)	建祿(건록)

즉 계생일(癸生日)에서 보아서 묘(卯)는 장생(長生)이 되고、유(酉)는 병(病)이 되고 술(戌)은 쇠(衰)가 되고 생시의 묘(卯)도 또한 장생(長生)이지만 이 생은 묘중(卯中)의 을(乙)의 기의 왕분(旺分)을 받고 있으므로、을(乙)에서 보면 묘(卯)는 건록(建祿)이 되어

생월신(辛)에서 보면 유(酉)는 건록(建祿)이 되며 쇠(衰)는 관대(冠帶)가 된다。 더우기 생시(生時)의 을(乙)에서 보면 묘(卯)는 또 건록(建祿)이되어 생일시에 있어서의 장생(長生)의 일을 하지 않는 것으로 된다。

○이와 같은 이치로 다른 것이 장생(長生)으로 변화하는 경우가 있다。

乙酉年	衰쇠	建祿건록
辛巳月	胎태	死사
甲癸亥日	帝旺제왕	長生장생
戊午時	絶절	帝旺제왕

즉 생일계(生日癸)에서 보아、해(亥)는 제왕(帝旺) 기(己)는 태(胎)、유(酉)는 쇠(衰)이지만 해중갑(亥中甲)의 왕분(旺分)을 받고 있으므로、갑(甲)의 해(亥)는 장생(長生)이 되고、또 신(辛)의 사(巳)는 사(死)가 되며、유(酉)는 건록(建祿)이 되고、무(戊)의 오(午)

는 제왕(帝旺)이 되는 것이다。

○어느 경우에도 그 주(柱)를 볼 때에 위와 같이 하는 것이 「高木乘」의 법이다。 따라서 장생(長生)을 그저 장생으로 취급만 할 수 없는 것이다。

○사주(四柱)중에 정관(正官)、정재(正財)、인수(印綬)식신(食神)이 있어 이것이 다른 상해를 받지 않고、장생에 앉으면 신분이 귀하고 더없는 발달을 하는 것이다。

○여자 이날의 생은 다른 파해(破害)가 없으면 일생동안 행운이고 좋은 아들을 얻고 병인일(丙寅日)、임신일(壬申日)은 가장 귀하다。 그러나 주(柱)의 변화에 따라서 여러 가지로 다른 것은 말할 것도 없다。

목욕(沐浴)의 운

○생일에 있으면 부모와 연분이 얕고 어릴적부터 고생이 많고 부모의 업도、유산도 이어받지 못하고、또 일찍 어머니를 여이고、처연도 바뀌는 수가 있다。 또 한번은 고향을 떠나는 일이 있다。 그러나 화(化)하여 양(養)、태(胎)、건록(建祿)、관대(冠帶)、제왕(帝旺)의 운이 되면 대해(大害)는 없다。 그 변화는 앞의 방법에 따라서 알아 주시기 바란다。 목욕생

일(沐浴生日) 四주중에 비견(比肩)이나 칠살(七殺)이 있으면 고집이 센 풍이 있고、남의 이야기를 듣지 않고、부모형제 친족들과도 원만을 결(缺)하고、사치를 좋아하고 색정에도 깊다。

○을사일생(乙巳日生)은 덕(德)있고、다른 사람들이 와서 따르고 세인의 존경이 두터우나 복이 엷다。만약 부유하여지면 병신(病身)이 된다。이별은 군자(君子)의 자리이므로 덕이 있고 이 덕(德)으로서 세인의 경애(敬愛)를 받는다。그대신 부자가 되면 병신이 된다。

○생월에 있으면 중년 신상에 변동이 일어나거나、부부 연분이 바뀌거나 장자(長子)와 떨어진다――그러나 이것은 감히 앞의 을사일생(乙巳日生)의 예에 의하지 않는다。일반으로 그 판단하는 것이다。그러나 그 주(柱)가 앞서 설명해 온것과 같은 방법으로 변화한다면 그 운기는 변화한다(이하는 모두 이를 본땀)。

○생년에 있으면 늙어서 곤궁(困窮)하고、혹은 처를 잃고、부부의 연분이 바뀐다。그러나 그 주(柱)가 변화하면 이를 면하며 앞에와 같은 것이다。

○생시는 가장 늦은 만년을 본다。만약 생시에 목욕(沐浴)이 있으면 만년에 쇠운하여 불행한 처지에 빠진다。그러나 이상의 운기가 있어도 지지(地支)의 흉성을 양화(良化)하는 천

덕인(天德人)、월덕인(月德人)등의 귀성(貴星)이 있고、사주에 인수(印綬)、정관(正官)、정재(正財)등이 있으면 이것을 완화(緩和)하는 것이며、또 사주중、목욕(沐浴)이 단지 하나 있는 경우、짝임새 여하에 따라서 도리어 길복을 생하는 일이 있다。

○여자가 이 운에 난사람은 거이 남자와 같은 것이나、참 목욕주(沐浴柱)는 남편에 만족하지 않고、혹은 이별의 불행을 본다。갑자(甲子)、신해일(辛亥日)생인 사람은 조금 고집과 아망이 센 흠이 있다。

관대(冠帶)의 운

○목욕(沐浴)을 마치고 나와서 관대(冠帶)하다。운기(運氣)가 이 운에 들면 왕성(旺盛)하여지나、생년월일의 쪽에서는 조금 다르다。관대(冠帶)가 생일중에 있으면、덕과 지식이 있는 사람으로 한다。그러므로 남녀 다같이 자비심이 두텁고 세인의 존경을 받고、사회의 윗자리에 서고、명예를 올리고 가령 초년간은 불여의(不如意)하여도 중년부터 반드시 발달하여 굉대(宏大)한 운세가 된다。

○또 생일에 관대(冠帶)있는 사람은 형제간에 의가 좋아、그 형이 비록 자기에게 못살게

군다고 하여도 그를 원조하는 미풍이 없다。 그러나 남녀의 연분이 바뀌기 쉽고、 주소도 바뀐다。 그것은 처재(妻財)는 나를 극(尅)하는 것이다。 사주에 있어서 처재(妻財)는 정재(正財)、 편재(偏財)가 된다。 단역(斷易)의 처재(妻財)는 처첩이나 주소등을 보는 것이므로 관대(冠帶)、 생일(生日)은 남녀 인연이 바뀌고 주소가 바뀌는 것이다。 그러나 四주에 있어서 그 지(支)를 합하는 별이 있으나 식상(食傷)〈變通星〉 있으면 면하기 어렵다。

여기에 식상(食傷)이라 하는 것은 식신(食神)과 상관(傷官)이고、 식신은 자손성(子孫星)에 당하고、 편관(偏官)은 또 그의 관귀성(官鬼星)에 당한다。 자손(子孫)은 나를 살리(生)는 것이다。 이것은 천간(天干)이 양양(陽陽)〈이를테면 갑병(甲丙)이라 하는 것과 같이 된다。 관귀(官鬼)는 나를 극(尅)하는 것이다。 이것은 천간(天干)이 양양〈이를테면 갑정(甲丁)이라는 것과 같이〉 된다。 관귀(官鬼)는 나를 극(尅)하는 것이므로、 나를 살리(生)는 자손을 겁내나、 자손은 이를 극하고 깨트리는 것이다。 그리하여 처재(妻財)는 자손 즉 식신(食神)에 따라서 생하는 것이므로 관대(冠帶)에 이것이 있으면 생하여 길(吉)이 되고 관귀(官鬼)에 그것이 있으면 부모(四柱)、 인수(印綬)를 도우므로 여기서 길(吉)로 한다。

○그 밖에 사주중에 정관(正官)、 정재(正財)、 인수(印綬)등의 길성이 있으면、 그 조직은 양

양(陽陽) 혹은 상생(相生)하므로 행복할 뿐만 아니라, 몸은 품위(品位)를 갖추고, 일생의 의록(衣祿)이 풍족하고, 또한 공명(功名)을 이루는 것이나 생일에 충형(沖刑)이 있거나(沖刑에 대한 것은 따로 적음) 아니면 사주중에 칠살(七殺)<사주의 편관(偏官)을 제복(制伏)하는 식신(食神)이나 상관(傷官)없는 경우> 도식(倒食), 편인(偏印)이 있어 식신을 넘어뜨리는 경우 겁재(劫財), 편관(偏官)등의 흉성이 모두 모이면, 처재(妻財)는 부정해 지므로, 그 사람은 부정(不正)한 행위에 따라서 재(財)를 쌓으려 하고, 혹은 사람을 속이는, 세상을 거짓으로, 아니면 승부(勝負)를 겨누는 일에 손을 대고 심하면 사기 도박을 하기에 이르는 것이다。

○생월에 있으면 중년에 발달한다。 초년간의 불여의(不如意)한 일이 있어도 四十세 이후 결연(結然)히 一대의 복을 이루는 것으로 한다。 이것은 사주도 같지만 특히 길성을 만나, 생월에 있으면 길(吉)로 한다。

○생년에 있으면 늙어서 행복이 있으나, 부부의 연분이 바뀐다고 한다。 왜냐하면 늙어서 관대(冠帶)를 함은 재차 결혼하는 뜻이 되는 것이다。

○생시에 있으면 실자(實子)가 발달한다。

○여자로서 이날에 난 사람은 단정(端正)하고、또한 좋은 연분이 있다。왜냐하면 처재(妻財)는 부인이므로 그러나 만약 앞에 말한 흉성을 만나면 교육이 없는 사람은 아망이 센 사람이 많고、임술(壬戌)、계축일(癸丑日)생은 고집이 세고 남을 이길려는 흠이 있다。남편도 바뀐다。

건록(建祿)의 운

○건록(建祿)은、만약 이별이 생일중에 있으면(柱가 변한 경우를 말함) 가령 끝이라도 장자의 자리를 맡고、혹은 형의 뒤를 잇고、나가서 한집을 일으키고、아니면 양자가 되고 형보다 뛰어 사회에 나타나기에 이르는 것이다。성질온량(性質溫良)、공겸고상(恭謙高尙)하여 덕이 있고 다른 사람으로부터 총애(寵愛)를 받고 또한 예능(藝能)이 있고、글을 지녔다 부부의 연분이 좋아 초년에 행운을 지녔던 사람도 중년후에 갑자기 재산을 잃거나 혹은 운기가 쇠하여 처자권속이 사망 이산(離散)을 만나거나 그렇지 않아도 운기가 쇠하여 중년까지의 불운자는 이에 반하여 이후 발달을 하는 것이다。

○생월에 있으면 중년에 발달한다。○생년에 있으면 만년에 발달한다。○생시에 있으면 실

자(寶子)가 발달하여 만년에 그 복지(福祉)를 받는다。

○그러나 사주중에 건록(建祿)있는 것은 중년만년을 통하여 천운이 관대(冠帶)를 만날 때에는 큰 발달을 한다。○여자가 이날에 난 사람은 소위 내성적인 사람으로、부드럽기는 하여도 꼭 해야 할 말도 하지 않는 사람이 많다。또 남모르게 남편의 운기를 도우나 갑인일(甲寅日)에 난 사람은 부부의 연분이 바뀌는 일이 있다。

○제왕(帝旺)은 十二운중 가장 강운(强運)이지만 그렇다고 길복만이 생하지는 않는다。즉 이 운이 생일중에 있어서 년월에 병(病)、쇠(衰)、사(死)、묘(墓)、절(絶) 등의 운이있고 년월 운이 약한 사람은 가령 장자로 태어나도 친가를 상속(相續)하지 않고 타향에 옮아 살거나、혹은 양자로 가게 된다。물론 양자도 좋으나 생가상속자는 처연이 바뀌는 일이 있다 그러나 그 지(支)를 합하는 것이 있으면 면하게 된다。

○상인(商人)은 권위가 지나서 도리어 흉하고、학자、기예가(技藝家) 등의 지능적 방면에 나아가면 된다。

○제왕(帝旺)의 운、생일중에 있으면、보통 사람은 자리가 지나쳐서 도리어 흉이 된다。만약 이런 경우 사주중에 관성(官星)이 있으면 제복(制伏)하여 길이 된다。 제복(制伏) 없으

먼 자존심이 강하고 다른 사람에게 굽히는 것을 싫어하고 따라서 다른 사람으로부터 경원(敬遠)함을 당한다。그러나 그 운기는 어느 것이라도 나쁘지는 않고、차차 발달하여서 복지(福祉)를 누릴 수 있는 것이다。또 제왕일(帝旺日)생의 사람은 동정심이 두텁다。

○생월에 있으면 장중엄격(壯重嚴格)한 심성을 가졌고 장대(壯大)한 것을 좋아하고 남의 바람、아래 서는 것을 좋아하지 않는다。

○생년에 있으면 귀한 가문에 태어나고、선조는 일러주는 집이거나 부자이거나 아니면 계급 있는 자이다。또 본인은 기품이 높고、스스로 무게를 지닌다。또 자선심이 깊어 남을 도운다。

○생시에 있으면 실자(實子)가 발달하여、그 가명을 높일 것이다。

○여자로서 이 운이 있는 사람은、많은 남편을 극함。자리가 지나쳐서 남을 이기는 성질이므로 소위 남자를 이기며 아망이 많고、사주중에 관성(官星)이 없거나 남편의 운이 약하면 남편의 운을 누르고、남편을 대신하여 집안 일을 처리하고、교제와 거래를 한다。남편의 운이 강하면 자기는 병신이 된다。병오(丙午)、정사(丁巳)、무오(戊午)、기사(己巳)、계자(癸子)、계해일(癸亥日)의 제왕(帝旺)은 남편의 연분이 엷다。

○병오(丙午)의 제왕(帝旺)은 건위천(乾爲天) 시효(匹爻)와 같고 시효비신(匹爻飛神)은 화(火)의 관귀(官鬼)이다。 관귀는 남편으로 한다。 즉 자기에게 남편자격 같은 것이 있으므로 남을 이기는 기가 있고 남편의 운을 누른다。 따라서 연분도 먼 것이다。

쇠(衰) 운

○제왕의 성대운(盛大運)의 다음에는 쇠운이 오는 것으로 이날에 난 사람은 담박온순(淡泊溫順)하지만 생기가 약하고、 이른바 암된 성질로서 호장(豪壯)한 것을 좋아하지 않는다。 사람 가운데에 나가는 것도 싫어하는 편이다。 부모 인연이 엷고 처연도 변하기 쉽고、 혹은 멀리 떨어져 살아 고생하는 일이 있다。 또 생가(生家)보다 낮은 생활을 하지 않으면 아니되나 년월의 운이 강하면 이후는 발달한다。 그러나 또 병(病)、 사(死)、 절(絕)의 운이 많으면 불시의 재해를 받기 쉬우므로 흉시에는 조심하지 않으면 아니된다。 학자、 의사、 기예가 등이 되면 발달하고、 자기도 또한 학문을 좋아하고、 기예(技藝)에 뛰어난 사람이다。

○생월에 있으면 중년의 운기가 쇠(衰)하고、 진쇠(眞衰)를 만나면 더욱 심하고、 또 남의 편의를 보아 주다가 손실(損失)을 입고、 가산을 잃는 일이 있다。

○생년에 있으면 만년에 쇠하거나 친가가 쇠미(衰微)하거나, 가족을 많이 잃거나, 또는 부운(父運)이 약할 때, 쇠미(衰微)한 때에 난 사람입니다.

○생시에 있으면 실자(實子) 발달하지 못하고, 혹은 불초한 자식이 나고 그것 때문에 고생하게 된다.

○여자가 이날에 난 사람은 겉으로는 온순하여도, 혹박(酷薄)하여 싀어른을 잘 뫼시지 못하고, 특히 갑진(甲辰), 경술(庚戌), 신미(辛未)일생은 좋은 연분이 어렵다.

병(病) 운

○생일에 있으면 어릴때에 병약(病弱)하고 큰 병에 걸리거나 한다. 그 위에 조실부모 하거나 부모 밑을 떠나거나 하여 어쩐지 부모 인연이 엷다. 또 처연(妻緣)이 변하기 쉽고 (두번째로 나음) 또 보통때 건강하며 앓을때에 큰 병에 걸린다. 양간일(陽干日)생인자는 진취성(進取性)이 있으나 성질이 급하다.

또 음간(陰干)생인 사람은 활발하지 못하다. 또 형제가 있으면 사이가 좋지않고 힘이 되기 어렵다. 하나 뿐이면 좋다.

○생월에 있으면 중년의 운기쇠퇴(衰頹)하고 아니면 병이 많고、또 가사(家事)에 마음 아픈 일이 많다。

○생년에 있으면 만년에 가사로 심통(心痛)하거나 아니면 병약하여진다。 혹은 부운(父運)이 약할때 근심이 있을때에 태어난다。

○생시에 있으면 실자(實子)가 대개 병약하고 그 때문에 고생하는 일이 많다。

○여자로서 이날에 난 사람은 암되고 온순하지만 중년에 남편을 잃거나、그 집이 쇠퇴(衰頹)하여 부부가 갈리거나、남자에게 버림을 받거나 길이 해로 하기 어렵다。 병(病)、사(死)、절(絕)의 주(柱)가 있으면 흉재가 심하다。

사(死) 운

○생일에 있으면 어려서 큰병을 앓거나 또는 일찍 부모를 떨어져서、성장하여도 부모 생존중에는 상속을 할 수 없다。 그러나 뒤에는 발달한다。 처는 병신이 되거나 또는 처연이 바뀌고 만족이 되지 않는다。 또 사자(嗣子)에 근심을 한다。 생각을 깊이 하지 않고 행하기때문에 다른 사람이 싫어한다。 그러나 판단력에 뛰어나 자기 한사람의 행복은 받을 수 있다。

○생월에 있으면 형제와 인연이 엷고、 ○생시에 있으면 자식의 인연이 없다。 있어도 힘이 되지 못한다。 양자를 하여 도리어 힘을 얻는 수가 있다。

○여자가 이날에 난사람은 남편을 해치는 일은 없으나、 자식의 인연이 엷다。 또 을해(乙亥)、경자(庚子)일 생인 사람은 좋은 연분을 바라기 어렵다。

묘(墓)의 운

○생일에 있으면 부모 형제에 인연이 엷고、 일직 생가를 떠나서 고생을 한다。 주소가 늘바뀌고 사회에 뛰어 나기가 어렵고 더욱이 빈가에 태어난 사람은 중년부터 개운(開運)하지만 부자집에 난 사람은 중년 부터 조금 쇠한다。 마음 가운데 언제나 근심을 안고 부부의 연분은 한번은 바뀌고 뒤에 낫는다。

○생월에 있으면 부모형제 처와의 인연이 얕고、 남 때문에 출비가 많다。 그러나 월일과 충(冲)하면 대개 부잣집에 나서 재록(財祿)을 얻는다。

○생시에 있으면 자식과의 인연이 엷고 있드라도 자식 때문에 고생한다。

○생년에 있으면 가령 끝 자식이라도 선조의 묘를 지키는 것이 된다。

○사주 가운데 묘문이 있는 것은 재물을 잘 다루어내나 때로 인색(吝嗇)에 흐르는 일도 있다。

○여자가 이 운에 나면 좋은 연분을 갖기 어렵고、더욱이 정축(丁丑)、임진(壬辰)일 생인 사람은 남편의 연분이 엷다。정축(丁丑)은 건위천(乾爲天) 二효(爻)와 三효의 사이、임진(壬辰)은 三효로 됨、三효는 복(伏)부터 비(飛)를 극하여 흉이다。

절(絶) 운

○생일에 있으면 부모의 인연이 엷고、가령 장남이라도 타향에 떠나가고、혹은 생가와 떨어지고、형제친척 다같이 원만을 결하는 일이 있고、남의 이야기를 쉽게 신용하여 그 꾀임에 빠지고 또는 성질이 급하고、아니면 방임주의(放任主義) 때문에 스스로 고생하는 일이 있다。또 호색(好色)하여 한번은 그것 때문에 신상을 깨트리는 일이 있다。부부의 연분도 좋지 않다。

○생월에 있으면 사회로 부터 고립하고 또 손실이 있다。

○생년에 있으면 부모의 인연이 엷고、가령 장사라도 타향에 나가서 업을 가진다。

○생시에 있으면 자식의 인연이 엷다。

○여자가 이 운에 난 사람은 남편에 해는 없으나、갑신(甲申)、신묘(辛卯)일 생의 사람은 성미가 급하다。

태(胎)의 운

○생일에 있으면 남녀 다같이 어릴때에는 허약하여 죽을 고비도 넘기지만 중년부터는 건장하여 진다。부모의 인연 엷고、형제 간에도 원만치 못할때가 있고、직업을 자주 바꾸고 한가지 일에 투철하지 않는 편이나 만년에는 낫는다。

성질이 온화하지만 일정한 방침이 없고 또 실없는 말이 많고 흔들리기 쉬운 기풍이 있다 또 부부의 연분이 엷고 있다하여도 사이가 나쁘고、만약 있으면 별거(别居)하게 된다。마침내는 두세번 처를 바꾸는 일이 있다。

○생월에 있으면 중년에 직업을 몇번이고 바꾸고 방침이 변한다。

○생시에 있으면 늙어서 친척의 괴로움을 끼친다。

○생시에 있으면 실자(實子)는 부모의 업을 변경한다。

○여자가 이 운에 난 사람은 현명한 사람도 있으나 어리석은 사람이 많고、시어른들과 맞지 않는 사람도 있다。더욱이 병자(丙子)、기해(己亥) 일생은 어른과 남편에도 좋지 않다。

양(養)의 운

○생일에 있으면 남녀 다같이 어릴때에 생모 이외의 딴 사람에게 기루움을 받는 일이 있다 그 주(柱)가 진(眞)의 양(養)이라면 양자로 나가는 수가 있다。그렇지 않으면 분가한다 또 그이 흡사 장생(長生)과 닮으나 호색(好色)하여 재혼(再緣)하고 일부(夫)일부(婦)를 지키지 못하는 일이 있다。자식에도 인연이 엷다。그러나 양자는 좋다。

○생월에 있으면 중년에 여난(女難)이 있다。

○생년에 있으면 그 아비가 양자이거나 또는 자기가 양자나 분가를 한다。

○생시에 있으면 늙어서 자식의 효양(孝養)을 받으나 양자는 가장 좋다。

○여자가 이 운에 난 사람은 장생(長生)에 닮으나、경진(庚辰) 일생은 남편에는 좋지 않다。

변통성(變通星)의 작용

정 관(正官)

갑(甲)에서 신(辛)을 봄은 정관(正官)이다。

을(乙)에서 경(庚)을 봄은 정관이다。

병(丙)에서 계(癸)를 봄은 정관이다。

정(丁)에서 임(壬)을 봄은 정관이다。

무(戊)에서 을(乙)을 봄은 정관이다。

기(己)에서 갑(甲)을 봄은 정관이다。

경(庚)에서 정(丁)을 봄은 정관이다。

신(辛)에서 병(丙)을 봄은 정관이다。

임(壬)에서 기(己)를 봄은 정관이다。

계(癸)에서 무(戊)를 봄은 정관이다。 이 갑、을、병、정(甲、乙、丙、丁)등의 十간은 모두 생일이나、사주(四柱)중에 이들 오행(五行)이 있으면 정관(正官)으로 붙어서 차차 그 소장(消長)을 보는 것이다。 그런데 정관(正官)이란 음간(陰干)에서 양(陽)을 보고、양(陽)에서 음(陰)을 본 것이다。 즉 음양의 배합이 좋은 것을 얻는 것이므로 정관(正官)이라 한 것이고、이것이 복(福)을 이루는 곳、귀기(貴氣)가 모이는 곳인 것이다。 그러므로 정관(正官)에 형충、파해、공망(刑沖、破害、空亡)등이 붙는 것은 좋지 않다。 대개 좋은 재운(財運)이 되어 정관(正官)이 왕(旺)하는 때가 좋다。 그리하여 앞에 말한 월령(月令)、즉 제강(提綱)을 먼저 보아서、정관(正官)의 움직임 여하를 정할 것이다。 월령(月令)은 관(官)이 왕(旺)하는 향(鄕)이다。 또 격국(格局)〈뒤에 설명함〉의 여하에、삼합성국(三合成局)의 여하 등도 볼 것이다。 그러나 사주중에 정관(正官)의 별이 뚜렷이 나타나 있는 것은 복이 적다。 관성(官星)은 숨어 있는 편이 좋다。 또 년 시 상에서 따로 무슨 격(格)에 드는지를 본다。 그리하여 복을 이루고、혹은 그 가는 곳을 찾아서 길흉을 판단한다。 적어도 한길로 이것을 따면 통변(通變)을 가하지 않는다。 반드시 어느 정도의 차가 있다。 그로써 천리를 그릇칠 환(患)이 있다。

원래 변통으로서 신(神)으로 하는 것이다。 사주에 정관(正官)이 많은 것은 도리어 복이 없다。 그러므로 어떠냐 하면 한마디로 사람의 명(命)은 중화(中和)의 기를 얻음을 좋은 것으로 한다。 태과(太過)함은 미치지 못하고、 중화(中和)의 기는 복의 두터움을 이룸。 편당(偏黨)하면 이것을 극(剋)하여 재앙을 이룸。 이미 제강(提綱)을 써서 정관(正官)으로 하지 않으면 년시의 지간(支干)의 자리에 혹은 하나의 편관(偏官)이 섞임과 같이 거기에 자연의 경중(輕重)이 있다。 자세하게 이것을 추측하지 않으면 아니된다。

여기에 년을 군(君)으로 하면 월은 신하(臣下)이다。 군(君)은 영(令)을 내리어 행하게 함。 그러므로 월령(月令)은 관성(官星)을 일으키(十二지 중에 있는 왕분〈旺分〉은 모두 관을 일으킴)는 것이다。

그러므로 신왕인수(身旺印綬)를 기뻐한다。 갑일(甲日)생은 신정관(辛正官)이다。 토(土)는 재(財)이다。 재(財)는 관(官)을 일으킨다。 그러므로 정관인수(正官印綬)가 없는 것은 재(財)가 왕(旺)함을 기뻐한다。 가장 형충(刑冲)、 파해(破害)를 겁낸다。 양인칠살(七殺〈偏官〉은 빈인(貧人)의 명이다。 만약 생시에 살(殺)이 있으면 곧 관살(官殺) 혼잡(混雜)의 명(命)이 되는 것이다。 사주 가운데 형충(刑冲)、 파해(破害)가 있으면 귀명(貴命)이라

할 수가 없다。 관성(官星)이 와서 나를 극(剋)함。 내가 가고 관(官)을 극함은 해가 없다。 만약 월령(月令)중에 정관(正官)이 있고、 시의 지간(支干)에 편관(偏官)이 있으면 즉 편관(偏官)으로서 이것을 논하는 것이다。 갑일(甲日)과 같은 것은 신(辛)으로서 관(官)으로 함八월 중기(中氣)의 후에 나면 금(金)이 왕(旺)함은 유(酉)에 있다。 그러므로 이것을 정관(正官)이라고 하는 것이다。 만약 천간(天干)에 신자(辛字)가 나타나지 않고、 도리어 지지(地支)에 사유축(巳酉丑)이 있으면 이것은 금국(金局)이 있으면、 갑목(甲木)을 극하여 흉이 되는 것과 같으나、 명리(命理)의 법은 도리어 길을 이룸。 극하므로 흉하다고 하는 구성(九星)법 같은 것은 하나를 얻고 둘을 잃어 버리는 것이다。

대처 신왕(身旺)할 때 진(辰)은 갑목(甲木)이 왕하는 곳이 되는 것이다。 즉 갑일생(甲日生)인 사람은、 인수(印綬)가 생하는 곳은 수(水)이므로、 시에 임계(壬癸)가 있으면 갑목(甲木)이 왕(旺)하고、 이에 신(辛)이 있으면 수(水)가 또 생하여 길(吉)이 되는 것이다。 따라서 세시(歲時)에 정관(正官)이 나타나고、 지지(地支)에 또한 관(官)의 격이 있으면 八월 중기(中氣)의 후에도 거리낌 없이 그 관성(官星)을 끌고 인수신왕(印綬身旺)을 얻어 운이 발하는 것이다。 만일 상관(傷官)이 인성(印星)을 깨트림이 없었으면 몸이 약하지 않는 사람은 곧 귀명(貴命)을 이루는 것이다。 만일 사주중에 관성(官星)이 있어 상관(傷官)의 운에 가면 불길하다。 반드시 인수관성(印綬官星)이 있어 운을 발한다。

관성타과(官星太過)

관성(官星)의 태과(太過)하는 것은 흉이다。 즉 임일생(壬日生)의 사람、사주가 진술축미사오(辰戌丑未巳午)이었으면、천간(天干)에 관성과 살(殺)이 나타나지 않아도 관살(官殺)을 그 가운데에 암장(暗藏)하는 일이 많다。 사주 어느 것이고 좋지를 못하다。 만약 제복(制伏)하는 것이 없으면 목운(木運)〈甲乙時〉에 가는 것을 기다릴 일이다。 삼합목국(三合木局)의 때도 또한 좋다。 (三合목국은 해묘미(亥卯未)、보통 관성(官星)이 많은 것은 혼잡하다。 따라서 맑은(淸) 것은 좋고 흐린(濁) 것은 좋지 않다。 그 청탁은 다음의 편관(偏官)、등과 끌어다 맞추어 생각할 일이다。 맑(淸)으면 곧 발복한다。 사주에 관성(官星)이 많고 또 관성(官星)의 운이 이르면 사물이 이루어 지지 않는다。

명식(命式) 〈正官太過의 命〉

서기 一九七三년 一월 二十七일 오전 오시생(三년운)

정관(正官)

간합(干合)목(木)이 됨

壬申年	正財(정재)	死(사)		金輿祿(금여록) 紅艷(홍염)
癸丑月	偏財(편재)	冠帶(관대)		飛印(비인) 隔角 浴貧
△己卯日	比肩(비견)	建祿(건록)		
丁卯時	偏印(편인)	衰(쇠)		

○壬丁己申 천월(天月)、 공망신유(空亡申酉)

○목(木) 정관(正官)은 또 암(暗)에 기(己)와 합하고 토(土) 강하다。

이 사주 가운데에는 금(金)의 기가 없다。 신(申)은 있어도 이것은 수(水)가 됨。 축(丑)은 금(金)이 되지만 신금(辛金)〈食神〉등은 어디에도 없다。 화기(化氣) 십단금(十段金)에 귀현고문(貴顯高門)에 이름은 한마디로 신금(辛金)의 힘을 얻는다함은、 토(土)가 식신(食神)을 생하기 때문이며 관이 강하면、 무토(戊土)〈劫財〉의 공으로서 목(木)을 생장시키지 않으면 아니된다。 또 임정(壬丁)이 화(化)하여서 정관(正官)이 되는데 이 목(木)을 생장시키는 무토(戊土)가 없고、도리어 정관(正官)이 기토(己土)로 화하여 버리므로、그 사람의 위귀(位貴)를 잃는다。그러므로 이 사람은 四十세대(歲代)、편재관대(偏財冠帶)의 운까지는 화(火)의 인수(印綬)를 생하여 행복하였으나 四十二세의 대운 편인(偏印)에서 (丁을 만남) 실각(失脚)하여 그 뒤는 어디에도 거두어지지 않는다。즉 십단금(十段金)에 丁이 만나면 의록이 공(空)이 된다고 있는 것도 곧 이것이다。즉 관(官)의 자리를 잃은 것이다。

이 사람은 고등상업학교를 나와서、그 때까지는 어떤 회사의 지사장을 하고 있었다。실각후에는 드는일 하는일 틀어지기만 하고、거이 이른바 고등놈팽이가 되어 무위도식(無爲徒食)하는 것이었다。딸이 둘 있어서 이것은 직업부인이 되어 가게를 도웁고 있었다。

처와는 일찍 사별(死別)하고、후처와 같은 부인이 왔다。즉 편재관대(偏財冠帶)이다。이 사람의 만년(晩年)은 어덴가 하면 생시의 편인(偏印)이 간합(干合)하여 정관(正官)이 되어 그러면서 병(病)이므로 썩은 보물이라 존귀하면서 빈한한 것이다。 말하자면 귀중(貴中)의 빈한인 것이다。

그렇게 보아오니 인간은 마치 기계로서 만든 것과 같다。「로보트」와 조금도 변함이 없다 성명을 바꾸어 보아도 가지고 태어난 천분(天分)은 어떻게 할 수 없다。 그러면 전혀 안주(安住)의 길은 없는가 하면 그렇지도 않다. 그기에는 추명(推命)을 모두 알지 않으면 아니된다. 즉 금(金)이라도 납(鉛)이라도 밑뿌리부터 고치는 것이다.

명식(命式)＜어느 대학교수＞

서기 一九七五년 四월 十三일 오전 八시생

比肩(비견)	乙亥	年	病(병)
正官(정관)	庚辰	月	養(양)
(乙(을)比肩(비견))	乙巳	日	長生(장생)
正官(정관)	庚辰	時	養(양)

역(逆)三년운　　공망(空亡)　　申酉

○庚乙干合(경을간합)하여 정관일성(正官一星)이 됨.

○이 조직(組織)은 현연(顯然)하게 정관(正官)이 사주에 둘이나 나타나 있으니 복이 엷다.
그러나 보통선상의 사람이다.

경응대학(慶應大學)을 나와서 은행(銀行)에 들어가, 뒤에 모 대학 교수가 되었든 것이다 이 명(命)이 정관(正官)뿐으로 편관(偏官)이 없고、또 다른 별이 없다。이것 일방에만 편하여 균형(均衡)을 얻지 못하는 형이다。

五十七、八세　乙丑　比肩(비견)　衰(쇠)

五十九、六十세　甲子　劫財(겁재)　病(병)

五十七세는 임(壬)의 인수(印綬)이다。十八세 때에 을(乙)의 비견(比肩)이 있다。이때에노 임(壬)의 인수사운(印綬死運)으로서 十五세에 이미 재백궁(財帛宮)에 들어 있으므로 어머니를 여의였으리라。五十七세는 두번째의 대운(大運) 비견(比肩)이므로 자기가 죽지 않으면 가족、특히 자식과 사별(死別)할 때이다。그런데 본년은 신(辛)의 칠살(七殺)이고、九월은 병(丙)의 상관(傷官)이다。八월에 큰 병을 발하고 九월 정(丁)의 석신월(食神月)에 이르러 죽었다。이것 임신(壬辛)은 편인(偏印)을 생하고、식신(食神)을 넘어뜨리므로 이와 같이 빨리 두번째의 대운이 돌아온 것은 명이 길지 못한 사람이 많다。

명식(命式)〈모 자작(子著)〉

서기 一八九〇년 四월 十四일 오전 一시생

正官(정관)	庚	寅年	絕(절)
正官(정관)	庚	辰月	養(양)
乙(을) 比肩(비견)	己	丑日	冠帶(관대)
傷官(상관)	丙	子時	胎(태)

○경을간합(庚乙干合)함

○자진합(子辰合)하여 수국(水局)

순(順)七년운　　공망(空亡) 戌亥

○이 명(命)은 육을(六乙) 서귀격(鼠貴格)이라함。 사주중에 오(午)가 있으면 좋지 않다。 또 신유(申酉)가 있는 것도 좋지 않다。

편관(偏官)이 있는 것도 좋지 않다。 이는 을목(乙木)이 자(子)〈수(水)〉를 만나는 것으로서、 복귀(福貴)를 모으고、 학문에 뛰어나고、 현덕온후(賢德溫厚)하다。 현재 궁내성 도서료에 근무하고 있다。 「高木乘」의 곳에 올 때에도 단독으로 전차를 타고 오시는 서민적인 사람이다。

○같은 정관성(正官星)이라도 전자의 비가 아니다。전자는 잡목(雜木)이고 후자는 교목(喬木)이다。후자는 자진(子辰)·수국(水局)하여 인목(寅木)을 만나고, 월지(月支) 또 토(土)에 통하여서 사주에 근저(根抵)가 있으므로이다。이 격식(格式)에 든 것과 격식(格式)에 들지 않는 것과는 인물 운세의 차가 대단하다。

편관칠살(偏官七殺)〈또는 그전 살(殺)이라고도 함〉

갑(甲)에 경(庚)을 보는 것은 편관(偏官)이다。

을(乙)에 신(辛)을 보는 것은 편관(偏官)이다。

병(丙)에 임(壬)을 보는 것은 편관(偏官)이다。

정(丁)에 계(癸)를 보는 것은 편관(偏官)이다。

무(戊)에 갑(甲)을 보는 것은 편관(偏官)이다。

기(己)에 을(乙)을 보는 것은 편관(偏官)이다。

경(庚)에 병(丙)을 보는 것은 편관(偏官)이다。

신(辛)에 정(丁)을 보는 것은 편관(偏官)이다。

임(壬)에 무(戊)를 보는 것은 편관(偏官)이다。

계(癸)에 기(己)를 보는 것은 어느 것이고 편관(偏官)이다。

편관(偏官)은 갑목(甲木)에 경금(庚金)을 보는 류(類)、양(陽)으로서 양(陽)을 보고、음(陰)으로서 음을 보는 것이다。즉 편관(偏官)이라 한다。배우(配偶)를 얻을 수 없는 것이다。오히려 두 여자가 동거하고、두 남자가 함께 할 수 없는 형이다。편관(偏官)은 즉 七살(殺)이다。(갑(甲)에서 경(庚)、을(乙)에서 신(辛)등은 모두 일곱째이다。그러므로 이것을 七살(殺)이라 함) 편관(偏官)은 사주의 다른 간(干)에서 제복(制伏)됨이 좋다。(갑(甲)에 경금〈庚金〉이 있는 것 병(丙)의 화(火)가 있으면 좋다)。한 마디로 편관(偏官) 칠살(七殺)은 소인의 별이다。소인은 무지(無智)、흉폭한 것이 많다。즉 잘 힘써 군자를 기룬다。그리하여 복역(服役)하여 군자를 보호하는 것은 소인이다。그저 애를 먹고 자빠지고、술(術)로서 이것을 막음이 없으면 즉 순복(馴伏)하여 쓸 수가 없고、그러므로 이것을 제복(制伏)하는 것이 필요한 것이다。소인이 길을 잃으면 즉 저사(狙詐) 혹은 적이 된다。강어(控御) 그 길을 잃으면 소인이 권(權)을 얻어、화(禍)가 당장에 일어나는 것이다。

사람에 편관(偏官)의 별이 있음은 호랑이를 안고 자는 것과 같은 것이다。이 호랑이의 위(威)를 빌린다 하여도 조금만 관방(關防)을 잃으면 반드시 배꼽을 물리는 일이 생길 것이다。 생각하지 않을 수 없는 것이다。 삼형(三刑) 다 같이 갖추어진 것、 양인(羊刃)의 별이 생일 및 생시에 있는 것、 또 육해(六害) 있는 것 또 괴강상충(魁剛相冲)의 별이 있는 것 같은 것은 그 사람의 흉함은 말못할 정도이다。 제복(制伏)이 자리를 얻고、 또 제복의 향(鄕)에 가는 것은 이것 대귀(大貴)의 명이다。 적어도 전자는 흉신이 같이 모이고、 흉살(凶殺)의 왕(旺)하는 향(鄕)에 있는 것으로、 흉해가 말할 수도 없는 것이다。 만약 一살이 있어 제복 二、三 있고、 또 제복(制伏)이 운에 가는 것과 같은 것은 도리어 복을 이루지 못한다。 무엇으로서 이것을 말할 것인가。 한 마디로 법을 다하여 법이 없고 사나움이 누대와 같다고 하여도 제복(制伏)에 지나치면 도리어 그 작용을 하지 않으므로이다。 요는 경중(輕重)이 마치 맞을 얻는데에 있다。 태과(太過)함은 미치지 못하고、 제(制)가 지나침도 또한 좋지 않으므로이다。

이 제복(制伏) 있는 것은 일러 편관(偏官)이라 한다。 제복(制伏) 없는 것을 七살、 또는 그저 살(殺)이라 말한다。 모든 소인에 비한다。 이것을 막는 길을 얻어 쓰겠금、 그 길을 잃으면 곧 이길 수 없는 것이 된다。 대저 상관칠살(傷官七殺)의 것은 가장 신왕(身旺)을 기뻐한다。 제복(制伏)의 운은 신왕(身旺)에 화(化)하여서 편관(偏官)을 얻고 몸이 약한데 제복(制伏)이면 곧 七살이 된다。 몸이 약하고 살(殺)이 강하면 막기 어렵고, 몸이 왕(旺)하면 제(制)가 없어도 살(殺)은 얕다。 즉 이것 가살권력(假殺權力)을 이룸。 그리고 七살의 풀이는 다음을 보면 될 것이다。

七살(殺) 즉 편관(偏官)

칠살은 편관(偏官)의 다른 이름이다。 신왕(身旺)을 좋아하고, 살(殺)의 간합 (干合)을 좋아한다。 제복(制伏) 있음을 좋아하고, 양인(羊刄) 있음을 좋아한다。 몸(身)이 약함을 꺼리고, 재(財)를 봄을 꺼리고 생하여 제(制) 없음을 꺼린다。 신왕(身旺)하여 기(氣) 있음을 편관(偏官)으로 하고, 몸(身) 약하고 제(制) 없음을 七살이라 한다。 그런데 이 살이 사주에 있는 것은 흉이라 할 수 없는 것이 있다。 그러나 정관(正官) 있음은 편관(偏官)이 있음만 같지 못하다。 편관은 대개 거부대귀(巨富大貴)의 사람에 있는 것이다。 그저 신왕(身旺)하고 살이 합하는 것을 묘(妙)로 한다。 갑일생(甲日生)과 같이 경금(庚金)으로서 칠살로 한다。 병정(丙丁)의 화(火)가 이것을 막는 것을 기뻐한다(火尅金)。 을(乙)과 경(庚)과는 합(合)한다。이 합을 탐(貪)하여 살(殺)을 잊어 버리는 것이다。

칠살은 모두 제복(制伏)하는 것이 좋다。전항(前項)에도 말한바와 같이 제복(制伏)의 태과(太過)하는 것은 좋지 않다。그러나 사물이 극(極)하면 도리어 화(禍)를 가져온다。신왕(身旺) 또는 신왕의 운에 이르면 복을 이룬다。몸이 약한 사람의 약운(弱運)에 이르름과 같은 것은 화(禍)가 돌아서기도 전에 오고 만다。사주중에 원래부터 제복(制伏)이 있으면、도리어 칠살의 운에 가는 것을 기뻐한다。원래부터 제복(制伏)이 없으면、칠살에 나가서 화(禍)를 이룬다。신왕(身旺)의 운에 가서、다시 양인(羊刃) 있으면 귀복(貴福) 말할 수 없고、공명현달(功名顯達)하여 권(權)을 낳는 것이다。

그러나 칠살은 재왕(財旺)함을 꺼린다。재는 살(殺)을 잘 생하기 때문이다。세운(歲運)에 임할 때에는 신왕(身旺)한 것도 또한 재(災)가 된다。신약(身弱)은 가장 심하다。갑신(甲申)、을유(乙酉)、정축(丁丑)、무인(戊寅)、기묘(己卯)、신미(辛未)、계미(癸未)이 칠일생인 자는 살(殺)을 맡았고、성급하며 영리(怜悧)하다。마음이 묘하고、총명하다。만일 사주에 살을 봄이 많은 사람은 요수(夭壽)하지 않으면 빈약하다。생월에 이것을 봄은 무겁고 시에 이것을 봄은 가볍다。

일의 위에 칠살 한 자리를 보고 년시에 재차 봄과 같은 것은 살은 많고 화(禍)를 가져온다。 그러므로 제복(制伏)의 향(鄉)을 요한다。 또 신왕(身旺)하여 제복(制伏)이 있으면 권위(權威)를 이룬다。 가장 충(沖)과 양인(羊刃)과 같이 있는 것을 겁낸다。

때로 단지 한자리 칠살이 있는 것은 신왕(身旺)을 요함。 년월시 세곳에 제복(制伏)이 있으면 복이 있다。 도리어 살이 왕하는 운에 가는 것이 좋다。 운이 삼합하는 지(地)에 가면 또 발복(發福)한다。 만일 제복하는 것이 없으면 제복하는 향(鄉)에 이르러 복을 발한다。 살(殺)이 왕하는 운에가서 제복(制伏)함이 없으면 곧 화(禍)를 가져온다。 시상의 칠살은 도리어 양인(羊刃)을 겁내지 않는다。 그리고 또 충(沖)을 겁내지 않는다。 즉

명식(命式)

偏官(편관) 辛丑年

比肩(비견) 乙未月

乙卯日

傷官(상관) 丙子時

위와 같은 것은 이것이 신왕(身旺)의 명이다。 육월중에 생하면 세간(歲干)에 신축(辛丑)이 투출(透出)하면 칠살을 이룸。 병자(丙子)가 신축(辛丑)의 살(殺)과 합하는 것을 좋아한다。 즉 귀(貴)하면서、 권위(權威)를 이루는 것이다。 신약(身弱)하며 살왕(殺旺)하여 제복(制伏)이 없으면 병질이거나 빈박(貧薄)하다。

正財(정재) 丁巳年
偏官(편관) 戊申月
壬子日
偏官(편관) 戊申時

이 명은 신왕(身旺)하다。 이 무(戊)를 보면 칠살(七殺)이다。 정(丁)과 임(壬)을 합하고 무(戊)와 계(癸)가 합하고、 금(金)과 사(巳)에 장생(長生)하고、 무(戊)의 록(祿)은 사(巳)

에 있음으로써 임(壬)、술(戌)의 두자는 왕(旺)한다。그러므로 이 명(命)은 귀복을 얻는다 이것 신살(身殺) 두 가지를 얻는 것이다。

명식(命式)〈德富蘇峰 씨〉

문구(文久三년 一월 二十五일(음력) 오전 九~十一시생)

偏財(편재)	壬戌年	冠帶(관대)	○戊寅火局(화국)
偏財(편재)	壬寅月	病(병)	○壬丁木化偏官(목화편관)
(甲偏官)(갑편관)	戊申日	建祿(건록)	○申巳水局(수국)
印綬(인수)	丁巳時	帝旺(제왕)	

순(順)六년운

◯위의 년월일을 정확하다고 보고、이에 학문 문장의 별이 인수(印綬)를 배(配)할 때에는 한평생 끝없는 이 사람의 명리(命理)가 나온다。화(火)、수(水)의 양국은 세력이 뛰어나서

읽는 것을 모른다。

○또 무(戊)의 사(巳)는 귀록시격(歸祿時格)이 되어 재복이 풍부하고 또한 인수(印綬)가 제왕(帝旺)에 앉을 때에는 학자 박사가 되어 훈장(勳章)을 띠는 별로서 제일류의 사람일수가 있다。소설계의 큰별「菊池寬」씨도 인수(印綬)、제왕(帝旺)에 앉은 사람이다。학문 기예에서 제일류가 될 사람은 이와같이 인수(印綬)가 건왕(建旺)하여 최대의 자리에 있는 것이다。그렇지 못한 사람은 아무리 학문이 있다하여도 세상에 뛰어나지 못한다。

○그리고 또한 갑(甲)의 편관(偏官)은 화(火)의 인수(印綬)를 생하므로、여기에 두가지 학업이 있는 것이고「蘇峰」씨는 한편 신문을 경영하고 다른 한편으로 문필이 뛰어난 것은 이 때문이다。

○이 명(命)에 임(壬)의 편재성(偏財星)이 없다면 풍운을 만나서 관계(官界)、정치계(政治界)에서 제일류로서 설 수 있는 것이나、무토(戊土)는 임수(壬水)를 깨트리기 때문에 관위(官位)를 가지지 못하고 그 방면에서는 실패한 것이다。

○편관(偏官)은 칠살(殺)이다。이별은 살(殺)을 좋아하고、무서움이 호랑이와 같고、그저 이 명이 신왕(身旺)하기 때문에 화환(禍患)하지 않았다。그리고 장남 및 신문사업의 후계

자(後繼者)인 이남을 잃은 것은 내몸 하나만 강건(强健)하여 아들인 경금(庚金)<食神>을 생하지 않으므로이다。 또 지나치게 총명(聰明)하여 다른 사람은 어리석게 보이므로 쉽사리 다른 사람과 사귀지 못하고、 그저 권(權)으로서 이를 제(制)하려고 하므로 도량이 좁아지기 쉬운 흠이 있다。

명식(命式)<편관(偏官) 제(制)있는 격>

서기 一八九五년 二월 二十四일 오후五시생(남)<代議員>

傷官	乙未年	養	(衰)
偏官	戊寅月	病	(長生)
甲食神	壬寅日	病	(建祿)
比肩	壬申時	絕	(長生)

이 사람은 무엇을 하는가 하는 것이 전체의 조직에서 본 표준이 된다。 재성(財星)이 약

변통성(變通星)의 작용

하고、 관성(官星)이 강하고、 그러면서 상관(傷官)、 편관(偏官)이므로 순수한 실업가도 아니고、 상인도 아니며 그렇다고 재판관에는 상관(傷官)의 격(激)하는 감정이 있어 안되고、 변호사에는 편관(偏官)이 있으므로 조금 치우치는 점이 있고、 얄궂은 성질이므로 대장(大將)은 되지 못한다。 말하자면 참모격(參謀格)이라고 할만한 것이 이 사람의 사주 조직에서 볼 수 있는 점이다。 상관(傷官)에 편관(偏官)이 있어 너무 야단스럽다。 거기에다 비견(比肩)이 있어 무엇이라도 자기가 믿는바를 밀고 나갈려 한다。 이사람도 또한 목토수(木土水) 세 가지 있으니 세번 쯤 직업이 바뀐다。 처음에는 무엇을 했는지 잘 듣지 않았으나 현재에는 동지회파의 대의원이다。 재운이 없다고 하여도 전혀 없지는 않으나 상관(傷官)과 편관(偏官)과의 사이에 끼인 재물 즉 숨은 재력을 얻는다。 이 사람의 부인은 현재 대실업가의 하나로 또 정치가인 모씨의 둘째 따님이다。 이 힘을 많이 받고 있는 것이다。

이 사람에는 위로 계집아이가 둘、 다음은 올해난 남자아이가 있다。 두 계집아이들을 나는 알고 있는데 여자로서는 성질이 된 편이다。 둘다 남편의 연분에 대하여는 의심이 있다。 다음에 운세는 어떠냐고 하면 아래와 같은 것이다。

역(逆) 칠년운이므로

7	戊무	偏편 官관	病병
14	丁정	正정 財재	死사
21	丙병	偏편 財재	墓묘
28	乙을	傷상 官관	絶절
35	甲갑	食식 神신	胎태
42	癸계	敗패 財재	養양

다음은 소운(小運)은 임인(壬寅)이므로 병신(丙申)에서 일으켜서,

31	丙병	偏편 財재
32	丁정	正정 財재
33	戊무	偏편 官관
34	己기	正정 官관
35	庚경	偏편 印인
36	辛신	印인 綬수
37	壬임	比비 肩견

대운이 패재(敗財) 비견(比肩) 성(星)이며, 소운이 비견성(比肩星)이므로 본년인과 분리

가 있다。즉 대운 소운 다같이 임계(壬癸) 수(水)가 된다。수(水)는 사주의 식신(食神)을 생하고 도우나 또 편관(偏官)의 위에서 극(尅)한다。그러나 갑(甲)이 있어 그 편관(偏官)을 누르므로 큰 해는 끼치지 않는다。그러나 분리(分離)하는 일은 일어나기 쉽다。

또 서기 一九三一년은 신인수(辛印綬)이므로 자기에게는 길(吉)하지만 금(金)은 수(水)를 생하고、수(水)는 목(木)을 생하여서 자(子)〈인수(印綬)〉의 운이 약하여진다。아이의 건강(健康)을 주의하지 않으면 아니된다。(자신 및 아이도 큰 병을 앓음)

명식(命式)

서기 一九〇〇년 五월 十一일 정오생(남)

偏官(편관)	庚子年	○子와 申은 수국편인(水局偏印)
正官(정관)	辛巳月	○巳와 申은 형(刑)
(戊(무)偏財(편재))	甲申日	○자와 午는 충(冲)
偏官(편관)	庚午時	○공망(空亡) 午에 있음

순(順)五年운 공망(空亡) 午未

○이것은 몸이 약하다。 안으로는 상당히 귀복의 천분이 있으나、 형충 때문에 그리고 관성다과(官星多過)하여 칠살이 퍼짐으로써、 三十一세 지나면서 화해백출(禍害百出)하고、 병을 얻으면 생명을 잃게 될 것이다。

辛	巳	五세	偏官(편관)	病(병)
壬	午	十세	偏印(편인)	死(사)
癸	未	十五세	印綬(인수)	墓(묘)
甲	申	二十세	比肩(비견)	絶(절)
乙	酉	二十五세	敗財(패재)	胎(태)
丙	戌	三十세	食神(식신)	養(양)
丁	亥	三十五세	傷官(상관)	長生(장생)

명식(命式)＜칠살요절(夭折)의 명＞

서기 一九〇六년 三월 二十三일 오전 六시생(여)

比肩	丙午年	病	○丙辛 간합(干合)하여 수(水)가 됨。즉 편관칠살(偏官七殺)이다。
正財	辛卯月	絶	
(七殺) (乙印綬)	丙寅日	建祿	
正財	辛卯時	沐浴	

역(逆)육년운　공망(空亡)　戌亥

○이 생은 편관(偏官)을 제(制)하는 별이 없으므로 칠살이다。그러므로 무(戊)의 식신(食神)이 이것을 누르는 것이 된다。임(壬)의 편관(偏官)은 도리어 도기(盜氣)가 되어 갑(甲)의 편인(偏印)도 좋지 않다。년운은 다음과 같은 것이다。

辛卯　육세　正財　沐浴 ～～ ○어릴때에 재운(財運)을

庚寅	十二세	偏財(편재)	長生(장생)
己丑	十八세	傷官(상관)	養(양)
戊戌	二十四세	食神(식신)	胎(태)

만나면 어떤 사람도 좋지 않음。

○二十四세를 무사히 넘기면 생명을 얻는다。

十八세는 세운의 갑(甲)의 편인(偏印)이 인(寅)의 장생(長生)에 있는 때이다。 인(寅)도 또한 목(木)이다。 그러므로 편인성(偏印星)은 점점 강하여 진다。 즉 상관(傷官)은 편관(偏官)을 극하고、 그러면서 또 갑(甲)과 합하여 토화(土化)의 상관(傷官) 더욱더 강하여진다。 이것 또한 갑(甲)과 합한다。 즉 二중 三중 四중으로 많이 합하여서 어느 사람도 이와같이 다합(多合)할 때에는 도리어 몸의 전극(戰剋)을 받아서 흉해(凶害)가 심하다。 갑(甲)은 토(土)와 합함이 심하므로 인수(印綬)를 깨트려서 신약(身弱)이 되어 병을 발한다。 이때에 이미 의사는 폐병 제三기라는 것을 선고(宣告)하였다。 「高木乘」은 천덕(天德)의 법으로서 어떤 지시를 하였으나、 실부(實父)는 이것을 듣지 않고、 그저 믿을 수 없는 기도만 드리고 있었다。

그리하여 서기 一九二四년 갑자년(甲子年)은 같은 편관(偏官)이므로 희생의 길이 없고、

마침내 그해 十二월 병식신(丙食神)의 달에 이르러 도식(倒食)을 하여, 二十三일 병자 같이 식신목욕(食神沐浴)에 앉는 날로서 十九세의 꽃같은 생애를 마쳤다。

인수(印綬)

갑(甲)에 계(癸)를 봄을 정인(正印)〈인수(印綬)〉로 함。

을(乙)에 임(壬)을 봄을 정인(正印)으로 함。

병(丙)에 을(乙)을 봄을 정인(正印)으로 함。

정(丁)에 갑(甲)을 봄을 정인(正印)으로 함。

무(戊)에 정(丁)을 봄을 정인(正印)으로 함。

기(己)에 병(丙)을 봄을 정인(正印)으로 함。

경(庚)에 기(己)를 봄을 정인(正印)으로 함。

신(辛)에 무(戊)를 봄을 정인(正印)으로 함。

임(壬)에 신(辛)을 봄을 정인(正印)으로 함。

계(癸)에 경(庚)을 봄을 정인(正印)〈인수(印綬)〉로 함。

말하자면 인(印)은 나를 생하는 것이다。즉 인수(印綬)이다。그런데 사람의 명、관(官)있고 인(印)이 없으면 참관이 아니고、인(印) 있고 관(官)이 없으면 도리어 그 복을 가져오는 것이다。무엇으로서 이것을 말하는 것인가。대저 인생이 물(物)을 얻음은 상조、상생상양(相助、相生、相養)을 필요로 한다。나로서 만물이 이루어짐을 보는 것은 어찌 묘하다고 아니할 것인가。그러므로 인(印)이 있는 것은 그 사람이 지려(智慮)가 많고 풍후(豐厚)를 겸한다。그러나 재(財)는 두려워 하므로 그 사람은 주머니 끈을 홀쳐매고 인색한 흠이 있다。그러므로 사주중 밑운의 관향(官鄕)에 감은 귀하고 도리어 그 복을 가진다。한마디로 관(官)은 나를 잘 생하므로이다。그저 재를 겁낸다。재는 나를 잘 상(傷)하게 하기 때문이다。이 인수(印綬)의 묘함은 많이 부모의 그늘에서 아버지의 재산을 물려 받아서 안락을 누리는 사람임을 보는 것이다。만약 또 양삼명(兩三命)이 서로 나란이 있으면、인수(印綬) 많은 것을 상(上)으로 한다。또 일생동안 병이 적도록 한다。잘 먹고 마시고、혹은 재성(財星)이 많아 왕성한 기를 탄다면 운의 엄류(淹留)를 맡아 있다。관귀(官鬼)〈편관(偏官)〉을 기뻐한다 하여도 더욱이 관귀(官鬼)가 많으면 혹은 격(格)에 들어간다。또한 전혀 인수(印綬)만으로서 말할 수도 없다。이를테면 갑을일(甲乙日)과 같은 해자월(亥子月)생은 얻고、 병자일(丙子日)에 인묘월(寅卯月)에 생을 무기일(戊己日)에 사오월생(巳午月生)을 얻고、 경신일(庚辛日)에 진술축미월생(辰戌丑未日生)을 얻고、 임계일(壬癸日)에 신유월생(申酉月生)을 얻음과 같은 것은 이것이다。 그 나머지는 유(類)로서 이것을 말할 것이다。 인수(印綬)가 사절(死絶)의 운에 감은 좋지 않다。 어떤 것이 있어 인수(印綬)를 훔칠 때에는 즉 그 사람은 황천객(黃泉客)이 되는 것이다。 격(格)이 일은 뒤에 있다。

인수(印綬)는 나를 생하는 것이다。 또한 각각의 생기를 이룸〈인수(印綬)로부터 비견(比肩)을 생함。 비견(比肩)은 나이다〉。

양(陽)으로써 음(陰)을 보고、 음(陰)으로써 양(陽)을 보는 것을 정인(正印)이라 하고、 양(陽)으로서 양(陽)을 보고、 음(陰)으로서 음(陰)을 봄을 편인(偏印)이라 한다。 관성(官星)의 인(印)을 생함을 기뻐한다。 재(財)가 왕(旺)하여서 인이 깨트려 지는 것을 꺼린다。 갑일(甲日)의 사람이 해자월(亥子月)에 나면 수(水)는 인(印)이 된다。 화(火)의 상관(傷官)을 꺼린다。 토(土)가 인(印)을 깨트림을 꺼린다。 생왕(生旺)의 향(鄕)〈官〉에 감을 요한다。 재관(財官)이 인(印)과 나란히 할 때는 인수(印綬)로서 이것을 본다。 가장 재(財)가 와서 왕(旺)에 승(乘)함을 꺼린다。 반드시 운명에 엄체(淹滯)가 있다。 혹은 별격(別格)에 들면, 오로지 인수(印綬)로서 논(論)할 수는 없다。 대개 월과 시상에 인수(印綬)가 있는것을 묘로 한다。 그리하여 월상에 있는 것이 가장 긴요(緊要)하다。 먼저 월기의 뒤에 생기가 있으면 부모의 힘을 얻는다。 년하에 생기가 있으면 조상의 힘을 얻는다。 시상에 생기가 있으면 자손의 힘을 얻는다。 수명이 길것이며 만년에 더욱더 복락(福樂)이 있다。 인수(印綬)를 띠면, 또 관성(官星)이 있는 것이 좋다。 이것을 관인양전(官印兩全)이라고 하고, 반드시 귀명(貴命)을 이룬다。 관성(官星)을 보지 않아도 인수(印綬)가 생긴것은 부모의 힘을 얻고, 복도 또한 두텁다。 또 관성의 운에 가면 발복(發福)한다。

혹은 인수(印綬) 운에도 또한 발(發)한다。 만약 사주중에 관성(官星)이 없으면 인수(印綬)를 써서 묘를 이룬다。 사주중에 세운(歲運)이 재향(財鄕)에 임함을 겁낸다。 그로써 그 인(印)을 상하게 한다。 만약 인(印)을 상하게 하면 그 사람은 집을 망치고 조상을 등진다。 또 사절(死絶)의 지(地)〈十二運〉에 임하면 강관실직(降官失職)의 일, 부모의 사(死), 혹은 그 목숨을 잃는 수가 있다。 이를테면,

명식(命式)

正(정) 官(관) 戊 戊 年

印綬 庚申月

癸酉日

印綬 庚申時

위와 같은 것은 七월중기의 후에 생하면, 월시 모두가 경신(庚申)이다. 이것을 금고(金庫)에 앉는다고 한다. 그러므로 인수(印綬)이다. 년간(年干)에 무(戊)의 관(官)이 나타나기 때문에, 관인(官印) 二성(星)이 모두 갖추어 있다. 따라서 극히 귀명(貴命)을 이루는 것이다. 또

명식(命式)

印綬 癸亥年

印綬 癸亥月

甲寅日

比肩(비견)　甲子時

위와 같은 경우 이날은 계(癸)를 써서 연수(印綬)로 한다. 인(印)이 왕(旺)한다. 관(官)이 없으므로 재성(財星)이 서로 도우는 것이 없다. 계(癸)는 복이 두텁지 못하는 생이다. 또 갑인년(甲寅年), 경오월(庚午月), 무술일(戊戌日), 임자시(壬子時)생과 같은 이날 무(戊)는 정(丁)을 써서 인수(印綬)라 한다. 인오술(寅午戌)은 삼합화국(三合火局)이다. 이것은 좋다. 시상의 임자(壬子)는 합하지 않고, 임수(壬水)가 왕(旺)한다. (임〈壬〉과 합함은 정수이지만 지금 그것이 사주에 없으므로 합국〈合局〉하지 않음), 수(水)는 화(火)의 인수(印綬)를 충(冲)한다. 그러므로 이 명은 밝음을 잃고 장님이 된다. 생기는 이것 병정(丙丁)의 화(火)에 속하고, 수(水)에 의하여 갑목(甲木)이 왕(旺)하는 때문이다. 또 묘(卯)를 인수(印綬)로 한다.

명식(命式)

傷官(상관)　乙卯年

敗財(패재) 丁卯月

丙辰日

偏官(편관) 壬辰時

위의 명과 같이 이명의 묘(卯)로서 인수(印綬)로한다。 계(癸)를 써서 관(官)으로 한다。 년은 묘(卯)에 있고、일은 진(辰)에 있다。 그러므로 관인양전(官印兩全)이다。 소년시절에는 청요(淸要)、四十二、三세에 이른다。 계해운(癸亥運)도 또한 막힘이 없다。 경신년(庚申年)에 이르러、수(水)의 칠살을 신(申)〈金〉에 생하고、경신(庚申)이 묘(卯)를 깨트린다。 그러므로 불길(不吉)이 된다。

・대개 사람의 운명을 본다면 위와 같은 것이다。 지금 여기에 실예를 들어보자。

명식(命式)〈政友會總裁犬養毅씨〉

안정(安政)二年 四월 二十일(오전一시ー三시사이)

傷官(상관) 乙卯年 絶(절)

印綬(인수) 辛巳月 死(시)

(丙偏財)(병편재) 壬子日 建祿(건록) ○羊刃

印綬(인수) 辛丑時 養(양)

역十년운 공망(空亡) 寅卯

○이명은 생시가 불명이지만, 그의 아들 「太養健」씨가 소설작가로 나타났고, 또한 대의원이 된 점에서 미루어 육임일(六壬日) 가운데 이 시간이 아니라면 알고 있는 바의 「太養」씨의 풍격(風格)이 나오지 않는 것이다.

○이명은, 임(壬)은 기(己)로서 관성(官星)으로 하고, 신(辛)으로서 인수(印綬)로 하고, 축상(丑上)에서 금국(金局)한다. 그러므로 은근한 가운데에 기(己)는 자리를 얻고, 사(巳)의 월기에 통합으로서 그 사람은 청수(淸秀)한 것이다. 관인(官印)이 있으므로 생김새가 예쁘고 활달하며, 명(名)은 천하에 떨친다. 이것은 지금 십년운으로 하여 최근의 운세를 보면 대운(大運)

五十세 辛巳 印綬(인수) 絶(절)

六十세 庚辰 偏印(편인) 墓(묘)

七十세 己卯 正官(정관) 死(사)

八十세 戊寅 偏官(편관) 病(병)

즉 八十세 까지 편관(偏官)으로서 권을 얻고、 정우회(政友會)의 총재역을 맡아보고 있다。 그리하여 세운은 七十七세(서기 一九三一년) 임(壬)의 비견(比肩)、 七十八세 계(癸)의 패재이므로 七十九세 (서기 一九三三년)에 천하를 잡으려면 잡을 수 있겠으나 그때까지 즉 七十八세때에 조금 변화가 일어나고、 혹은 총재의 직을 그만 둘지도 알 수 없다。 이상은 위의 생년월일을 정확하다고 보고서한 판단이다。

명식(命式)〈모 실업가〉

서기 一八八一년 一월 六일 오전 五시 생

比肩(비견) 庚辰年 衰(쇠)

印綬　己丑月　墓

(己印綬)　庚子日　建祿

印綬　己卯時　病

○자(子)와 묘(卯)가 형(刑)이 됨

○이와 같이 인수(印綬)가 많이 있는 조직은 어찌되느냐 하면, 인성(印星)의 다과(多過)는 자(子)를 극하므로 자연(子緣)이 얕을 것이다。 일찍 처자와 헤어진다。 또 인성다과(印星多過)한자는 몸이 약한 것은 지식은 있으면서 힘은 모자라고, 사물이 성취하기 어렵다。 그러나 이것은 신왕(旺身)이다。

○ 이 사람은 형의 뒤를 이어, 형재「도오꾜오」에서 이름있는 상품의 도매상이지만, 인수(印綬)는 학문의 별이므로 배우지 않고도 여러가지의 예술에 뛰어났고 특히 바둑두기와 노래부르기에 뛰어나 있다。 빨리 바둑을 두었드라면 정일류의 사람으로서 세상에 나설수가 있었을 것이다。 인수 (印綬) 태과(太過)는 일방에는 좋고, 일방에는 나쁘다。

명식(命式)〈현 財務相 井上準之助씨〉

서기 一八六九년 三월 二十五일생

食神(식신) 己巳年 建祿(건록)

傷官(상관) 戊辰月 冠帶(관대)

(乙偏印)(을편인) 丁酉日 建祿(건록)

(아침 五시—七시생이라 함)

○정유(丁酉)의 경자시생(庚子時生)은 강명특달(剛明特達)한 사람이고、 신축시(辛丑時) 〈오전 一、二、三시〉의 사람은 문명(文明) 고귀한 사람이고、 임인시생(壬寅時生)의 사람은 종명부귀 하며 풍헌극품(風憲極品)의 사람이고、 계묘시생(癸卯時生)도 갑신시(甲辰時)도 모두 좋다。

○지금 가령 오전 五시—七시생이라고 하면 여기에는 인수성(印綬星)에 붙고、 일주영귀(日主榮貴)의 격이되고、 만면에 갈수록 발달하는 것이다。 운기는 어느것이라도 十년마다 변화한다。 서기 一九三一년은 六十三세이지만 이때에는

大運(대운) 癸亥 偏官(편관)의 胎(태)에 있음
歲運(세운) 戊戌 傷官(상관)의 養(양)에 있음
流年(유년) 辛未 食神(식신)의 衰(쇠)에 있음

대운(大運) 세운(歲運)의 계무(癸戊) 간합(干合)하여 화(火)가 되고 갑기(甲己)와 비왕(比旺)하여, 일주건왕(日主健旺)하는 것으로서 서기 一九三一년에 이르는 七년은 대운편관(大運偏官)이지만, 갑(甲)의 인수(印綬)를 생하고 다시 일단의 향상발복을 보는 것이다. 세운(歲運) 또한 기(己)의 식신(食神)이 되므로 대귀이다. 방금 「井上」씨는 장래에 있어서 민정당(民政黨)의 총재 또는 수상(首相)의 인수(印綬)를 떠게될 가능성이 있을 것이라고 말하는 사람도 있으나 七十一세 갑(甲)의 인수(印綬)가 대운(大運)이 되면 새로이 현달발상(顯達發祥)하므로, 이때가 되어 상부(相府)가 설지도 알 수 없다. 그러나 위의 생시가 틀리면 다소의 다름이 있다.

서기 一九三二년은 태과(太過)하므로 일단 직을 물러날지도 알 수 없다.

명 식(命式) 〈은일(隱逸)〉의 명

서기 一八九八년 十二월 十일 오전 ○시생(남)

化(劫) 戊 戊 傷官 衰
火(財) 癸 亥 偏官 帝旺
丁 丑 印綬 冠帶
庚 子 正財 絕
(丑·子) 合(水)

이것은 어느 명가(名家)의 아들이다。 몸은 사회의 가장 윗자리에 났으나、 귀현고문(貴顯高門)에 오를 사람이 되지 못한다。 별항에 가리키는 것처럼 무계(戊癸)만 화(化)함은 화기(化氣)의 참은 아니다。 학자나 승려 아니면 교육가 같은 것이다。 은자(隱者)이다。 아버지의 덕업(德業)을 잇기에 알맞지 않다。

월시의 지지(地支)합하여 자(子)의 계(癸)、축(丑)의 계(癸)〈水〉 강하여진다。 육진이 화(和)하지 않음은 아니나 친하지는 않다。 형제가 친하지 않다。 굳이 멀리 떨어져 먼 곳으로 간다。 수화(水火)의 상、 오래 해외(海外)에 있고 돌아오지 않는다。 생활비는 부모가 줌고 있다。

수화의 상(水火象)은 역(易)의 화수미제(火水未濟)、수화기제(水火旣濟)이다。이 사람은 한가지를 이루면 또 한가지를 시작하고、단속제한(斷續際限)없이 이것 저것 사물을 진행하여 마침을 모른다。지금 아직도 장가들지 않고 어떤 학술을 연구하고 있다。

그러나 화(火)에 따라서 경금(庚金) <인수(印綬)>는 단련(鍛練)되어 빛나고 있다。처를 손(損)함이 심하다。그러므로 아직 처를 얻지 못했다。

또 일지(日支)에 양인(羊刄) 있음은 좋지 않다。자식을 손(損)하는 일이 있다。처의 정재(正財)도 사묘(死墓)에 있다。장가를 들어도 일찍 이 이를 잃어버릴 징조가 있다。

귀국하면 대학의 교수쯤은 할 수 있을 것이다。그러나 마침내는 은자(隱者)이다。세상에 숨어서 자기의 즐기는 길에 몰두(沼頭) 할 뿐일 것이다。재(財)는 부모 또는 형제자매에게 바란다。또 재리(財理)를 하는 것도 좋아하지 않는 편이다。

명식(命式)<여명부귀>

서기 一八七二년 음력 二월 十三일생(여)<新三、二十一>

正官(정관) 壬申年 死(사)

偏官(편관) 癸卯月 長生(장생)　(서로氣化(기화))

印綬(인수)(甲(갑)) 丁卯日 帝旺(제왕)

(생시불명) 단 자식이 없음

○수생목(水生木)으로 월이 생하는 앞의 예와는 반대이며 대길(大吉)이다。

○대운(大運)은 순(順)의 二년운이다。

○생년의 임(壬)과 생일의 정(丁)은 또 목화(木化)하여 인수(印綬)가 된다。 인수제왕대길(印綬帝旺大吉)이다。 묘(卯)월에 신(申)이 있음은 천덕(天德)이다。 갑(甲)은 월덕(月德)이다。 여명귀격(女命貴格) 가운데(下項參照)에 『인수(印綬)에 천덕(天德)이 있음은 대복(大福)이다』라고 하였음은 이것인 것이다。 살성(殺星)<편관(偏官)>이 하나 있지만 신(申)이 있어 묘목(卯木)을 제(制)하고、 신중토(申中土)<무기(戊己)> 또한 계(癸)를 제(制)하므로 길이다。 생시에 길성이 있으면 더욱 좋다。

이 부인은 지금 독신으로서、 자산 사천만원이 넘게 가지고 있고、 젊은 비서가 하나 있어서 이 부인의 일체의 사무를 대용하고 있다。

이 부인의 남편은 그 옛날 一만원을 빌려준 토지를 남기고 죽었다。 그 토지가 발전하여 값이 올라서 오늘에는 사천만원이 된 것이다。 수만평의 토지와 수백채의 집을 가졌다。 제작년에 「도오쿄」시에서 五十만원의 이전료(移轉料)를 받았다。 동생에게 三十만원쯤 주어서 독립 시켰다。 동생도 그것으로서 유복하게 살고있다。 동생은 금융을 하고 있으므로 일수입 一천五백원 쯤이나 있다。

그밖에 다음 동생에게도 또 다음 동생에게도 三十만원씩 주었다。 모두가 훌륭이 살고 있다。 편관(偏官)은 동생이다。 계(癸)는 세사람이다。

자식은 하나도 없었다。 그러므로 생시는 절(絕) 또는 양(養)이다。 그러나 양자(養子)는 하지 않고、 그 젊은 비서인 학생에게 모두 주어버린다고 말하고 있었다。 젊은 비서에게는 아마 일상에 겁재(劫財)가 왕성(旺盛)하는 것이 있을 것이다。 겁재(劫財)가 일상 시상에 왕성(旺盛)하면 다른 사람의 재산이 저절로 굴러들어온다。 월상 년상에 있으면 부조로부터 아무리 자산을 이어 받아도 모두 없애 버린다。

그런데 그 부인의 시지가 절(絕)이라고 하면 정(丁)에서 본 자(子)이고、 간(干)은 경

(庚)이다。 즉 경자(庚子)의 정재(正財)이다。

정재(正財) 절(絶)하여 자산이 다른 사람에게로 가는 것이다。 (일찍 과부가 되었고 또 한번도 자식을 가진일이 없다고 본인은 말하고 있다。) 이 경금(庚金)에서 자식의 별인 갑(甲)의 인수(印綬)와 극(剋)하므로 자식은 없는 것이다。 그렇지 않으면 시묘의격(時墓格) <甲戌> 즉 인수시묘격(印綬時墓格)이다。 그러므로 이것이 남자였다고 하면, 제일선에서 대사업을 일으킬 자산가가 되는 것이지만 부인이기 때문에 이름을 떨치지 못하고 재보를 거의 썩히는 결과가 된 것이다。 인생은 어딘가 얄궂고 불공평한 것이다。

정재(正財)<모(母)를 극함을 말음>

갑(甲)에 기(己)를 봄은 정재(正財)이다。
을(乙)에 무(戊)를 봄은 정재(正財)이다。
병(丙)에 신(辛)을 봄은 정재(正財)이다。
정(丁)에 경(庚)을 봄은 정재(正財)이다。
무(戊)에 계(癸)를 봄은 정재(正財)이다。

기(己)에 임(壬)을 봄은 정재(正財)이다。
경(庚)에 을(乙)을 봄은 정재(正財)이다。
신(辛)에 갑(甲)을 봄은 정재(正財)이다。
임(壬)에 정(丁)을 봄은 정재(正財)이다。
계(癸)에 병(丙)을 봄은 어느 것이고 정재(正財)이다。

정재(正財)는 오히려 정관(正官)과 같은 것이다。

이는 음(陰)이면서 양(陽)의 재를 보고、양(陽)이면서 음(陰)의 재를 보는 것이다。

대체로 정재(正財)는 나의 처(我妻)의 재(財)이다。여자가 자재(資財)로서 나를 도우는 것이다。정재(正財)는 반드시 정신 강강(康强)이다。그런뒤에 형용(亨用)할 것이다。

만약 내몸이 위타(萎儒)하여 떨치지 못하면、처재(妻財)가 비록 풍후(豐厚)하다 하여도 그저 눈으로 볼 뿐으로、마침내 조금도 받아 쓸수가 없다。그러므로 재는 때를 얻음을 요한다。사주에 재성(財星)이 많음을 요하지 않는다。만일 재가 많으면 자기의 생일에 힘이 있을 일이다。그런때에는 맡은바를 견딜수 있을 것이다。바로 화(化)하여서 관성(官星)이 되거나 같은 간(干)이 사주에 갖추어질 때에는 약하기 짝이없는 일이 있다。이것으로서 신왕(身旺)을 즐기고、극제(尅制)의 향(鄕)에 가는 것을 원하지 않는다。 극제(尅制)하는 것은 관귀(官鬼)이다。 또 생하는 바의 월령(月令)을 겁낸다。 이것은 자기가 쇠병(衰病)의 지(地)에 서기 때문이다。 또 사주에 부모 인수(印綬)가 없으면 도리어 이것이 더 크다。 도리어 재(財)를 기뻐하고 또 재(財)를 봄이 있으면 이것을 다재(多財)라고 하여 힘은 재(財)에 맡기지 않고 화환(禍患)이 백출한다。

소년 휴수(休囚)의 자리(位)를 지나서、노고(勞苦)가 있고、또 불여의(不如意)하다。 많은 일이 터져나오고、혹은 중년 또는 말년、인수(印綬)의 향(鄕)에 임할때、혹은 삼합(合)할때에 나를 도우고、곧 발연(勃然)히 운이 열린다。

그리고 소년시대에 왕(旺)에 승(乘)하면 노년에 이르러 국(局)을 벗어나고、궁도처황(窮途悽惶)이 끝이 없고、또한 시비분기(是非紛起)한다。 한마디로 재(財)는 다툼을 일으키는 끝단이다。

혹은 사주 상생(相生)하고 따로히 귀격(貴格)을 띠고、공망(空亡)을 만나지 않고、또 행운(行運)가고、 삼합재국(三合財局)이 되는 것 등은 이것 귀명(貴命)이다。 그밖에 복의 얕고 깊음은 모두 격(格)에 따라서 경중(輕重)하여 말하는 것이다。 재(財)가 많으면 관(官)

을 생하므로 몸이 건강(健康)함이 좋다。재(財)가 많으면 도기(盜氣)가 되고、그 몸이 유약(柔弱)하여지며 또는 년운이 재(財)를 상(傷)할 때에 반드시 기화(奇禍)를 만나고、혹은 죽고、혹은 형(刑)을 띠고 칠살에 이르면 흉하기 이를데 없는 것이 있다。또 말하자면 정재(正財)는 신왕인수(身旺印綬)를 기뻐하고、관성(官星)을 꺼린다。도식(倒食)〈도식은 甲의 壬을 봄과 같은 류 즉 편인(偏印)이다〉를 꺼리고、신약(身弱)을 꺼리고、비견겁재(比肩劫財)는 관성(官星)을 보아서는 아니된다。도재(盜財)의 기를 겁낸다。인수(印綬)를 기뻐함은 신(身)을 생하여 왕(旺)이 되므로이다。갑일(甲日)에 기(己)를 씀은 정재(正財로 한다。만약 신약(身弱)하면 화(禍)가 당장에 이른다。보통 인명(人命)、재(財)를 띠고 생하는 것은 부호(富豪)에 많고、혹은 그집이 부하고、혹은 양자(養子)가 되고、혹은 서출(庶出)하고、혹은 부모를 충(沖)하는 것은 그몸이 왕(旺)하여 겁재(劫財)가 있는 것이다。정재(正財) 있는 것은 사주에 관성(官星) 없음을 묘로한다。즉、명의 관성(官星)이 지(地)를 얻음이 있으면 운행재성(運行財星)을 기뻐하고 바로 관(官)을 나온다。본래 재성(財星)이 지(地)를 얻으면 운행하여 관성(官星)을 봄을 꺼린다。그 몸을 극(尅)하는 것을 겁내고 신약(身弱)을 겁낸다。대저 재(財)는 편재정론(偏財正論)을 논하지 않고、모두 인수(印綬)

를 기뻐하는 것이다。 이때에 반드시 복을 발한다。 즉

명식(命式)

偏財(편재)	辛丑年	
比肩(비견)	丁酉月	○巳酉丑金局(사유축금국)합。 즉、 재(財)이다。
	丁巳日	
比肩(비견)	丁未時	

위와 같은 명(命)은 정일(丁日)이 신재(身財)의 지(地)에 좌(坐)함。 또 사유축금국(巳酉丑金局)한다。 그러므로 재(財)가 왕(旺)한다。 그러나 금(金)은 목고(木庫)를 얻어 미(未)에 있음、 잘 정화(丁火)를 생함。 그러므로 신왕(身旺)하여 잘 그 재(財)를 당할수가 있는 것이다。

운행하여 남방(巳午未)에 이르면 거부(巨富)가 된다。 정(丁)은 임(壬)의 관(官)을 쓰고 경(庚)을 써서 금(金)의 재(財)로 한다。

경(庚)은 임(壬)의 관(官)을 생함。 신왕(身旺)하는 향(鄕)에 들면、 반드시 잘 발복하는

것이다。 그런데 재(財)를 씀은 관성(官星)을 보지 않음을 묘(妙)로 한다。 또、

명식(命式)

偏財(편재)	庚申年
印綬(인수)	乙酉月
	丙申日
比肩(비견)	丙申時

酉(유)도 申(신)도 금(金)의 재(財)이다。

이명(命)은 병일(丙日) 三신(申)을 보아서 이것을 재(財)로 한다。 이것이 길(吉)이다。 병(丙)은 계(癸)를 써서 관(官)으로 한다。 신(辛)을 써서 재(財)로 한다。 三신(申) 一유(酉) 모두 재(財)이다。 그러므로 왕(旺)한다。 그러나 일(日)에 있으면 약하다。 화(火)는 신(申)에 병들고、 유(酉)에 사(死)함。 병(丙)과 신유(申酉)와의 관계) 즉、 무지(無地)로함 운행하여 서방금향(西方金鄉)에 이르면、 신약(身弱)이 심하고、 재왕(財旺)하여 귀(鬼)가 생하여(귀는 칠살〈殺〉)、 그 몸을 패극(敗尅)한다。 그러므로 그 재(財)를 이길수가 없고、 혹은 빈한 하고 혹은 죽는 것이다。

명식(命式)

偏(편)財(재) 乙卯年

食(식)神(신) 癸未月

辛酉日

印(인)綬(수) 戊子時

위와 같이 신일(辛日)은 유(酉)에 있고 을년(乙年)은 묘(卯)에 있음。 몸과 재(財)가 다 같이 왕(旺)함、 또 계미(癸未)는 식신(食神)을 얻는다。 무자(戊子)는 인수(印綬)가 이것을 도운다。 (무계(戊癸)가 화화(火化)하여 정관〈正官〉이됨)이 명은 매우 좋고 거부(巨富)가 될수 있는 생이다。 또、

명식(命式)

偏(편)財(재) 戊子年

傷官 丁巳月
甲辰日
食神 丙寅時

이명(命)과 같이 갑일(甲日)의 사월 하순에 나면 다같이 병정(丙丁)의 화(火)를 뚫고 나온다。그 달중에 무토(戊土)를 생한다。시 또한 인(寅)에 귀록(歸祿)한다。〈갑인(甲寅)은 건록(建祿)이다。갑(甲)에서 인(寅)을 보라。〉그러므로 재왕(財旺)하는 것이다。그리하여 갑목(甲木)의 몸도 또한 왕(旺)한다。(목(木)은 토(土)로서 생육함)、어릴때에 무오(戊午)、기미운(己未運)에 가고 돌아서 신유운(辛酉運)〈정관(正官)〉에 가면 곧 관성(官星)을 보아 흉이 된다。임술운(壬戌運)은 임(壬)의 극(剋)인 병(丙)에 있고、이것이 상관식신(傷官食神)에 해당한다。관을 잃고 재(財)를 지나므로 사상(死喪)하여 집을 합하는 것이 된다。그해는 五十九세이다。계해(癸亥) 신왕(身旺)의 운에 들면 조금 안일(安逸)한다。그해는 六十五세이다。임진년(壬辰年)에 이르러 죽는다。

초운은 상관재(傷官財)를 보는격、무토(戊土)를 잡아 재(財)로 함、그러므로 오사미(午

巳未) 三운에 크게 왕(旺)하여 토(土)를 생함、그러므로 재의 인수(印綬)가 되나 그러면서 수(水)가 화(火)를 충(冲)함을 꺼린다。 해(亥)중에 또한 임수(壬水)가 있어、 임진(壬辰)은 임수(壬水)를 뚫고나아가고 운가운데、 명가운데에 본래 부터 진(辰)이 있다。 죽음을 의심할 여지가 없다。 보통 상관(傷官)이 재(財)를 보는 격은、 관성(官星)을 봄을 겁내고、 그저 재(財)를 봄을 좋아한다。 크게 임수(壬水)의 화(火)를 극하는 것을 꺼린다。 즉 화(火)는 갑목(甲木)의 토재(土財)를 생할수가 없기 때문이다。

명식(命式)〈현〉 내상(內相) 安達謙藏씨〉

서기 一九六八년 十월二 十三일 오후 二시생

正財(정재)	甲子年	病(병)
偏財(편재)	乙亥月	死(사)
(戊印綬)(무인수)	辛巳日	長生(장생)

偏財(편재) 乙未時 養(양)

△이 시간은 처음 아이가 계집아이 인것과、 재성(財星)이 많으면 관성(官星)을 보지 않는 것이 좋은 것이므로 그렇게 추정(推定)한 것이다。 그 예는 다음에도 말한다。

○육신일(六辛日) 三十六일간 중에、 실제로 보아서 을미시생(乙未時生)이라고 생각된다。 이명(命)은 월령이 금기(金氣)에 통하여 재왕(財旺)하여 관(官)을 생하여 귀를 이루는 것이다。 해미(亥未)는 목국(木局)하므로 이것도 재(財)가 됨。 재왕(財旺)하여 관(官)을 생하므로 대귀(大貴)를 이룸。 이 명(命)은 관위(官位)를 얻지 못하면 부유(富有)한 사람이 된다。

명식(命式)△궁내성(宮內省) 내장두(內匠頭) 白根松介▽(남)

서기 一九八六년 十월 三十일 오후 一시생

正財 丙戌年 墓(묘)

正官 戊戌月 墓(묘) 〰〰〰 戊(무)癸(계) 간합(干合)하여 화국

戊正官 癸亥日 建祿(건록)
正財 戊午時 帝旺(제왕) ～～ 정재(火局正財)가 됨

순(順) 二년운 공망(空亡) 자축(子丑)

이명(命)을 현무당권격(玄武當權格)으로 한다。 임계(壬癸)로서 인오술화국(寅午戌火局)을 만나는 것이다。 지(支)에 충(冲)이 없으면 청귀(淸貴)하고 황가(皇家)를 보좌하는 한 노신(老臣)이 된다。

간합화국(干合火局)이 제왕(帝旺)의 향(鄕)에 임하고 있는 것이다。 관성(官星)있으나 간합(干合)하고 있으므로、 관성(官星)이 전혀 없는것과 같으며、 그러면서 관(官)은 청귀(淸貴)하다。 대운이 동남땅에 이르면 발복한다。

四十二세	戊午	正官(정관)	絕(절)	
四十四세	己未	偏官(편관)	墓(묘)	(南方土)(남방토)
四十六세	庚申	印綬(인수)	死(사)	

경오인수(庚午印綬)때에 내장(内匠)〈内職名〉이 되었다。十년후에는 또 일대 약진을 한다。이와 같이 남자에 정재성(正財星)만이 몰여도 흉하지는 않다。도리어 대귀를 이루고, 또 정재성(正財星)이 건왕(建旺)한 것은 부잣집에 태어난다。재성이 건왕(建旺)하지 않는 사람은 빈한한 집에 태어난다。

명식(命式)〈실업가 三浦良治씨〉

서기 一九八六년 五월 三일 오전 七시반생

正財(정재)	丙戌年	冠帶(관대)	
劫財(겁재)	壬辰月	墓(묘)	
(戊正官)(무정관)	癸亥日	建祿(건록)	○戊癸暗合(무계암합)함
正財(정재)	丙辰時	冠帶(관대)	

순(順) 구년운 공망(空亡) 자축(子丑)

○이 사람은 월급 二十七원에서 이리저리하여 얼마동안에 지금은 五十만원이나 가진 자산가(資産家)이다。 二十七원 시대에는 출근전 三十에 출근하고、시간후에는 소사 및 야근(夜勤)하는 공장의 사람들과 같이 八시 九시까지 일하고、뽑히어서 간부가 되고、뒤에 지배인(支配人)이 되었으며、중역(重役)이 되고 하여、얼마사이에 일류 실업가의 줄에 끼이게 된 것이다。

○그것도 계일(癸日)에다 병진시(丙辰時) 생은 진(辰)의 고(庫) 가운데에 재관(財官)의 별이 있고、인수(印綬)의 운을 만나면 이 고방(庫)의 열쇠가 열리어 귀복의 운이 그 몸에 주어지기 때문이다。 지금 九년식의 대운을 보면、

九세	壬임 辰진	劫겁 財재	養양
十八세	癸계 巳사	比비 肩견	胎태
二十七세	甲갑 午오	傷상 官관	絶절
三十六세	乙을 未미	食식 神신	墓묘

四十五세　丙申　正財　死

五十四세　丁酉　偏財　病

○二十八세의 식신운(食神運)에서 개운하여 四十五세까지 점점 뻗어 일대자산을 만들었으며 더욱이 四十四세 때에는 기(己)의 편관칠살(偏官七殺) 뻗히고, 그것을 누르는 것이 없었으므로, 사업과함께 일신상에 무너져 않음을 가져왔다。 그리하여 四十六세는 편재(偏財)가 화(火)를 극하는 운에 들어 가는 것이나 세운(歲運)은 신(辛)의 편인(偏印)이 되므로 편인(偏印)〈어머니〉의 묘운(墓運)에 이르러 어머니를 잃었다。 이명(命)은 또 처첩(妻妾)이 있는 명(命)과 같으나 〈겁재(劫財)가 있으므로〉 무(戊)의 정관(正官)이 이를 극(剋)하고 있으므로 가문의 흐트러 짐은 없다。 이명(命)은 청고(清高) 복록(福祿)의 명(命)이다。

위의 「三浦」씨의 장남

서기 一九一五년 九월 十五일 오후 四시생

偏官　乙卯年　帝旺 ○卯와酉는 충(冲)함。

偏官(편관) 乙酉月 絶(절) ○酉、酉는 스스로 형(刑)함。

(庚傷官)(경상관) 己酉日 帝旺(제왕)

正財(정재) 壬申時 長生(장생) ○酉申 다같이 금(金)이다。

○편관(偏官)은 유(酉)가운데의 경(庚)과 합하여 칠살(七殺)이 되지 않고, 그러므로 흉은 없고, 즉 월령이 힘이 있어 임(壬)에 왕(旺)함, 기(己)의 토(土)가 있어도 허(虛)이다。

○이명(命)은 소위 상관(傷官)에게 상한 것이다。 그러므로 재(財)를 생하여서 길록(吉祿)이 높고, 재(財)가 두터우며 일생동안 의록(衣祿)에 부족 함이없고, 만년에 귀복을 누릴 명이지만 형제에는 인연이 엷고, 또 남자 아이를 얻기 어렵다。

명식(命式) <전 농업상(農業相) 山本悌二郎씨>

서기 一九七〇년 一월 十일 (음력) 시간 불명

劫財(겁재) 庚午年 帝旺(제왕)

印綬(인수) 戊寅月 長生(장생)

(甲正財)	辛	丑	日	墓
偏印	己	亥	時	沐浴

○六 신일(辛日) 중、신묘시(辛卯時)〈오전 五시ㅡ七시〉이면 부귀의 명(命)을 이루고、기해시(己亥時)〈오후 九ㅡ十一시〉이라면 인월(寅月)이므로 비천록마(飛天祿馬) 격이 되나 이것은 생시에서 충(沖)하는 것이 된다。해(亥)와 인(寅)은 합하고、거기다 축자(丑字)가 있어 길이다。년운은 순(順)의 매년운이다。그러므로 서기 一九三一년에 六十二세는 아래와 같이 되어 있다。

大運	癸	卯	偏印	絶
歲運	丁	酉	偏官	建祿
流年	辛	未	比肩	衰

원래 해인(亥寅)의 합국은 화국(火局)이되고、 이것이 신(辛)의 정관(正官)이 되므로 대귀(大貴)를 얻는 것이나、 대운은 계수(癸水)이고 이 수(水)에서 다소 정관(正官)을 극(尅)하므로 좋지 않다。 세운(歲運)의 정편관(丁偏官)도 수(水)로 부터 제(制)를 받으나 이것은 제(制)를 받지 않으면 칠살(殺)이 되기 때문에 제(制)함이 좋으나、 계수(癸水)를 만나서는 한편의 정관(正官)이 좋은 움직임을 하지 못하므로 성대(盛大)한 운이 되지 못한다。 유년(流年)은 또 비견(比肩)이다。 다른 사람과의 분리 독립등이 있을 때이고 고립하기 쉽다。 서기 一九三三년은 대운인수(大運印綬)가 되나 세운(歲運)은 경(庚)의 겁제(劫財)가 되어 재성(財星)이 많이 몸에 모이므로 갑목(甲木)의 정재(正財)를 극하는 것이된다。 또 유년(流年)은 수(水)의 상관(傷官)이다。 상관(傷官)은 계집아이나 또는 조모가 있으면 이를 극(尅)하는 것이되고、 멀리 또 화(火)의 정관(正官)을 넘어뜨리므로 이것도 좋지않다。 따라서 서기 一九三三년에도 또한 대귀(大貴)를 얻지 못한다。 三四년은 식신(食神)、 三五년은 정재(正財)이고 이때는 대운 신비견(比肩)이 되므로、 운기가 향상하는 시기에 접어들고 三五년을 지나고、 三七년 그러니까 六十八세내지 七十세가 되면 식신정재(食神正財)이고 이 목(木)으로부터 화(火)의 정관(正官)을 일으키므로 만년기의 성대운이 오는 것이나 그 사이 한번 겹재(劫財)로서 도기(盜氣)의 운을 지나므로 잘못하면 자산을 잃는 것이 된다。

편재(偏財)〈아비(父)를 극함〉

갑(甲)에 무(戊)를 봄은 편재(偏財)이다。

을(乙)에 기(己)를 봄은 편재(偏財)이다。

병(丙)에 경(庚)을 봄은 편재(偏財)이다。

정(丁)에 신(辛)을 봄은 편재(偏財)이다。

무(戊)에 임(壬)을 봄은 편재(偏財)이다。

기(己)에 계(癸)를 봄은 편재(偏財)이다。

경(庚)에 갑(甲)을 봄은 편재(偏財)이다。

신(辛)에 을(乙)을 봄은 편재(偏財)이다。

계(癸)에 정(丁)을 봄은 어느 것이나 편재(偏財)이다。

편재(偏財)는 양(陽)의 재(財)를 보고, 음(陰)으로서 음의 재(財)를 보는 것이다。 편재(偏財)는 여러 사람의 재(財)이다。 그저 형제자매가 이것을 뺏음이 있으면, 곧 복을 지키기 어렵고、 비견〈(比肩) 겁재(劫財) 패재(敗財) 있음은 대흉이다。〉 만일 관성(官星)이 있으면 화환(禍患)이 백출(百出)한다。 편재(偏財)는 내는 것을 좋아하고、 감추는 것을 겁내지 않으며、 그저 나누어 뺏는 것을 겁낸다。 도리어 공망(空亡)한다。 한가지 여기 있으면 관(官)은 마땅하게 이루어지지 않고、 재(財)도 또한 없으며、 어려운 구비를 지닌채 일생을 처량한 속에 지내는 사람이 된다。 재(財)가 약하면 재(財)가 왕(旺)하는 향(鄕)에 이르러 비로소 번영한다。 편재(偏財)가 성(盛)하면 살곳이 도리어 묘하지 않다。 그리고 신세의 힘 없음을 겁낸다。

편재(偏財)의 별의 주인은 틀이 크고 확근하여 매우 재물을 아끼지 않고 어떤자리에 머무름이 없다。 재(財)가 풍부하며 또 관(官)도 왕(旺)한다。 무엇이라 말해야 할지 아뭏든 재(財)가 성(盛)하면 스스로 관(官)을 생함、 그러나 편재(偏財)는 사람됨이 유정하면서 거짓이 많고、 재를 잘 다루고、 또한 이기심(利己心)이 깊고、 또 다른 사람의 비방(誹謗)을 잘 가져오고 운행 왕상(旺相)하면 복록이 함께 온다。 그저 대왕(大旺)을 겁낸다。 형제〈비견(比肩) 겁재(劫財) 패재(敗財)〉는 파괴(破壞)는 많고、 사물이 이루어지지 않고 가산(家產)이 연기로 변한다。 재(財)가 많으면 좋고 재(財)와 나의 일간(日干)의 강약을 볼 것이다。 관

(官)에 가는 향(鄕)에 록(祿)을 발한다。 만약 재(財)가 왕성(旺盛)하면서 몸이 약하면、관운이 향에 이르고、이미 재(財)의 도기(盜氣)를 입고 또 관이 몸을 극함을 만나 그저 발록(發祿) 못할뿐만 아니라、또한 화환(禍患)이 몸에 이름을 막지 않으면 아니된다。 사주중에 만약 관성(官星)을 띠는 사람이 있으면、이것은 좋은 이름을 이루나 사주중에 형제의 별이 출입하면、가령 관향(官鄕)에 이르러、이미 재(財)의 도기(盜氣)를 입어、또 관이 몸을 극함을 만나、발록 함에 그칠것이 아니라、또 화환(禍患)이 몸에 미침을 막지 않으면 아니된다。 사주중에 만약 관성(官星)을 띠는 것이 있으면、이것은 좋은 명을 지니나、사주중에 형제의 별이 출입하면 가령 관향(官鄕)에 이르나 발록은 견잡을 수 없다。 그러므로 요는 그 변통(變通)을 알자는 것이다。

명식(命式)〈제차왕(製茶王) 大谷嘉兵衛씨〉

홍화(弘化) 원년 十二월 十二일

比肩(비견) 甲辰年 衰(쇠)

傷官(상관) 丁丑月 墓(묘)

(辛正官) 甲 辰 日 衰

偏財 戊 辰 時 冠帶

순(順) 九년운 공망(空亡) 인묘(寅卯)

○「伊勢松坂」라는 곳에 「吉兵衛」라는 이의 五남으로 태어나서、소년시대는 목도채를 짊어지고 고기팔러다니었고、문구(文久) 二년、十八세로「요꼬하마」에 나가、一九七二년 二十七세때「요꼬하마」에서 제차개량(制茶改良)회사를 일으켜서 마침내 일본의 제차왕이 되었다。大谷씨의 조직은 위와 같다。

○갑진일(甲辰日)로서 상인(商人)으로 발재(發財)하는 사람은 무진시생(戊辰時生) 밖에는 없다。이것은 책뒤에 있는 생시단과(生時斷課)에도 가리키는 바와 같이 무진(戊辰)은 천재고(天財庫)에 있고、진(辰)중에 수국자생(水局滋生)하여 월기(月氣)에 통하고、진(辰)중에는 계무(癸戊)가 있어 화국(火局)하므로 재를얻고、전원광성(田園廣盛)하고、또한 수(水)의 자생(滋生)에 따라서 인수(印綬)를 생하므로、명성 또한 작작하여 들리는 것이다。

그리하여

十八세때에는

○대운(大運)은 무인(戊寅) 편재(偏財)의 건록(建祿)에 있고、즉 스스로 발하여 나의 운을 세울 때이다。

二十七세는

○기묘(己卯)、정재(正財)、제왕(帝旺)에 있고、재록(財祿)을 얻는 기초가 됨과 같이、정처(正妻)도 얻은 때이다。

○그러면서 이명(命)은 신왕(身旺)하므로써 六十三세 계인수(癸印綬)의 해에 이르기까지 운기가 성속(盛續)하고、六十四세이후 을(乙)의 패재(敗財)에 이르러 재(財)의 분탈(分奪)을 만난 것이다。

명식(命式)<실업가 中上川三郞씨 二남>

서기 一九二四년 三월 二일 오후 五시생

偏(편) 財(재) 甲子年 胎(태) ～～

偏官(편관)	丙寅月	長生(장생)
(甲偏財)(갑편재)	庚辰日	冠帶(관대)
偏財(편재)	甲申時	絶(절)

子辰申 수국(水局)하여 갑목(甲木)을 생함, 단, 달(月)에 병화(丙火) 있어 좋지 않다.

○이와 같이 편재성(偏財星)이 있는 조직은 어떠냐 하면, 격(格)에 들어 대길이지만, 단지 병화(丙火) 있음으로써 흉으로 한다. 인상(人相)을 말하자면 눈이 크고 애교가 있고, 어떤사람에게도 사랑받고, 또 다소의 「유—모어」가 있다. 망망하여 걷잡을 수 없을 것 같으면서도 요령이 있고, 사물에 거리낌이 없고, 언제나 입가에 미소를 띠고 어떠한 사람도 끌어당기는 힘이있다. 어려서 부터 이미 그러하다. 생장하면 여성의 매력 실로 짐작할만하다

○이격은 소위 정란차격(井欄叉格)에 들어도 화(火)가 있어 깨트려진다. 그러나 귀록대재(歸祿帶財)이므로, 재록이 서로 도와서 장래 홍업계 그 밖에 이와 비슷한 업에 발전하는 것이다.

○이격은 소위 신(神)에도 내 마음에도 성냄이 없는 참으로 천진란만한 성격이다. 일본의 「토—키」영화의 제작자, 「皆川芳三」씨도 또한 이격이다. 또 귀격의 하나이다.

명식(命式)〈新宿割烹店安田興吉씨〉

서기 一九八九년 十二월 十八일

敗財(패재)	己丑年	養(양)
偏印(편인)	丙子月	胎(태)
(癸正財)(재정재)	戊辰日	冠帶(관대)
食神(식신)	庚申時	建祿(건록)

○子辰甲 수국(水局)하여 편재(偏財)가 됨。

○이명(命)은 신왕(身旺)이다。 이것도 정난차격(井欄叉格)이므로 대길하나、 병화(丙火)가 있어 깨어진다。 그러나 보통이상의 길명(吉命)이다。

○「신주끄」 역전에 당당한 「割烹店」을 경영함도 말하자면 이 사주조직으로 인한 것이다。 「安田씨」는 그때까지 양품상이 었는데、 「高木乘」이 가상(家相)을 보고부터 친하게 되었다 비록 화(火)의 파(破)가 있다고는 하여도 남자로서 이만한 조직을 가진것은 좋은 것이다。 씨는 이 밖에 「安田빌딩」 및 음식점을 가졌고 五、六개 사업에 관계 하고 있다。

명식(命式)〈의학박 사영(令息) 공학사(工學士)〉
서기 一九〇五년 八월 六일 생시불명〈음간(陰干)재관인(財官印) 있는 명〉

偏官(편관)	乙巳年	帝旺(제왕)	(胎)(태)
偏財(편재)	癸未月	冠(관)	(墓)(묘)
偏印(편인)	戊丁 巳卯	病(병)	(沐浴)(목욕)

역(逆) 매년운 공망(空亡) 申酉

○서기 一九三〇년은 대운 무(戊)의 겁재(劫財)가 됨。즉 생월의 계(癸)로부터 꺼꾸로 일곱째、이것이 대운(大運)이다。유년(流年)은 경(庚)의 상관(傷官)、즉 생일인 기(己)에서 본다。

○四월 상관(傷官)의 달에 결혼을 정하고、六월 신(辛)、식신(食神)의 달에 결혼을 정하고 六월 신(辛)、식신(食神)의 달에 식을 올림。

○대운이 겁재(劫財)이므로 정재(正財)의 자격있는 순수한 부인을 취(娶)할 수가 없다。겁재(劫財)는 천재(賤財)이다。가령 부잣집에 났다고 하여도 천명(賤命)의 부인을 취(娶)하게 되는 것이다。

○「高木乘」은 그 결혼에 따라서 판단을 내린다。흉이란 것을 믿고서 결혼함、그 부인은 몸이 살이쪘고、색이검고、얼굴이 크고、머리가 엷고、눈이작으며、코가낮고、보통이하의 못난 얼굴이다。

○七월에 이르러 잉태 함과 동시에 그처는 늑막염(肋膜炎)에 걸리고、모체를 도우기 위해 인공출산을 시킨다。낳는 아기는 남녀를 알 수 없으나、위의 사주에서 보면 생시는 절기사묘(絶氣死墓)의 운이 되어 있을 것이다。즉

오후 七시생、병술시(丙戌時)、인수의양(印綬의養)일 것이다。(丙의 戌은 묘(墓)가 됨)。

이 조직을 다시 적어 본다。

偏官(편관) 乙巳年 帝旺(제왕) (胎)(태) ﹏

偏財(편재) 癸未月 冠(관) (墓(묘))

偏印(편인) 人乙己卯時 病(병) (沐浴(목욕))

星主印綬(성주인수) 丙戌(병술)時 養(양)

未卯 목국(木局) 정관(正官) 제(第) 분가(分家)하여 一가를 이룸、 시상인수격(時上印綬格)은 아니다。

○아우는 양자(養子)가 되어서 천하지명(天下知名)인 사람의 뒤를 이음。

○아비는 편재(偏財)이다。 이 수(水)로부터 묘성(卯星)인 아비를 극함、 그러므로 본인은 물론、 그 어머니도 아버지에 대하여는 절대 복종한다。

○본인은 온화(溫和)하고、 정재(正財) 없이 편재(偏財)가 있으므로 양처는 얻기 어렵고、 또 사주중에 금기(金氣)가 적어 자력으로서 재산을 모으는 힘이 적고、 부모의 뒤를 잇고 유산을 받드러 먹고 입을 뿐이다。

○형체(形體)가 아버지를 닮았고、 정신을 옛풍을 지닌 어머니를 닮았으며、 인수일간(印綬日干)에 왕(旺)한 때문이다。 그리하여 아버지는 신(辛)、 식신(食神)이다。 그러나 이 사주에는 금기(金氣)가 부족하다。 이는 형체(形體)의 강건(剛健)하지 못한 증거이다。 (五행가운데 그 한가지 부족은 곧 형체의 부족이다。)

그 처(二十三세)는 아직도 완쾌되지 않고, 있으며, 또 부자간이 원만 하지 못하고 자칫하면 그 처를 둘러싸고 말성이 일어나고 있다。 명년 一월경 연분이 끊어질 근심이있다。 (명년 一월은 그 비견(比肩)이 됨。 비견(比肩)은 부모와의 분리(分離) 다음은 공망(空亡) 신(申) 유(酉)이다。)

식신(食神)

갑(甲)에 병(丙)을 봄은 식신(食神)이다。

을(乙)에 정(丁)을 봄은 식신(食神)이다。

병(丙)에 무(戊)를 봄은 식신(食神)이다。

정(丁)에 기(己)를 봄은 식신(食神)이다。

무(戊)에 경(庚)을 봄은 식신(食神)이다。

기(己)에 신(辛)을 봄은 식신(食神)이다。

경(庚)에 임(壬)을 봄은 식신(食神)이다。

신(辛)에 계(癸)를 봄은 식신(食神)이다。

임(壬)에 갑(甲)을 봄은 식신(食神)이다。

계(癸)에 을(乙)을 봄은 모두 식신(食神)이다。

식신(食神)은 나를 생하는 재신(財神)의 이름이다。갑일의 목(木)을 대하여는 병(丙)은 식신(食神)이다。이름하여 도기(盜氣)라고 말한다。그러므로 식신(食神)이라 부르는 것이다。(목생화)。병(丙)은 나의 무(戊)중의 식(食)에 따라 생함(화생도)、그러므로 이 이름이 있다。명(命)중에 이것을 띠면、주인의 재(財)가 두텁고、식(食)은 풍부하고、복장이 크고 넓으며、몸이 비대하고 좋고 유유자적 한 것이다。자식이 있고、수명도 길며、언제나 정관(正官)을 봄을 기뻐하지 않는다。특히 도식(倒食)〈편인(偏印)〉을 꺼린다。그 식신(食神)을 상함을 겁낸다。재신(財神)과 상생함을 좋아한다。식신(食神)은 한사람에 한자리 이것을 봄은 곧 복인(福人)으로 한다。그러면서 마침내 맑지 않고、도리어 신왕(身旺)을 기뻐하고 인수(印綬)를 기뻐하지 않으며、또 그 식신(食神)을 깨트림을 겁낸다。만일 운지(運地)를 얻으면 곧 말복한다。식신(食神)은 대개 재(財)와 서로 닮은 것이다。가령

명식(命式)

食神(식신) 己未年

食神 己巳月

丁未日

偏財 辛丑時

이와 같이 정일(丁日)에 기(己)를 봄을 식신(食神)으로 한다。 축(丑)과 사(巳) 또는 식을 일으켜서 금국(金局)의 재(財)를 얻는다。 또 신약(身弱)을 좋아하지 않으며 그러므로 관성(官星)있으면 또 수명이 있다。

명식(命式)

食神 乙巳年

食神 乙酉月

癸酉日

食神 乙卯時

이와 같은 것은 세가지의 식신(食神)을 본다。 기유축(己酉丑)도 또한 국(局)하여 인수(印綬)가 된다。 (庚)、을(乙)과。 (庚)을 합하여 상관(傷官)으로 화(化)한다。 금국(金局)하여 와서 을(乙)의 목(木)을 극하고、 다시 三의 을목(乙木)과 인수(印綬)가 왕(旺)하여서 나의 관(官)∧토∨를 극함、 그러므로 이 사람은 한평생 명리(名利)를 이루기 어려운 명이다。

명식(命式)∧자작(子爵) 澁澤榮一 씨∨

천보(天保) 十一년 一월 十三일 정오생일 것임。

편관 偏官	庚子年	태 胎
편관 偏官	戊寅日	장생 長生
병식신 (丙食神)	甲辰日	관대 冠帶
편관 偏官	庚午時	목욕 沐浴

순(順) 七년운 공망(空亡) 寅卯

○寅午火국(局)함。 즉 식신(食神)

○子辰 수국(水局) 즉 인수(印綬)

○「澁澤」씨에게는 자식이 많다。 그러나 아이들은 발달 하지 못한다。 또 六갑일중에 경오시

(庚午時)의 춘월에 난 아이가 아니면 장수(長壽)도 못한다。그러므로 이 시간을 상상한 것이다。

○식신(食神)은 나의 재신(財神)이라고 앞서 말하였다。이것이 조금도 해(害)를 받지 않았으므로 복(福)을 이루고、또한 장수(長壽)하는 것이다。七년운이므로 七十세 이후는

七十七세까지 戊무 偏편 財재

八十四세까지 己기 正정 財재

九十一세까지 庚경 偏편 官관

九十八—까지 辛신 正정 官관

가 된다。서기 一九三一년 三一년 더욱이 三一년이 흉이 되는 해이다。이것은 금(金)에서 생하는 수(水)가 병(丙)의 식신(食神)을 생하기 때문이다。(이 책을 인쇄중 三一년 十一월 十一일 돌아가심。향년 九十二세)

명식(命式)〈식신생재(食神生財)의 격〉

서기 一八九六년 七월 四일 오전 五시생(여)

偏財 丙申年 絕

食神 甲午月 死

(丁正財) 壬午日 建祿

比肩 壬寅時 病

○午寅 화국(火局)합。

○이것은 국민동지회장 「武藤山治」씨의 장녀로서 「中上川三郞」씨의 부인이다。 「中上川」씨는 귀록시격(歸祿時格)을 가지는 귀명이고、부인도 또한 정화(丁火)의 정재(正財)、식신(食神)에 통하고、재록(財祿)이 아름답고 또한 년상의 신금수(申金水)를 생하고、식신(食神)이 생장하고、관성(官星)이 한점 없으므로、신왕(身旺)하여 남편을 도웁고、또 이들에게 태극인(太極人)、천주인(天廚人)등의 귀성(貴星)을 따라서 복수(福壽)을 이루는 것이다。 지(支)에 사(死)、절(絕)과 묘(卯)의 별이 있으나、남자는 흉하지만 여자는 흉이 아니다。 여자는 원래부터 별의 약함을 좋아하기 때문이다。

○**식신**(食神)이 재(財)를 생하고 〈갑목(甲木)의 병정화(丙丁火)를 생함과 같은〉 여명귀격

(女命貴格)의 하나이다。

도식(倒食)

도식(倒食)은 편인(偏印)이다。 十간(干) 어디에도 있다。 재신(財神)을 충(冲)한다。 일명 도살(倒殺)이라 한다。 재신(財神)을 써서 이것을 보는 것을 크게 꺼린다。 식신(食神)을 쓰면서 또한 이것을 봄을 꺼린다。

도식(倒食)은 갑(甲)의 임(壬)을 보는 유이다。 갑(甲)은 병(丙)으로서 식신(食神)이라 한다。 능히 토(土)의 재(財)를 생한다。 그런데 사주에 임(壬)이 있으면 와서 병(丙)의 화(火)를 극함、 병화(丙火)는 갑목(甲木)의 토재(土財)를 생한 수 없다。 즉 도식(倒食)되는 것이다。 그러므로 사주 중에 이 두가지를 띠면 복이 얕고 수명도 짧다。 또 경(庚)의 살(殺)을 보면 병정(丙丁)의 화(火)가 이것을 막는다。

그러므로 목(木)을 면하면 도리어 화(禍)를 미친다。 보통 명중에 편인(偏印)의 별이 있는 것은 오히려 존장이 내몸을 막음과 같이、 자유를 얻지 못하는 것이다。 하는일에 진퇴에 거리낌이 많고、 처음은 있고 끝은 없고、 재원(財源)이 잘 이루어지고 잘 깨어진다。 용모가 삐뚤고 몸이 작으며 담이 작고 겁이 많아 백가지일을 할 수 없는 운을 가지는 것이다。

명식(命式)

偏印(편인) 丁未年
偏印(편인) 丁未月
　　　　 己亥日
偏印(편인) 丁卯時

이 명(命)은 기해일(己亥日)、기해의 위에 임하고 몸은 해(亥)를 당하여 약하여진다。더하기를 해묘미(亥卯未) 목국(木局)하여 몸을 망친다。년월시의 四의 정(丁) 편인(偏印)이 뚫고 나온다。어려서 남방의 운에 가면、화(火)에 따라 토(土)를 생하고、몸 또한 왕(旺)한다。을기(乙己)의 운에 가면、을의 칠살(殺)을 이루고、해묘미(亥卯未)의 목국(木局)을 끌어내서、세운이 계해(癸亥)의 때에 마침내 죽는바가 되는 것이다。이명은 그저 도식(倒

食) 칠살(殺)의 화(禍)뿐이 아니다。 계해년(癸亥年)은 또 인수(印綬)를 깨트린다。 (수극화) 또

(명식)命式

比肩(비견) 甲戌年
食神(편식) 丙寅月
　　　　　 甲戌日
偏印(신인) 壬申時

이명은 갑술일(甲戌日)은 병(丙)의 식신(食神)이다。 인일(寅日)중에 생하면 갑목(甲木)을 왕(旺)한다。 이것도 귀명(貴命)이다。 시상의 임신(壬申)은 그 병화(丙火)를 깨트린다。 신(申)의 금(金)은 또 목(木)의 인(寅)을 충(冲)함、 또 신(申)중에 경(庚)의 칠살이 있고、 그러므로 명리(名利)가 이루어짐이 없고、 기사운(己巳運)의 금(金)이 생하는 곳에 이르러、 경자년(庚子年)을 만나고、 경칠살(庚七殺)을 이루고 또 자(子)를 보면 수(水)에 따라서 비명

(非命)에 죽는 것이다。

명식(命式)△賣勳事件의「天罔直嘉씨」▽

서기 一九八○年 十二월 十七일(오전 七시경이리라)

比肩(비견)	庚辰年	冠帶(관대)
偏印(편인)	戊子月	月胎(월태)
(壬食神)(임식신)	庚辰日	養(양)
比肩(비견)	庚辰時	養(양)

○子辰 수국(氣局)하나、辰에 辰이 겹쳐지는 자형(自刑)이다。이것을 힘(勢)을 믿는 형(刑)이라 함

○괴강(魁剛)

순(順) 六년운 공망(空亡) 신유(申酉)

○「天罔」씨의 경력 및 그 경로(經路)로 미루어 보아도 이사간이라 상상함。 六경일(庚日)중、형(刑)을 생하는 격은 이밖에 없다。

○이 조직은 해도 달도 시간도 괴강흉성(魁剛凶星)이다。그러나 사주에 재관(財官)이 없고

무(戊)의 화국(火局)하는 것도 없으며, 괴강(魁剛)도 발하면 복귀(福貴)함이 있으나 일단 흉을 가져온다면 헤아리기 어려울만한 것이있다。

괴강일(魁剛日)에 겹쳐지면 복을 가져오고, 귀한몸에 이상한 것도 있겠으나, 귀신(鬼神)이 또한 그의 곁에선 것과 같으므로, 일단 귀신이 성을 내면 당장에 그 몸을 망침에 이르는 것이다。

○괴강(魁剛) 있는 것은 권(權)은 있어서, 심성이 오직 강하기만 하여 다른 사람의 멀리함을 당하는 일이있다。 더욱이 진(辰)과 진(辰)이 있는 것은 갑자기 마구 내달려 자기의 위치, 사회를 돌아보지 않는 사람이 많다。「天岡」씨의 이때까지의 경로는 꼭 여기에 맞다。

○운세는 六년마다 변화하고, 四十八세까지는 무난 하나, 四十九세지나 병칠살(殺)이 되면 이 흉성(凶星)이 활동하여 대흉(大凶)을 일으키는 것이다。

六、八ㅡ四十八세　乙未　正정財재

六、九ㅡ五十四세　丙申　偏편官관

칠살(殺) 편관(偏官)인 위에 신(申)의 공망흉살년(空亡凶殺年)이다。 서기 一九二九년은 기인수(己印綬)이나, 세운은 갑오정재(甲午正財)의 목욕(沐浴)이다. 오(午)는 또 화(火)이다. 병칠살(丙七殺)의 위에 이 화(火)를 더함, 즉 화(火)의 형(刑)에 걸리어 마침내 옥중의 사람이 되었든 것이나, 더우기 힘이 거기에 이르른 가장 큰 원인은, 자신뿐만 아니라. 주위의 처자도 또한 사회도 생각하지 않는 마구내닫는 괴강흉성(魁罡凶星)이 있고, 더하기를 도식(倒食)의 별이 있어 이것을 극하는 갑을(甲乙)의 별이 없는 것이다.

명식(命式)〈藤田謙一씨〉

서기 一九七三년 一월 五일(오후 七시경이리라)

正官	壬申年	死(사)
偏官	癸丑月	冠帶(관대)
(乙偏官)	丁巳日	帝旺(제왕)
食神	己酉時	長生(장생)

○丑巳 금국(金局) 정재

순(順) 九년운 공망(空亡) 子丑

○귀족원의원(貴族院議員) 「도오꾜오」 상공회의소 회두(會頭)로서 배임죄를 범하여 지금재판중이다。 이것을 대운(大運)으로 보면,

五十四세 戊 午 傷 官 建祿

六十三세 己 未 食 神 冠帶(大運)

歲 運 甲 寅 正 官 死

流年 一九三〇년 경상관(庚傷官)이다。

즉 六十五세에서, 六十二세까지는 무오(戊午)의 상관(傷官)이 되는 것이다。 사주에 상관(傷官)있는 것은 정관운(正官運)에 대화(大禍)가 있고 사주에 정관(正官), 편관(偏官) 있는 것은 상관(傷官)때에 화해(禍害)가 있다。 그러므로 변통성상관(變通星傷官)의 항에도 상관(傷官)에 관을 봄은 화가 백가지로 이어진다고 적히어 있다。 상관은 또한 도기(盜氣)이다。 나의 몸의 세력이 새(漏)는 때이다。 그러므로 모르는 사이에 죄악의 구렁텅이에 빠져서 그 이름을 더럽히고, 그몸을 망치는 일이 되는 것이다。 六十二세까지는 이 운을 면키어렵다。 더욱이 서기 一九三一년은 임수(壬水)의 정관(正官)이 되어 一九三三년은 계(癸)

의 편관(偏官)이 되기 때문에 대흉이다。어느 사람이라도 사대에 정관(正官)이 있는 사람은 관(官)이 겹쳐질수를 주의하지 않으면 비록 과실이라 하여도 형벌(刑罰)을 면하지 못하는 일이있다。

상관(傷官)

갑(甲)에 을(乙)을 봄은 상관(傷官)이다。

을(乙)에 병(丙)을 봄은 상관(傷官)이다。

병(丙)에 정(丁)을 봄은 상관(傷官)이다。

정(丁)에 무(戊)를 봄은 상관(傷官)이다。

무(戊)에 기(己)를 봄은 상관(傷官)이다。

기(己)에 경(庚)을 봄은 상관(傷官)이다。

신(辛)에 임(壬)을 봄은 상관(傷官)이다。

임(壬)에 계(癸)를 봄은 상관(傷官)이다。

계(癸)에 갑(甲)을 봄은 어느 것이고 상관(傷官)이다。

상관(傷官)은 그 털신(驗神)과 같다。 상관(傷官)은 모두 상(傷)함이 좋고、 모두 상하지 않으면、 관성(官星)이 와서 왕(旺)에 승(乘)할때 그 화(禍)는 말할 수 없는 것이 있다。 상관(傷官)에 관성(官星)을 보면 화(禍)가 백가지로 이어진다。 월령이 상관(傷官)의 자리에 있고、 또 사주에 배합하면、 하는일이 모두 상관(傷官)자리에 있다。 또 신왕(身旺) 자리에 가면 참 귀인이다。

상관(傷官)은 주인이 피와 재주가 많고、 사물을 대하여 오만한기가 있고 언제나 천하 사람을 얕보는 생각이 있다。 귀인이라 하여도 이것을 꺼리고 여러사람도 또한 이것을 미워한다。 운一의 관성(官星)을 만나면、 화(禍)는 말할 수 없다。 혹은 길신(吉神)이 있으면 이것을 푼다。 반드시 신체에 상해를 남기는 것이다。 그렇지 않으면 운이 관성(官星)을 만나면 관위를 빼앗기는 일이 있다。 재신(財神)이 왕(旺)하지 않으면 이는 편안함을 얻을 수 있는 사람이다。

상관(傷官)은 원래 내가 그를 생한다는 것이다。 양(陽)이면서 음(陰)을 보고、 음(陰)으로서 양(陽)을 보는 것이다。 또 도기(盜氣)라 이름 붙인다。 인수(印綬)가 있어 사하여 버리면 한점도 남기지 못하고 〈인수(印綬)는 갑간(甲干)의 계(癸)로서 상관(傷官)은 정(丁)

계수(癸水)로 부터 정(丁)의 관(官)을 사라지게 함。함과 같은 것이다。〉신약(身弱)은 관성(官星)을 꺼리고、칠살(殺)〈편관(偏官)〉을 겁낸다。갑(甲)의 신관(辛官)을 씀과 같은 것이다。만약 정화왕(丁火旺)하면 잘 토(土)의 재(財)를 생함。가장 관성(官星)을 봄을 꺼린다。〈火生土로서 도기(盜氣)가됨。〉또 신왕(身旺)을 요함。만약 상관(傷官)이 상하지 못하고서 사주에 관성(官星)이 나타나고、세운(歲運)에 만일 관성(官星)을 보면 그 화(禍)는 말할수 없고 만약 상관(傷官)이 모두 상하여 사주에 한점 머무르지 않으면 또 왕운(旺運)에 가고、인수(印綬)의 운에 이르면 도리어 귀복을 가져옴。만약 사주의 상관(傷官)이 모두 상하였고 또 신왕(身傷)하면서 한점의 재성(財星)도 없으면 그저 빈박한 사람이된다。사주가 상관(傷官)을 만나면、재성(財星)을 봄이 가장 좋다。이것은 재(傷)는 관(官)을 잘 생각하기 때문이다。만약 상관격(傷官格)〈격국(格局)의 일은 아래에 있음〉을 쓰는 것은 지간세운(支干歲運) 다 같이 모두 관성을 보지 않는 것이 좋다。관성(官星)을 보는 것은 이것이 상관(傷官)、관(官)을 본다고 하고、화(禍)가 배출한다。상관격국(傷官格局)을 쓰는것은 재를 보아서 쓸 일이다。

상관(傷官)의 살(殺)은 심하고、칠살(殺)의 몸을 깨트림과 같은 것이다。생년상에 상관

(傷官)을 띠면 조업을 깨트리고, 부모가 갖지 못하고, 월상에 상관(傷官)을 띠면 형제를 갖지 못하고, 생시에 상관(傷官)을 띠면 자식에게 전해 줄것이 없다. 일에 상관(傷官)을 띠면 처가 갖지 못하고 그밖의 상관은 모두 상함이 좋고, 재(財)를 봄을 가한것으로 한다. 상관(傷官)의 흉이 가벼우면 벌칙, 중하면 형옥(刑獄)의 난이있다. 상관의 다툼이 있으면, 그 목숨을 부지하기 어렵다. 가령

명식(命式)

偏(편)印(인)	乙亥年	胎(태)
食(식)神(신)	己丑月	墓(묘)
	人亥日	建祿(건록)
正(정)財(재)	庚戌時	衰(쇠)

정(丁)은 임(壬)으로서 관(官)으로 한다. 축술(土) 상관(傷官)으로한다. 그리하여 이겨이 금고(金庫)이다. 또 시상에 경(庚), 자(字)가 있어 재(財)를 이룸, 이사람은 신유(由

酉)의 때에 이르면 뜻과 같이 행하여 지고、금기(金氣)를 벗어나면 마침내 죽는다。대체로 상(傷)하면 관성(官星)에 마친다。관운(官運)으로 말하면 재해가 연이어 일어난다。

상관(傷官)은 모두 상함이 좋고、재성(財星)을 봄은 길(吉)이지만 다른 관성(官星)을 봄은 흉이라는 것을 본문에서 말하였다。이밖에 생일의 여하에 따라 화토(火土)의 상관(傷官)、목화(木火)의 상관(傷官)、토금(土金)의 상관(傷官)、수목(水木)의 상관(傷官)등이 있으나 그 상설(詳說)은 명리학강좌(命理學講座) 가운데 실어두었다。이제 화토(火土)의 상관격(傷官格)을 가리킨다。

명식(命式)

문구(文久) 二년 五월 十三일 인시(寅時)〈생전근해우선사장(近海郵船社長「島村淺夫씨」〉

印綬(인수)	壬戌年	墓(묘)	
傷官(상관)	丙午月	帝旺(제왕)	○我午寅 화국(火局)하여 상관이 됨、未도 남방의

화(火)이다。

(丙傷官[병상관]) 乙未日 養(양)

正財(정재) 戊寅時 長生(장생)

순九년운 공망(空亡) 辰巳

이것은 화토(火土)의 상관(傷官)명이고、 그밖에 十八격중의 상관생재격(傷官生財格)이다。 격에 드는 것은 귀한 인수(印綬)가 있어 병상관(丙傷官)을 누루고、 모두 상한 것이다。 더욱이 인오술(寅午戌)은 또 화국(火局)하여 상관이되나、 화(火)는 생하여 무기(戊己)의 재가됨、 그러므로 화향재운(火鄉財運)에 들거나、 신왕(身旺)의 운은 대길이고 형충(刑沖) 및 도식(倒食)은 흉、 관성(官星)도 흉、 불길을 가져온다。

지금 이 년운을 보면、

丙 九세 比肩(비견) 長生(장생)

丁 十八세 食神(식신) 養(양)

변통성(變通星의) 작용

戊	二十七세	正정財재	胎태
己	三十六세	偏편財재	絕절
庚	四十五세	正정官관	墓묘
辛	五十四세	偏편官관	死사
壬	六十三세	印인綬수	病병
癸	七十三세	偏편印인	衰쇠

「島村」씨는 오랫동안 우선의 중역(重役)으로서 거이 그 자리가 흔들리지 않드니、六十二세때부터 근해우선(近海郵船)의 사장이 된 것이다。그것이 一九二三년의 대지진의 해이었다。그로부터 九년 운이므로 九개년 동안 같은 운수가 계속 되었는데、대운은 계(癸)의 편인(偏印)의 때이다。상관(傷官)에 편인(偏印)을 보는것도 흉、관운(官運)을 보는것도 흉이라고 본문에 말했다。一九三一년은 또 신(辛)의 편관(偏官)이고、병(丙)의 상관과 싸운다。(火극金)、그리고 또 신(辛)과 합하여 수(水)의 편인(偏印)을 더하게 한다。一九三一년 三

월 또 신월(辛月)에 이르러 병을 일으켜 五월의 계(癸)에 이르러 죽은 것이다。

○아이들은 여식을 만이로 열둘이나 있다。 병(丙)에서 재(財)를 생하기 때문이다。

명식(命式)

서기 一九〇四년 一월 二十七일 오후 二시생(남)

傷官(상관)	癸卯年
正財(정재)	乙丑月
(巳印綬)(사인수)	庚申日
傷官(상관)	癸未時

○乙庚 간합(干合)함 정재성(正財星) 간합(干合)함으로써 처에 사통(私通)하는 일이 있다。

역(逆) 七년운 공망(空亡) 子丑

○명은 상관(傷官)에 인수(印綬)가 있어 상하고、 다른데에 관성(官星)을 보지 않음、 재성(財星)뿐이므로 조금 좋은 운세이기는 하나 처에 사통(私通)의 일이 있다。 一九二九년

에 二十六세에 결혼은 하였으나 그자는 계집아이를 하나 낳자마자 친정으로 돌아가서 이혼하기를 원하고, 마침내 다음해 四월에 부부가 해어졌다。 정재(正財)가 생일이외의 간(干)에 합하면 그자는 다른 남자의 씨를 잉태하고서 시집을 온 것이 된다。 결혼하고서도 자주 친정에를 갔던 것이다。

○이 남자는 二十五세때부터 독립하여 부모와 아우 그리고 누이동생 넷을 자기 한팔로서 돌보면서도 그다지 어려움도 없이 지나온 것은 상관(傷官)의 재(財)를 생하는 격을 가지고 있기 때문이다。 그러면서도 처연(妻緣)에는 자미가 없고, 결혼 일년으로 파경(破鏡)이 되어, 아내가 남긴 하나 계집아이를 안고서, 다시 결혼 한다는 어려움을 겪지 않으면 아니되게 되었다。 이것들은 모두 사주 가운데에 나타나있다。

명식(命式)〈흉명〉

서기 一九〇四년 二월 二十七일생(여)

甲 辰 正정 財재 口구 冠帶정재

水化傷官

丙	寅	正官	長生
辛	卯	正財	絕

○이것은 진년생(辰年生)이다。 예와같이 연분이 멀다。 그러나 몸은건강하다。 신(辛)이 있어 미모(美貌)이다。

병신수화하여(丙辛水化)하여 상관(傷官)〈여자〉가 되므로、 단 하나뿐이다。 (이와같이 생월의 간(干)이 합할때는 단 하나뿐일때가 많다。〉

○년에 정재(正財)가 있어 아버지의 자리가 보이지 않는다。 아비가 어떤 사람이냐、 신(辛)의 어머니는 무기(戊己)의 인성(印星)이다。 인성과 합하는 것은 갑(甲)이다。 〈갑이 있으므로〉、 갑은 처이다。 처의 남편은 곧 기(己)〈편인(偏印)〉이다。 즉 갑(甲)이 기(己)를 따르게 한 것이다。

다시말하자면 처가 남편을 따라오게 한 것이다。 그러므로 그 아버지 즉 어머니의 남편은 처가 살이를 하는 양자인 것이다。 〈별항 간 합법 가운데、 남편이 처를 따르게 하고、 처가 남편을 따라오게 하는곳을 참조〉—실제 그와 같은 것이다。

○남편은 본래 월급받는 사람이었다。 그러나 실력이 있는 것은 아니다。 그러면서 아망은 세다。 편인(偏印)은 올빼미신(梟神)이므로 나의 몸을 망치는 것이다。 (그 부인、 아버지는 술을 마시면 난폭하여지고、 거리에서 떠들어 대어、 소문이 나쁘다고 한다。) 즉 효신도식(梟神倒食)이다。 생활의 능력이 없는 것이다。

○이 사주는 병신수화(丙辛水化)하여 월합갑(正財)을 생함、 운세중에는 조금생기가 있고 따라서 딸이 근근 노력하여 생계를 이어나가는 것이다。 ―상관(傷官)은 생재(生財)이다。

○더욱이 초년의 정재(正財)는 절운(絕運)에 있다。 이것은 미모이고 건강 한것。 (또 그 아버지의 행위의 좋지 못함에도 있음)

좋은 남편을 언지못하는 소이이기도 하다。

그러나 三十五、六세가 지나면 집안의 거리낌도 없어지고 정재(正財)이고 관대(冠帶)가 있어 혹은 나의 영업을 발전시켜서 행복한 몸이 될 것이리라。 그러나 가장 만년에가서의 운기는 알 수 없다。 이 따님은 현재 혼자 힘으로서 여인숙 또는 하숙업을 경영하고 있다。

겁재(劫財)〈敗財〉

갑(甲)에 을(乙)을 봄은 겁재(劫財)이다。
을(乙)에 갑(甲)을 봄은 겁재(劫財)이다。
병(丙)에 정(丁)을 봄은 겁재(劫財)이다。
정(丁)에 병(丙)을 봄은 겁재(劫財)이다。
무(戊)에 기(己)를 봄은 겁재(劫財)이다。
기(己)에 무(戊)를 봄은 겁재(劫財)이다。
경(庚)에 신(辛)을 봄은 겁재(劫財)이다。
신(辛)에 경(庚)을 봄은 겁재(劫財)이다。
임(壬)에 계(癸)를 봄은 겁재(劫財)이다。
계(癸)에 임(壬)을 봄은 어느 것이고 겁재(劫財)이다。

갑、병、무、경、임의 양간(陽干)부터 보는 것은 패재(敗財)이다。을、정、기、신、계의 음간(陰干)부터 보는 것은 겁재(劫財)이다。패재(敗財)、겁재(劫財) 다 같이 같은 뜻이고、이른바 비견성(比肩星)이다。

만일 을(乙)이면서 갑(甲)을 보면 겁재(劫財)로 함。을(乙)은 경(庚)으로서 남편으로 함。

병(丙)을 보면 경(庚)을 극함。그러므로 여자의 명이면 남편을 극하고、남자명 사주에 이별이 있으면 처를 극함。오양(五陽)에 오음(陰)을 보면 패재(敗財)이다。이별이 사주에 있으면 처를 극하고 자식을 해친다。

겁재(劫財)는 파모소인(破耗小人)의 별이다。또 처를 극함、을(乙)은 무기(戊己)로서 재성(財星)으로 함。갑(甲)의 겁재를 보게되면 기(己)를 뺏고 깨트린다。무정(戊丁)은 경신(庚辛)으로서 재(財)로 한다。병(丙)〈편인(偏印)〉은 잘 신(辛)을 뺏고、경(庚)을 깨트리는 유(類)가 이것이다。형이 아우를 보고、동생이 형의 재(財)를 뺏는다。아우가 형을 본다。형이 잘 아우의 재를 뺏음。사주에 패재(敗財)、겁재(劫財)가 있고 길성(吉星)이 따르지 못하는 것은 남녀의 성(性)이 바르지 못하고、또 재산을 깨트리고、부처를 갈고 일생동안 빈박 하다。

이상에 따라 十간 변통성(變通星)의 대략을 말하였다。독자는 자세히 이것을 미루어 그 이치의 묘함을 알아야 할 것이다。

명식(命式)

서기 一九八一년 四월 二十九일 밤 十一시생(남)

偏卯 辛巳年
劫財 壬辰月
(戊經官) 癸巳日
寬財 壬子時

○辰과子는 합하여 수국(水局)하고 또 겁재(劫財)가 됨。

○이사람은 모 교육가의 二남이다。 아버지의 아우에는 현대에 제일류의 사람이 있고、 형은 그럴일이 있어 집을 쫓기었다。 즉 아우가 잘 형의 재를 뺏은 것이다。

○산은 五만원쯤 있고、 일체 탕진하고 무일물이 되었고、 주택도 잃고、 차용금은 끝을 보았고、 친척들집에도 출입을 못하게 되었었다。

겁재(劫財)는 재(財)의 낭비이다。

○성(性)에 바르지 못하여、 자기집의 식모를 통하여 아들을 낳았고、 그밖에도 몇 사람의 여성에 관계했는지 모른다。 모 여급을 처로 맞아 몇 아이를 낳았으나 처는 허리를 못쓰고 누어있는 사람이 되었다。 (처를 극하는 예)

○남녀아이 셋이 극빈한 가운데에 급사(給仕)가 되었음。 이 아비는 아이들을 착취하여 일

생을 마침、월지(月支) 진(辰)가운데의 무(戊)의 정관(正官)、임수(壬水)를 극하기 때문이다。

○겁재(劫財)의 양화(良化)하는 예도 있다。아래와 같은것이 즉 그것이다。

서기 一九二三년의 九월하순 관동대지진(關東大地震)의 여파가 아직 거두어지지 않고、시중(市中)은 아직도 전장과 같은 때에「高木乘」에게 한사람의 남자가 와서 명리(命理)를 물었다。그사람은 六척(尺)이 넘는키에 二十四、五관(貫)이나 되는 살이 찐 사람이다。사주조직은 아래와 같다。

명식(命式)

서기 一八八五년 五月 十六일 오후 三시경생

偏財(편재) 乙 酉 年

比肩(비견) 辛 巳 月

(庚劫財)(경겁재) 辛 未 日

偏財(편재) 乙未時

역(逆) 사년운＜四년마다의 변화＞ 공망(空亡) 戌亥

○시는 四十세、대운(大運)은 임(壬)의 상관(傷官)에 있고 세운은 을(乙)의 편재(偏財)에 있고、해(亥)의 공망년(空亡年)에 있고、그 사람은 「오오사카」로부터 상경한 것이었으나、「도오꾜오」에 있어서 (메리야쓰)류의 대판매를 개시하려는데 어떠하겠는가。

○「高木乘」이 답하여 말하기를、원래 이생은 형제의 재(財)를 빼앗고、또한 여성관계가 어지럽다。더욱이 어머니의 자식으로서 단독으로 태어났고＜모(母)의 사통(私通)＞、四十세까지는 사물을 이룸이 없고 四十一세로부터 차차로 좋은 운수에 들어가는 것으로 「서도오꾜오」에서 사업같은 것을 계획하지 않고 빨리 고향에 돌아감이 좋다고 하였다。

○그 사람은 처음에는 형이 있으며 단연 한사람이 아니라고 하였으나、뒤에 아버지가 죽음에 제하여 자기에 대하여서 형에게는 내 자식이 아니라고 말하였으므로 자기는 일부러 고향을 나와서 해마다 형으로부터 일만원씩이나 보내어주어 타향에서 성공하려 했으나 언제나 실패하여 오늘날까지 아직도 이룸이 없다。그러므로 더욱 성공하지 않으면 아니된다고

하였다。

○형이 어머니의 숨은 자식이라고 한것은、 년상에 편재(偏財)가 간합(干合)하여 겁재(劫財)가 되기 때문이며 어머니의 사통(私通)이 이에 나타나 있기 때문이다。 월상에 비견(比肩)은 단독생이다。

○그리고 그 사람도 여성에게 대하여 바르지 못하다고 한것은 편재(偏財) 및 겁재(劫財)의 간합(干合)있는 것을 말하였다。 그사람이 바른대로 실토 하는바에 의하면 고향에도 처가 있고、「도오쬬오」에는 친구가 죽은후 그의 처와 통하여 현재 그집에 숙박하고、「오오사카」에도 돌보는 여성이 있다는 것이었다。

○「高木乘」은 차분 차분히 명리의 길을 설명하고、 그 사람 또한 순순이 나의 말을 듣고、「도오쬬오」와 「오오사카」에 있어서의 여성관계를 끊고、 백지상태로 고향에 돌아가서 나의 말한바를 또한 형에게 전한바 형도 또한 크게 기뻐하여 자기가 경영하는 회사의 전무 취채역을 맡기고、 따로 주택을 세워서 이에 들게 하고、 먼젓번의 부현회 의원선거때에는 형자신이 앞서서 운동하여 당선시키고、 현재 이 원고를 쓰고 있는 지금 다시 입후보하고 있다。 현재에는 형도 자기의 위치를 생각하여 동생을 앞에 내세워서 모든 일을 하고 있다。

○그뒤 한번 상경했을 때 찾아왔으나, 전번에 찾아왔을 때보다는 남자다운 인물도 의젓하여 품위도 갖추어진 당당한 남자로 되어 있었다。 그래서 과거를 쫓지 않고 그저 전도에 광명을 던지고 한 마음으로 과오를 뉘우치고 노력하고 있음은 겁재흉성(劫財凶星)을 길(吉)로 돌린 실예이다。

명 식 (실업가「門野重九郎」씨)

경응(慶應)三년 九월 九일

偏印(편인)	丁卯年	病(병)
傷官(상관)	庚戌月	養(양)
	己亥日	胎(태)
劫財(겁재)	戊辰時(어림)	

戊丁辛

○亥卯 목국(木局)

○기해일(己亥日) 무진시(戊辰時)생의 신왕(身旺)은 재고(財庫)의 풍융(豐隆)을 만나는 것

이다。 해(亥)는 사(巳)를 충(冲)하여 사중(巳中)의 병화인수(丙火印綬)가 되어 나무(木)장생(長生)하여 봄꽃이 떨어지고、 여름에 이르러 중영(重榮)하여 재(財)를 생함。 진(辰)가운데 무계(戊癸)가 있어 불(火)이 언제나 탄다。 이격은 부모와 형제가 가자 중화(中和)를 얻고、 독립스스로 이루어지는 명이다 그러나 그 생、일、시이면 처를 겹처 갖게되고、 자식은 늦어진다。

○「門野」씨 의 형은 「門野幾之進」씨이지만 「重九郎」씨 쪽이 실업계에 더욱 이름이 높다。

○이와 같이 겁재(劫財)는 흉성(凶星)과도 같으면서 생、일、시에만 붙는 경우에는 도리어 대길(大吉)을 이루는 일이 있고 년월상에 붙으면 길(吉)이 되지 못한다。

비견(比肩)

비견(比肩)은 갑(甲)의 갑、을、(乙)의 을과 같이 일간(日干)과 같은 별이 나타나는 것이다。 겁재(劫財)、 패재(敗財)는 형제자매 이고、 비견(比肩)은 자기자신이다。 그러므로 비견성(比肩星)이 많은 사람은 자아성(自我性)에 강하고、 남녀 다같이 다른 사람에게 굽히는 품이 없다。 또 비견성(比肩星)이 많을 때는 고독성(孤獨性)을 띠고、 부자라하여도 사회에 나와서 다른 사람과 교제 하는 일이 적은 것이다。 사주에 인수(印綬) 또는 관성(官星)과 비견(比肩)이 나란히 있을때는 길이다。

명식(命式)

서기 一九二六년 一월 十일 오전 五시생(남)

比肩(비견)	辛亥年	沐浴(목욕)
比肩(비견)	辛丑月	養(양)
(辛比肩)	乙酉日	長生
正財	戊寅時	長生

○丑、酉 금국(金局) 관성이 됨。

역(逆) 三년운 공망(空亡) 오미(午未)

○이명은 길(吉)이다。 이것을 상관패록(傷官敗祿)이라함。 인(寅)가운데의 갑겁재왕(甲劫財旺)함。 즉 패록(敗祿)이 왕(旺)하고、 이 갑목화(甲木火)의 상관(傷官)을 일으키고 또 재(財)를 생함、 그러므로 인사에 성패가 있다。 패 하고 이루고 그러나 축월(丑月)은 토기(土

氣)에 통하므로、 언제나 의록(衣祿)을 얻는다 그러나 무토(戊土)에서 금(金)을 년상에 생하며 또 이 사주 가운데에는 부조(父祖)의 유전병이 있으므로 수명은 길지 못하다。

대운(大運)을 일으키는 법(法)

그런데 사람의 운명을 보는대 대운(大運)을 일으키지 않으면 아니된다。 대운이란 그 사람의 한평생의 마디이다。 곧 「피오·메카닉크」인 것이다。 그 학술적 이론의 연구는 전편에서 말한바와 같다。 그리하여 그법은、

○남명(男命)이 양년(陽年)에 나면 자、 축、 인(子丑寅)、 또는 갑、 을、 병、 정(甲、 乙、 丙、 丁)과 같이 순행(順行)함。

○남명(男命)이 음년(陰年)에 나면 자、 해、 술、 유(子亥戌酉)、 계、 임、 신、 경(癸壬辛庚)과 같이 역행(逆行)함、

○여명(女命) 양년(陽年)생인자는 자、 해、 술、 유(子亥戌酉)、 계、 임、 신、 경(癸壬辛庚)과 같이 역행(逆行)함。

○여명(女命)이 음년(陰年)에 나면 자、축、인、묘(子丑寅卯)、갑을병정(甲乙丙丁)과 같이 순행(順行)함。

(판단 실예에 따라 연구할것)

○그리하여 그의 생월중에 절입(節入)〈二十四절의 하나〉이 어느날에 당하는가를 보아、그사람이 十五일생이고、五일에 절입이 되면、나머지 十일은 그사람은 수기(受氣)이기때문에 이것을 三의수로 나누어、상(商)의 三을 얻은 것을 그 사람의 변화로하여 三년운으로 한다。

○모든 것을 절입해서 뺀 나머지를 三의 수로서 나누어 얻은바의 상(商)이 대운 즉 크게 변하는 마디가 된다。

○그것은 앞에 적은 바와 같은 순(順)과 역(逆)이 있다。역운(逆運)인 사람은 위와 같이 해도 좋으나 순운(順運)인 사람은 그 생일에서 다음달이 절입까지 며칠인가를 세어보고 그수를 또 三분하여 얻은 상(商)을 변화대년운(變化大年運)으로 하는 것이나 다시 자세히 계산할 때에는 생일의 절입(節入)시간도 알아보지 않으면 아니된다。즉 가령 二월 十五일의 정오에 낫다고하면 二월의 절입(節入)은 四일이지만 해분에 따라 자시(子時)〈밤

十一시—오전一시〉의 때도 있고、묘시(卯時)〈오전五시—七시〉의 때도 있으므로 그날을 묘시라고 하면 대개 하루가 十八시간 있다。따라서 다음날 五일부터 十四일까지는 十일간、거기에 그날의 난 시간까지가 十二시간이니 앞의 시간과 합하면 도합 三十시간이 된다。이제 이것을 三으로 나누면、날(日)은 二、三은 九일로 하루 三十시간이 많고、여기에다 앞의 三十시간을 더하면 도합 五十四시간이 되므로、일수로서는 十一일 十八시간이 된다。또 이것을 十二일로 하여 세어보면 六시간 부족할 뿐이므로、三四·十二로 하여 四사五입、위의 사람은 四년 마다를 대변(大變)이라 하는 것이다。이법에 있어서의 계산은 앞에 말한 「율령분야(律令分野)」의 풀이를 참조 하시기 바람。

이에 대하여 나는 전에 말한바가 있다。앞의 「피오·메카닉크」〈人生機構學〉과 중복되나 보통으로 알기쉽게 설명되었으므로 아래에 다시 싣는다。

운명(運命)의 괴도(軌道)

——운명은 어느기간 몇번인가 순환회전한다。

——가령 초목에 영고성쇠(榮枯盛衰)가 있는 것처럼。

인간의 운명에는 반드시 별과도같은 괴도(軌道)가 있는 것이다。 말하자면 지나가는 길이 있읍니다。 어떤 때에는 뜨겁고、 어떤때에는 추운것 처럼、 오르 내리막이 있어서 일정한 괴도를 타고 가는 것입니다。 마치 하늘에 반짝이는 하나의 별과도 같이。

왜 괴도가 있는가? 그답은 인간이 역시 생물이기 때문이라는 것입니다。 생물은 원래 모든 것에 운명의 괴도、 즉 영고성쇠(榮枯盛衰)가 있읍니다。 그것은 우주의 생명 그것 부터가 하나의 흐름이기 때문입니다。

초목의 눈이튼다。 잎이 무성해지고、 꽃이 피고、 열매가 달리고、 잎이 떨어지고、 또 본래의 땅속에 숨어 버린다。 그러한 영고성쇠가 인간 각자의 생명 위에도 행하여 지고 있는 것입니다。 그러나 인간은 너무나 자기의 의사라는 것을 중히여기고、 인간은 만물의 영장이라고 하여 무엇이고 되지 않는 것은 없는 것처럼 생각 하고 있다。 사실 무엇이고 되지 않는 것이 거이 없다。 마치 신(神)과도 같은 일도 합니다만 단 한가지 운명에 대해서는 맹목(盲目)입니다。 우주의 큰 법칙에 대해서는 아무리 하여도 저항할수 없는 약속을 가지고 있는 것입니다。 그 증거로는 인간이 그리 하겠다고 한 일도 그대로 되지 않는 일이 얼마든지 있습니다。 그처럼 그리되지 않는일을 운명의 하나의 모습으로 하고 그리되지 않는 것은 말하자면 그 운명의 흐름에 역항(逆抗)하였기 때문에 일어난 일이란 것을 알아야 합니다。그 이 인간의 나아가는 길이란 것은 과학자도 철학자도 또는 종교가도 모르는 것입니다。그저 우리들 만이 알고 있는 것입니다。그러나 시정에 있는 소위 판단가、점치는 사람등의 머리로는 도저히 모릅니다。훨씬더 공부한 전문가가 아니면—。

우리들이 말하는 인간의 가는길은 그저 인간이 빈한하게 태어났다。부호의 집에 태어났다。명문에 태어났다。뻘농군의 집에 태어났다는 등의 계급적 생활 현상을 가리켜 말하는 것은 아닙니다。이 생명에 뿌리박은바 소위 운명에 대하여 말하는 것입니다。

그렇다면 여기에 내가 그운명론을 말함에 당하여 과학자가 인간의 생명에 관한말、종교가의 생사에 관한 견해、그러한 것을 일일히 말한 뒤에 나의 운명론을 말하지 않으면 논리가 맞지 않으나、지금 여기에 간단하게 그 결론 만을 말하면 과학자는 개개인 인체구성의 원질(原質)을 분해하고 또는 이것을 수집하는 것만으로 그치며 그것은 과연 정세(精細)하기 이를데 없겠으나、정작 인간생명의 기원 그것에 대하여는 모든 연구가 빠져 있음은 물론、그 생명현상으로서의 시간적 관계、공간적인것、나아가서는 우주현상으로서 이 인간생명의 움직임 같은 것에 대하여는 그연구도 조사도 미치지 못하였다는 한이 있읍니다。가령 인간은 왜 고금(古今)을 통하여 二백八十일로서 생명으로 이 세상에 나타나는가, 또는 닭은 무엇때문에 二十一일로서 생명으로 나타나느냐? 말은 어찌하여 三백四十일로서 생명이 되느냐? 돼지는 백十五일, 염소는 백五十四일, 토끼는 三十일간에 왜 생명이되느냐? 그것은 쓸대 없는 것 같으나, 몇만년, 혹은 몇십만년의 옛날부터 그만한 시간을 지나 이세상에 나타나는 것에 대하여는 거기에 무엇인가 크다란 이유가 없어서는 아니된다。 그들의 관계를 생물학 적으로도 의학적으로도, 해부학적으로도 또는 모든 과학의 가르침등으로 탐구하여 오지 않으면 참 인간을 안다는데있어서의 최고 권위가 되지는 못합니다。

인간에 대하여는 마음의 연구, 심리학과 같은 것이 조금만이라도 발달 하였으나 그 마음에 대하여 어쩌지도 못하는 힘이 달리 있다고 하면, 그 힘과 인간의 생존과를 대하는 관계를 잘 연구 하여 시작하자 않으면 아니되는 것이냐。 오늘에는 아직 그 연구가 충분히 되어있지 않읍니다。 과학의 놀라움은 인간으로 하여금 놀라게 하였고, 인지로 하여금 참으로 헤어보기 어려운 것으로 하였으나, 그러면서 인간이 생명은 어디서 나타나서 어디로 가는가 그간의 과정은 어떠한가 그 생명이 인간 각개인의 체내에만 독립하는 것인가, 혹은 우주의 크나큰 법칙에 지배되고 있는 것인가 라는 것을 연구 한것은 하나도 없읍니다。

물론 이런 경우 우리들은 전자의 설을 따지 않고、후자의 설을 따는 것입니다。 즉 인간의 생명과 그 생존적 현상은 우주의 크다란 법칙에 좌우 되고 있다고 하는 것입니다。 그러나 이것은 결코 판단가의 판단이나 점장이적 방법으로 보아서 그렇다는 것은 아닙니다。 그렇지 않고、따로히 훌륭한 과학의 법칙이고 그 운명 순환 및 그 현상을 뽑아낼 수 있는 것입니다。

의론을 한걸음더 나아가서, 우리들이 생각하는 바를 말하면 인간은 세포기능 이외에 우주력으로서의 생명의 움직임이 있고 그와 동시에 그 개개인 생명은 하늘의 혹성(惑星)처럼 어느 일정한 괘도(軌道)를 순환하는 것이란 것을 말하고자 하는 것입니다。 어떤 사람은 一년마다 변화하고 어떤 사람은 二년째 또는 三년째、四년또는 五년、六년、七년、八년、九년 十년째 마다 변화하여 그것이 당면에 나타나는 순환기이고、말하자면 다다인 것이다。 인생에 있어서의 四계의 왕약(旺弱)과 변함이 있는바 그길이 어떤 종류의 사람들에게도 있다는 것입니다。 그순환기는 달이나 지구의 자전、공전과 같은 것입니다。

그 변환기에 따라서는 어떠한 사람도 생각나는 일이 있을 터인즉 잘 생각하여 보면 반드시 자기는 三년째에 운기가 변한다 든가 五년째 마다 운기가 바뀐다는 것을 말할수 있을 것입니다。 이것이 즉 인간의 돌이기는 운세의 괴도의 하나의 현상으로 이 변환기야 말로 四계의 왕약(旺弱)이란 것입니다。 다시말하면、 인간은 어느 기간의 변화를 가지는 괴도(軌道)를 돌고 돌며 별과 같이 나아가는 것입니다。 그것을 우리들은 우주에 있는 천명(天命)이라고 부르는 것입니다。

지구는 二十四시간으로 자전하고、 三백六십五일간으로 공전한다。 달은、 토성은、 화성은 목성은、 금성은、 수성은、 천왕성(天王星)은 해왕성(海王星)은、 일일이 그자전과 공전수를 적고 있다보면 끝도 없겠으나 그와같이 인간은 그사람이 타고난 자전기와 공전기가 있읍니다。 그 공전기를 가리켜서 천운(天運)이라 말합니다。 즉 二년운인 사람은 二년간만 동일한 운이 계속되고、 三년운인 사람은 三년간만 또한 동일한 운이 계속되고、 四년운의 사람은 四년간만 또 동일한、 운이 계속되고、 이렇게 차츰 뻗어서 十년간 운이 계속되는 것이다。 그것을 十년 운이라고 부른다。 十년 이상은 十一년、 十二년、 十三년、 十四년、 十五년으로 변화하지는 않는다。

그러한 경우에는 十년을 뺀 一년、 二년、 三년、 등의 운이 됩니다。

여러분도 오랜 경험 가운데에 반드시 자기는 三년째 마다 신앙에 변화가 있다든가、 자기는 五년째마다 변화가 있다든가 하는 것을 알고 있는 것입니다。 그러나 이 운명계의 일을 미신이라고 생각하는 사람은、 그것은 우연한 일이며 기회가 그저 그렇게 된것이라고 말하고 자기도 또한 그렇게 믿고 있는것 같으나 그것은 심한 자기 과신(自己過信)인 것입니다。

운명의 순환기(循環期) 즉 년운(年運)

운명은 군대의 법칙 보다도 엄밀 합니다。 왜 그렇게 엄밀하냐고 하면 그것은 별이 천체의 괘도(軌道)를 돌아가는데、 일푼일리의 틀림이 없는 것 처럼 인간의 운명도 역시 눈에 보이지 않는 괘도를 지나서 조금도 틀림이 없기 때문입니다。

그러므로 싫다고 몸부림치는 인간을 억지로 영화(榮華)의 절정에서 끌어 내리기도 하고 또는 뒷 골목에 있던 인간을 갑자기 행복의 절정에 밀어 올리기도 하는 것입니다。

그것은 사람의 일로서 그 어떻게도 할수 없는、 엄연한 힘의 지배인 것입니다。 그 힘에 저항 할수 있다고 생각하는 것이 인간의 미월 할 수 없는 망상(妄想)인 것입니다。 그것이 된다고 하면 실패한 사람은 곧 원래의 행복한 신분이 될 수 있을것 같으면서도、 한번 실패하면 다시 일어난다는 것은 좀처럼 되지 않습니다。 그리고 또 뒷 골목 빈민가에 살고 있는 사람이 그런 불쾌한 곳에 있지 않고 큰 부자가 되어 자가용차를 날릴 수 있는 신분이 된다면 좋겠지만, 「여기있다」하고 하늘은 쉬 그것을 주지않습니다。 그만큼 인간은 천명이란 것에 좌우되고 있는 것입니다。

나는 여기에 지금까지 적어온 운명의 주기(週期)에 따라서 엄밀한 학술적 논리를 제시하여 둘 필요가 있읍니다。 (그 한끝은 피오・메카닉크)가운데 말하였다。

사람은 자칫하면, 간지(干支)에 지배되는 일은 없다。 五행에 지배 되는 일은 없다。 사람은 만물의 영장이라고 한다。 그러나 비록 인간이라 하여도 지상의 생물이다。 지구의 생물이 모두가 우주의 자연법칙에 좇아 있는 것이라면, 역시 초목에 영고(榮枯)가 있음과 같이 동물에 소장(消長)이 있음과 같이 인간에도 또한 기운이 소장변천(消長變遷)이란 것이 없어서는 아니될것이다。 단지 인간에는 자유의지(意志)가 있으므로, 모두가 그의지대로 된다고 생각하고 그래서 이와 같은 설(說)에는 반대하는 것이지만 어찌 알수 있으리오, 어떠한 영웅 어떠한 학자도 이 우주의 자연 법칙에 좌우되어서 전혀 자기의 뜻과 같이 진퇴 할 수는 없는 것입니다。

그 관계는 어떤가, 어떠한 신의(神意)「에너르기이」에서 왔거나, 그것은 쉬 알수 없는 우주의 신비 이기는 하나, 그저 운명감정자가 말하는 목화토금수(木火土金水)의 五행에 지배되거나 아니면 十간(干) 十二지(支)에 좌우 된다고 생각함은 큰 잘못이다。천박(淺薄)한 역자(易者)는 이설 이외는 모르고, 통상(通常) 학자도 이설 이외에는 모르며 전자는 비좁은 천지에 굽히고 후자는 과학적 만능의 견지에서, 이것을 비난 공격하나 十간(干)으로보나 十二지(支)로 보나 五행으로 보나, 九성(星)이라 하는등이 우주 자연법칙을 설명하는 일종의 부첩기호로서 그 배후에는 실로 사람을 놀라게하는 위대한 신의(神意)「에네르기이」가 숨어 있는 것입니다。

불행하게도 이 관계는 오늘날의 역자(易者)들은 몰랐던 것이다。아는 사람도 있을지 모르나, 나는 아직도 그것을 듣지 못했다。그러나 나는 그것을 알고 있다고 자부 합니다。

그 관계는 명리학강좌(命理學講座)가운데에 상세하게 설명되어 있으나, 이것을 요는 지구의 운동과 다른 혹성(惑星)과의 서로간의 역학적관계(易學的關係)는 인간의 생명 및 그 소장성쇠(消長盛衰)가 되는 것으로서 인간 그 자신이 시의 차별 아니면, 지구운동에 관계 없이 거기에 생물로서의 존재를 구한 것이라고 할 수 없읍니다。

인간은 너무나 자기 의지라는 것을 지나치게 믿는 것이다。자기는 그저 스스로 나서 음식을 먹고、그리하여 자기가 생각 하는 대로 행동하고、혹은 사회를 움직이고 있다고 생각하고 있다。인간이 태어난 시간의 관계、그때에 있어서의 자연법칙이 인체에 미치는 영향등은 전혀 무시 하고 있다。그러므로 과학이 발달한 오늘 날에도 인간이 다소의 차이는 있다고 하여도、왜 二백八十일간으로 출생하는지 모르는 것입니다。또 자연적、지리적인 관계가 있다고 하여도 어느 일정한 같은 주기로서 인간의 생활 그것은(동식물의 생활과 같은 것) 다같이 변천이 있다는 것도 모르고 있는 것입니다。

이 전자의 태생기간은 세상에 널리 알려진 일이지만 후자의 주기라는 것은 일부의 연구자 밖에 모르고、권위 있는 과학으로서도 쉽사리 알수가 없는 것이다。(혹은 믿지 않는다) 그러면서 이것은 우리들의 공상적인 감정(鑑定)은 아니고 아무라도 사람은 반드시 몇 년만에 신상에 이동변천이 옴을 경험하는 바와 같이 엄연히 움직일수 없는 사실로서 과학의 세계에 존재하고 있는 것이다。단지 오늘날 아직도 과학자가 그 근본 법칙을 발견할 수 없기 때문에 과학 미신가가 하등의 이유 없이 우리들의 소론(所論)을 공격하고 있는 것입니다。

지금 여기에는 전자의 일을 약하고 후자의 주기라는 것에 대하여 한말 하자면 보통 사람의 년운주기라는 것은 이것을 三절 즉 三등분하여 뽑아내는 것입니다。 그 이유는 사람의 운명주기라는 것은 태양의 황도운동(黃道運動)에 따른 것으로 그 등차가 인간에 있어서의 각개의 변천소장(變遷消長)이 되는 것입니다。

사주 추명이나 명리학에서는 앞서 말한 바와 같이 그주기는 一년부터 十년까지 밖에 없으므로 十년이상은 앞의 끝수를 더 한것이다。 그리하여 명리학에서는 난날로부터 달의 절반까지의 일수를 세어서 그것을 三분하여 얻은바 수로서 년운으로 정하는 것입니다。 즉 난날로부터 달의 절반까지의 일수가 二十六일 있다면 이것을 三분한다。 그러면 九가선다(끝수가산) 따라서 그것을 九년운으로 하는 것입니다。

명식(命式)

서기 一八九四년 六월 十七일 오후二시생(남)

甲子年

○庚午月 ○이생월 경오(庚午)부터 七년 마다 헤아린다。 그것이 대운(大運)이다。

庚寅日
癸未 時

순(順)七년운

세운(歲運)을 보는 법

세운은 중운(中運)이다。그 보는 법은 남자는 어느 사람이고 一세 병인(丙寅)에서 일으키고 十一세 병자(丙子)、二十一세 병술(丙戌)、三十一세 병신(丙申)、四十一세 병오(丙午)、五十一세 병진(丙辰) 이렇게 헤이고、여자는 一세가 임신(壬申)、十一세 임술(壬戌)、二十一세 임자(壬子)、三十一세 임인(壬寅)、四十一세 임진(壬辰)、五十一세 임오(壬午)이렇게 헤이는 법〈그 사이 十二세는 정묘(丁卯)이고、여자 十二세는 신미(辛未)이다〉과 또 하나 갑자순중(甲子旬中)에 난 사람은 남자는 병인(丙寅)부터 순행(順行)하고、갑술(甲戌) 순중에 난 사람은 병자(丙子)부터 순행하고 갑신에 난 사람은 병술(丙戌)부터 순행하고、갑오(甲午) 순중에 난 사람은 병신(丙申) 갑진(甲辰) 순중에 난 사람은 병오(丙午)부터 갑

대운(大運)을 일으키는 법(法)

인(甲寅) 순중에 난 사람은 병진(丙辰)부터 순행하여 헤아리는 법이 있다。 결국은 하나이다。 이 법에 따라 여자를 헤이는 법은 역행으로

갑자순중(甲子旬中)생은 임신(壬申)부터 일으킴。

갑술순중(甲戌旬中)생은 임오(壬午)부터 일으킴。

갑신순중(甲申旬中)생은 임진(壬辰)부터 일으킴。

갑오순중(甲午旬中)생은 임인(壬寅)부터 일으킴。

갑진순중(甲辰旬中)생은 임자(壬子)부터 일으킴。

갑인순중(甲寅旬中)생은 임술(壬戌)부터 일으킴。

위와 같이 하여 각각의 현상을 변통성(變通星) 및 十二운의 생、왕、사、묘(生、旺、死墓)에 따라서 판단하는 것이다。

일주(日主)를 주로 함

추명(推命)의 법은 앞에서도 말한 바와 같이、사람의 생년、월、일、시의 간지(干支) 그리고 생극(生剋)하는 바를 취하여 귀천수요(貴賤壽夭)의 설을 세우고、다시 일간(日干)〈그

사람의 생일의 일간(日干)∨을 따서 주(主)로 하고, 년으로서 뿌리로하고, 달(月)로서 묘(苗)로 하고, 일(日)로서 꽃으로하고, 시(時)로서 과실(果實)로하고, 그로서 생왕사절휴수 제화(生旺死絶休囚制化)의 법을 정하고 인생의 휴구(休咎)를 결하는 것이다。이것은 의서 말하였다。그 생왕사절휴수(生旺死絶休囚)라 함은 五행의 상생(相生), 상극(相尅)에 앞하는 것이다。

그런데 일주(日主)로서 나의 몸으로 하고, 년의 간(干)으로서 조부(祖父)로 하고, 년의지(支)로서 조모(祖母)로하고, 월의 간(干)으로서 아버지로 하고, 월의 지(支)로서 어머니 및 형제로 하며, 인간으로서 나로하고 일지로서 처(妻)로하고, 시간(時干)으로서 아들로하고, 지로서 딸로하여 그로서 사람의 귀천 및 흥폐를 보는 것이지만, 대요(大要)는 그 일주(日主)가 무엇에 가감(加減)하여서 혹은 신왕(身旺)이 되고, 또는 신약(身弱)이 되느냐, 또 무슨격국∧격국(格局)은 따로 있다∨에 드는가 금목수화토(金木水火土)의 수로서 월령중∧월령은 따로 설명함∨의 금, 목, 수, 화, 토가 어떤 사람에게 왕(旺)하는가, 또 세운이 무엇에 왕(旺)하는가로서 그 시비를 정하는 것이다。

명식(命式)

서기 一九〇六년 十二월 八일생(남)

比肩(비견) 丙午년 沐浴(목욕)

偏財(편재) 庚子월 死

〇丙戌일 墓

〇이 병술(丙戌)이 일주(日主)이다。 이런 경우는 병화(丙火)로서 경금(庚金)을 극함。 누이를 극하여 누이죽음。 또 아버지를 일죽 여임。

월령(月令)〈생일을 제강(提綱)이라함〉

월령(月令)이란 것은 그 사람의 난 달 가운데 왕분(旺分)이다。 월령분야도(月令分野圖)에 가리키는 것과 같이, 十二월 자월(子月)의 二十일 이전에 낫다고 하면, 그달의 절입(節

入)을 六일로하면 二十日부터 그 六일을 버리고, 나머지 十四일이 그달의 왕분(旺分)이 되어 월령이 됨。 十二개월 모두 이법에 따라서 월령을 정하는 것이다。

가령 생년을 본으로하고, 생년에 관성인수(官星印綬)가 있으면 그사람은 일찍이 관에 출세를 한다。 그리하여 조부(祖父)부터 현양(顯揚)한다。 월은 제강(提綱)이 된다。 제강이 관성인수(官星印綬)를 띠면 뜻이 크고 총명하며 또한 견식이 높은 사람이다。 만약 년, 월, 일에 길성이 있으면, 시(時)가 생왕하는 곳에 돌아간다。 만약 흉신이 있으면 시가 제복(制伏)의 자리에 돌아감을 요한다。 시상에 길흉이 있으면 년월일의 길한 것은 이것을 생하고 흉인것은 이를제 한다。

가령 월령에 용신(用神)이 있으면 부모의 힘을 얻고, 년에 용신(用神)이 있으면 조상의 힘을 얻으며, 시에 용신(用神)이 있으면 자손의 힘을 얻는다。 이와 반 하면 힘을 얻지 못한다。

명식(命式)

서기 一九八七년 九월 十일 오후 三시생(남)

庚寅년 (偏官)
乙酉월 (敗財)
甲午일 (偏官)
辛未시 (正官)

간干 (庚·乙) 합合 (乙·庚)
支지 (午·未) 合합

酉중에 庚이 있고 또 乙과 합함 금기(金氣)강함

경금(庚金)은 월령 제강(提綱)이나、午未 음양의 화(火)로서 조금 편관(偏官)을 막음(制)함으로써 남쪽 운이 좋다。 서쪽 금기(金氣)의 운이 강하여지면 관성태과(官星太過)하여 화(禍)가 말할 수 있다。

생왕(生旺)

생왕(生旺)은 五행의 생왕(生旺)이다。 사주의 조직도 또한 이 생왕(生旺)으로서 보는 것이다。금(金)은 사(巳)에 생하고、목(木)은 해(亥)에 생하고、수(水)는 신(申)에 생하고、화(火)는 인(寅)에 생하고、토(土)는 중앙에 있다。무(戊)는 사(巳)에 있고、기(己)는 오(午)에 있고、또 토(土)는 四계절(季節)을 이룬다(丑、辰、未、戌)、각각 왕(旺)하기를 十八일、합하여 七十二일、그리고 금、목、수、화、토 각 七十二일、그리하여 三백六十五일 그로서 해분의 공(功)으로 하는 것이다。

또 그해 그해의 간지(干支)를 유년(流年)으로 하여보는 것이다。

그런데 여기 대체의 표준을 말하면 사주 가운데 있어서는 대저 관성(官星)의 순수함을 요한다。정관 편관(正官偏官)의 난잡한 것은 도리어 무정이다。

관성(官星)이 또 충파(沖破)하는 것도 좋지 않다。

정관(正官)이 사주중에 나타나고、편관(偏官)이 월지(月支)에 숨어있는 것은 길복이다。편관(偏官)이 곁에 나타나고、편관(偏官)이 월지에 숨어 있는 것은 길복이다。편관(偏官이 곁에 나타나고 정관(正官)이 월지에 숨어 있는 것은 화태(禍胎)가 있다。

정관(正官)이 숨어 있는 것은 청고(淸高)하다。사람됨이 현달(顯達)한다。편관(偏官) 잡(雜)이 나타나 있는 것은 흉랑(凶浪)이고 사람됨이 난폭 하다。

편관(偏官) 정관(正官)다같이 나타나 있는 것은 잘안다。 관(官)과 재(財)와의 혼잡(混雜)해있는 것은 재(財)를 써서 그 길흉(吉凶)을 정한다。

정관(正官)、편관(偏官)이 나타나도 살(殺)〈편관〉을 제(制)하는 것 (목극토와 같은)이 있으면 정관(正官)을 상하지 않는다。 그러나 재성(財星)이 생하는 것이 있으면 도리어 화(禍)를 가져온다。 이를 테면 소인(小人)이 군자(君子)를 제(制)함과 같이、잘 그길을 가지 못한다。

관(官)이 왕(旺)할때는 관의 형충(刑冲)함을 겁낸다。 관성(官星)이 가깝고、재성(財星)이 보임은 복리를 가져 온다。

관(官)이 왕(旺)하면 관(官)을 겁낸다。 만일 양관(兩官)이 서로 만나고、운에 다시 그것을 본다。 충(沖)을 보면 불리、관(官)이 가볍고 재(財)를 보면 록(祿)으로 하여 곧 길하다

년상의 상관(傷官)은 가장 좋지 못하다。 겹쳐 사주에 상관(傷官)을 봄을 좋아 하지 않는다。 년상의 상관(傷官)은 조(祖)를 극함을 맡아있다。 혹은 조부의 업을 깨트린다。 월시에 이것을 겹쳐보면 재화(災禍)를 면하기 어렵다。

상관(傷官)은 재성(財星)을 써서 복을 가져온다。 재는 끊어지고、관은 쇠하고、복도 또

한 같은 것이다。

절(絕)、쇠(衰)는 十二운의 절(絕)、쇠(衰)이다。상관(傷官)은 사람의 기쁜재물이 됨을 맡아있다。관(官)이 왕(旺)하고 재(財)가 없으면 화(禍)를 맡아있다。

합을 탐(貪)하고、관을 잊어 버리면、미쳐 일지를 못하고、합을 탐하고 살(殺)〈편관(偏官)〉을 잊어 버리면 나의 복이 있다。

합은 사주의 간합(干合)이다。정관(正官)은 선인군자(善人君子)、이것을 합하면 크게쓰이지 못 한다。살(殺)은 흉인 소인에 비교한다。그것을 합하면 그 흉을 이루는 힘이 없다。다시 신약(身弱)은 재(財)가 많음을 겁내고、관성(官星)이 시에 이르면 화(禍)가 잇달아 일어난다。

상관(傷官)이 많으면서 재(財)가 없거나、또는 재성만이 많은、또는 편인(偏印) 식신(食神)이 있고 다른 도움이 없는 것등은 어느 것이나 신약(身弱)이다。사주가 十二운의 쇠、병사、운이됨도 신약(身弱)이다。만약 관성(官星)이 시에 이르러 양관(兩官)이 서로 다투면 화(禍)가 있다。재가 많고 신약(身弱)에 식신운(食神運)이 올때、식신에 편관〈살(殺)〉을 만날때는 반드시 재(災)가 일어난다。

식신(食神)은 내가 낳는 아이、도기(盜氣)의 신을 말함。

천(天)을 만나고、지(地)에 합하여 형극(刑剋)이 있는것은 더욱 잘 이것을 보지 않으면 아니된다。

생왕(生旺)의 식(式)

癸卯 년

甲子 월

丁酉 일

丁未 시

水生木 · 木生火 ← 吉로 함

단 丁酉、子未의 충해(冲害)는 좋지 않다。

이상의 간지(干支)는 간지표로서 찾아내는 것이다。

十간일(干日)十二개월(個月)정국(定局)

갑일정국(甲日定局)

갑일(甲日)에 인월(寅月)은 곧 건록(建祿)이다。 묘월(卯月)은 양인(羊刃)이고 또 쓰지를 못한다。 四월은 재관(財官)이 진(辰)의 창고에 감추어진다。 사(巳)는 식신(食神)이고 재(財)가 암복(暗伏)함。 오월(午月)은 정화(丁火)의 정관(正官)격이 된다。 미월(未月)은 잡기(雜氣)에 따라서 재관(財官)을 잡고、 신월(申月)은 칠살로서 논하고、 유월(酉月)은 정기(正氣)가 관성(官星)을 얻어서 길이다。 十월의 술월(戌月)도 또한 잡기(雜氣)이다。 十一월 편인(偏印)생은 격국(格局)에 들어있다。 十二월은 인수격(印綬格)을 잡고、 축(丑)의 기는 자세히 이것을 보지 않으면 아니된다。

을일정격(乙日定格)

을일(乙日) 인월(寅月)은 상관(傷官)이다。 묘월(卯月)은 건록(建祿)에 해당하고、 격은 바르다。 진월(辰月)은 재관(財官)으로서 잡기(雜氣)이다。 사월(巳月)은 상관(傷官)이고 재성(財星)의 끝을 이루고、 오월(午月)은 정화(丁火)를 얻어 식신(食神)의 격이 되고、 미월(未月)은 잡기(雜氣)로서 재관(財官)으로 함。 신월(申月)은 정기관(正氣官)으로서 논한다。 유월(酉月)은 신편관(辛偏官)의 잡성(雜星)이다。 술(戌) 가운데에도 잡기(雜氣)의 재관(財官이 있다。 해월(亥月)은 임수(壬水)로서 인수(印綬)로 하여 몸을 도운다。 자(子)의 계수(癸水)는 이것 편인(偏印)이다。 축(丑)도 또한 토(土)의 잡기로서 알아 본다。

병일정격(丙日定格)

병일(丙日)이 인월(寅月)을 만나면 편인(偏印)을 생한다。 묘월(卯月)은 인수(印綬)로서 관성(官星)을 기뻐하고、 진(辰)은 잡기(雜氣)이지만 아직 식신(食神)이 되지는 않는다。 사월(巳月)은 반드시 이것 건록격(建祿格)을 잡는다。 오(午)의 화월(火月)은 양인격(羊刄格)이고 또 상관(傷官)이다。 미(未)는 상관(傷官)을 잡으나、 모두가 상(傷)하여 길이다。 신월생(申月生)은 곧 편재(偏財)이고 신(身)의 왕(旺)을 좋아한다。 유월(酉月)은 재가 왕하고 관

(官)이 생하는 격이다。술(戌)의 十월은 잡기(雜氣)로서 식신(食神)으로 하고、해월(亥月)은 편인(偏印) 七살(殺)이 더 하여진다。자월(子月)은 정관(正官)으로서 관(官)의 왕(旺)하기 좋다。축월(丑月)은 잡기(雜氣)로 그 기를 분명히 하지 않으면 아니된다。

정일정격(丁日定格)

기(己)의 인월(寅月)은 七살과 효인(梟印)과를 감추고、묘월(卯月)은 곧 정관(正官)으로서 귀기(貴氣)를 이룸、진월(辰月)은 잡기재관(雜氣財官)의 격을 이루고 사월(巳月)은 또 건록(建祿)을 따서 쓴다。오월(午月)은 양인(羊刃)을 보고 정인(正印)의 극(極)을 잡고、미월(未月)은 잡기재관(雜氣財官)을 이루고、八월 신월(申月)은 식신(食神)으로서 재(財)를 생하고 유월(酉月)은 상관(傷官)이 재(財)를 만남을 기뻐하고、술월(戌月)은 잡기(雜氣의 분명한 것을 따서 해월(亥月)은 재(財)와 살(殺)로서 격에 해당하고、자월(子月)은 정재(正財)가 관(官)을 생하는 격으로하고、축월(丑月)은 잡기재관(雜氣財官)이다。

기일정격(己日定格)

기일인월생(己日寅月生)은 정관인수(正官印綬)이다。인(印)은 七살이 때마침 나타나고、

진월(辰月)은 잡기(雜氣)의 재관(財官)을 잡고、사월(巳月)은 인수(印綬)의 격이 맞겠금、오월(午月)은 건록(建祿)이 이가운데에 있고、미월(未月)은 잡기(雜氣)로서 재관(財官)을 빌리고、신월(申月)은 상관(傷官)으로서 논하고、유월(酉月)은 식신(食神)을 이루어서 길이다。술월(戌月)은 또 잡기(雜氣)이고、해월(亥月)은 정재(正財)의 관을 생하는 격이고、자월(子月)은 편재(偏財)가 확실히 겁재(劫財)를 겁내고、축월(丑月)은 또 잡기(雜氣)로서 누르는 것이다。

경일정격(庚日定格)

경일(庚日)에 인이월(寅二月)은 재살(財殺)로서 평(評)할 것이고 묘(卯)의 三월은 정재(正財)가 생하는 때이고、진월(辰月)은 잡기(雜氣)이지만 아직 편인(偏印)이 되지 않고、사월(巳月)은 화(火)이므로、편관칠살(偏官七殺)과 편인(偏印)이 나타나고、오월(午月)은 염천(炎天)이므로 정관(正官)이 되고、미월(未月)은 잡기(雜氣)로서 아직도 정인(正印)이 되지 않고、신월(申月)은 곧 건록격(建祿格)을 잡고、유월(酉月)은 양인격(羊刃格)중에 들고 술월(戌月)은 잡기(雜氣)가 아직도 편인이 되지 않고、해월(亥月)은 식신(食神)으로서 신왕(身旺)을 좋아하고, 자월(子月)은 바로 상관(傷官)이되고, 축월(丑月)은 그저 이것도 잡기(雜氣)로서 논할 일이다.

신일정격(辛日定格)

신일인월(辛日寅月)은 재(財)를 생하여 관왕(官旺)하고, 묘월(卯月)은 편재(偏財)로서 복복의 근본이 되고, 진월(辰月)은 잡기(雜氣)로 아직도 인수(印綬)로 되지 않고, 사월(巳月)은 정관(正官)및 정인(正印)의 위에 있고, 오월은 편관(偏官)이므로, 효신(梟神) 〈편인〉을 좋아하고 미(未)는 잡기(雜氣)를 잡지만 아직도 편인(偏印)이 아니고, 신월(申月)은 상관(傷官)의 격을 잡아서 말하고, 유월(酉月)은 건록(建祿)이 충(沖)을 만나는 것을 겁내고, 술월(戌月)은 잡기(雜氣)이면서 아직도 인성(印星)이 아니고, 해월(亥月)은 상관(傷官)이므로 재(財)를 봄을 기뻐하고, 자월(子月)가운데 있어서는 식신(食神)을 구(求)하고, 축(丑)은 하순생(下旬生)을 편인으로 한다.

임일정격(壬日定格)

임일(壬月) 인월(寅月)생은 식신(食神)이고, 묘월(卯月)은 인성(印星)을 보고 상관(傷

官)을 잡고、진(辰)은 바로 잡기(雜氣)로서 아직칠살(殺)이 아니고、사(巳)는 편재(偏財)와 상관(傷官)을 잡고、오월(午月)은 재관(財官)은 둘이면서 갖고、미월(未月)은 잡기(雜氣)이면서 재관(財官)을 잡고、신월(申月)은 편인(偏印)이면서 식신(食神)을 만남을 겁내고、유월(酉月)은 인수(印綬)이면서 재(財)를 만남을 꺼리고、술월(戌月)은 잡기(雜氣)이면서 아직 칠살(殺)은 아니며、해월(亥月)은 건록(建祿)이면서 식신(食神)의 처음이고、자월(子月)은 양인격(羊双格)에 있고、축월(丑月)은 잡기재관(雜氣財官)에 해당한다。

계일정격(癸日定格)

계일인월(癸日寅月)생은 상관(傷官)을 잡는다。묘월(卯月)은 식신(食神)이 건전하고、진월(辰月)은 잡기재관(雜氣財官) 사월(巳月)은 정재(正財)가 관(官)을 생하고、오월(午月)은 편재(偏財) 또는 편관(偏官)이 움직이고、七월말은 잡기(雜氣)이면서 칠살이다。신월은 인수(印綬)이면서 또한 인(寅)을 만남을 겁내고、유월(酉月)은 편인(偏印)의 비견(比肩)을 봄을 꺼리고、술월(戌月)은 잡기(雜氣)의 재관(財官)이 되고、해월(亥月)은 임시 상관격(傷官格)을 잡고、자월(子月)은 건록격(建祿格) 정진(正眞)을 얻고、축월(丑月)은 잡기(雜氣)

이면서 아직도 칠살(殺)은 아니다。

十二 월건후(月建候)

이것은 보통 매월생、생일간(生日干)의 여하에 따라서 그 귀천을 논한 것으로서 이것을 상설(詳說)하면 수十「페—지」의 종이를 쓰지 않으면 안될 만큼 함축(含蓄)이 있으나、여기는 그 요점만 잡아 설명하자면 보는 사람은 따로 들어둔 변통성(變通星)의 표를 좌우에 누고、생일의 간(干)을 주로 하여 이 흥패기복(興廢起伏)을 미루어 보시기 바란다。

二월건 인생(寅生)

二월 인월(寅月)은 원래부터 목(木)이다。목생화왕(木生火旺)하면 토(土)는 장생(長生)한다。술(戌) 및 오미(午未)의 주(柱)를 만남을 기뻐하고、신유(申酉)의 금(金)에 가면 휴수(休囚)하여 좋지 않다。인오술(寅午戌)은 삼합화국(三合火局) 목(木)의 용신(用神)으로 함、남방에 가면 꼭 큰 이가 있다。목(木)은 자(子)에 끊어지고 신(申)에 화사(火死)함。유(酉)에 있어서 금(金)이 약해진다。그러므로 간(艮)〈축(丑)〉토(土)의 자생(資生)을 필요로 한다。

인월(寅月)인 사람、겹쳐서 오술(午戌)을 만나고、경신(庚辛)이 주가되면 둘다 넘어진다。뿌리에 토(土)가 있는 것은 한결 같이 화(火)에 좋고、신약(身弱)하고 목(木)이 휴수(休囚)하면 화(火)가 오는 것을 겁낸다。만일 인월(寅月)이면서 목화(木火)의 신을 쓰면、남방 오미시(午未時)에 재록(財祿)의 기쁨이 있다。역행(逆行)의 운은 술해(戌亥)에 가서 도리어 왕성 할수가 있다。유신(酉申)의 금(金)을 보면 파손될 근심이 있다。경신(庚辛)의 금(金)은 신약(身弱)이 되어 인월(寅月)을 만나고、오술(午戌)이 살성(殺星)〈칠살〉에 임하고、일주(日主) 뿌리가 없음은 도리어 토(土)를 생하므로 역행금수(逆行金水)를 얻는 때에 융흥(隆興)한다。

무기(戊己)의 신약(身弱)은 인(寅)을 기뻐한다。관살(官殺)이 겹쳐지면 반드시 영신(榮身)한다。그저 목화(木火)를 찾아서 상생(相生)함은 길이다。운이 서쪽에 돌아 신유(申酉)를 만남은 흉이다。

三월건 묘생(卯生)

병정일(丙丁日) 삼월생이 인성(印星)을 만나면 크게 경신(庚辛) 및 유축(酉丑)의 상해(傷害)을 겁낸다。수운(水運)에 발재(發財)하면 목화(木火)는 왕(旺)한다。<삼월의 을목(乙木)이 왕(旺)하면 병정(丙丁)의 모(母)가 된다。금(金)의 이를극 함을 꺼리고、수(水)가 와서 도우는 것을 기뻐한다> 서방(西方)의 행운은 반드시 재앙(災殃)을 만난다。갑일묘월(甲日卯日)인 사람은 겹쳐 축(丑)을 만나도、격중에 화(火)가 있으면 싫어하지 않아도 괜찮다。<축중에는 기토(己土)가 있고、즉 을(乙)의 처재(妻財)이다。화(火)는 또 토(土)를 생함、그러므로 화(火)가 있어도 싫어 하지 않는다。> 다시 화토(火土)의 운에가면 재록(財祿)을 일으킨다。세운(歲運)은 금(金)에 좋고、수(水)가 걸리는 것을 겁낸다。

목(木)은 묘월(卯月) 가운데에 정영(正榮)한다。만일 이것이 쓰인다면 생(生)을 만남을 기뻐한다。북방 해자(亥子)의 운에 이르면 명리(名利)가 이루어 진다。오미(午未)에 가면 복록이 더욱 많아 짐을 느낀다。

묘(卯)의 궁은 크게 금(金)이 내림을 겁낸다。화왕(火旺)하면 뿌리가 깊고、제복(制伏)이 강하다。<사주에 화(火)가 있음이 좋음>、일에 금(金)이 있으면 사축(巳丑)을 싫어한다。운이 유미(酉未)에 오면 반드시 상(傷)을 만나는 것이다。

기묘일주(己卯日主) 三、四월생은 살(殺)이 생하여 나타나면 화(火)만 있으면 좋다。그저 목화(木火)가 겹쳐서 서로 마주 보면 좋다。금수(金水)의 운을 와서 마지하면 생명이 반드시 결(缺)하는 것이다。

경신(庚辛)의 묘월(卯月)이 목(木)을 만나면、일주(日主) 뿌리가 없고 재왕(財旺)함을 겁낸다。남방 및 북방 해자(亥子)의 운에 오면 깨트려짐이 있다。만약 신금(申金)을 만나면 화난(禍難)이 온다。

계일(癸日) 뿌리없이 묘월(卯月)에 있으면、국(局)중에 화(火)가 있어 도리어 성공한다。만일 신왕(身旺)의 운에가면 부재(富財)가 많고、다시 관운이 시에 이르르면 생명이 반드시 끝난다。

四월건 진생(辰生)

四월 진궁(辰宮)생은 그저 토(土)를 논한다。살(殺)이 많고 금수(金水)화하여 상(祥)을 이룸。제강(提綱)이 만약 재관인(財官印)의 어느 곳에 있으면、금수(金水)가 서로 임하여 도리어 명(命)에 깨트려짐이 있다。무토(戊土)가 뿌리 없이 인에 앉으면、겹겹으로 수왕

(水旺)할때 복이 끝이 없고, 혹은 목화(木火)의 궁에 당함도 길, 금수(金水)를 서로 만나면 화(禍)가 반드시 침범해 온다.

四월 간두(干頭)〈진월(辰月)〉은 그저 금(金)을 쓸일이다. 화(火)가 토(土)를 생하면 두텁게 행복을 이룬다. 몸이 임계(壬癸)를 이루고, 토(土)의 많음에 만나면, 화(火)가 왕(旺)하는 때에 이르러 토(土)가 몸을 극하여 화(禍)가 반드시 다가오는 것이다.

五월건 사생(巳生)

갑을(甲乙)이 五월의 천에 임하면 수향(水鄕)에 이르러 목(木)의 왕(旺)할 때에 재원(財源)이 떨친다. 북방 해자(亥子)에 이른 때에는 흉파(凶破)가 많다. 〈사(巳)중에는 병화(丙火) 二十二일 왕(旺)하고, 경금(庚金) 五일, 손목(巽木) 三일있음〉. 다시 유축(酉丑)에 이르면 당장에 화(禍)를 서로 만난다.

五월생의 간두(干頭)〈十干중〉 수토(水土)를 만나면, 화향(火鄕)의 목(木)이 왕(旺)하는 운에 록(祿)이 돌아 든다. 만일 금수(金水)의 운에 가면 성패(成敗)가 많다. 그리고 제강(提綱)이 다른 지(支)와 대충(對沖)하는 것을 겁낸다.

금수(金水)가 간두(干頭)가 되어 五월생은 토(土)를 인수(印綬)로 하고、 화(火)를 재(財)로 한다。 신(身)이 강하고 토(土)가 두터우면 금토(金土)시에 좋다。 일주(日主)가 가벼우면 수(水)가 오는 것을 겁낸다。

임일사월(壬日巳月)생에 화토(火土)가 많으면 뿌리가 없고、 인수(印綬)가 없으므로 재향을 겁낸다。 순행(順行)하는 신유(申酉) 〈금(金)〉는 명리(名利)가 이루어 진다。 역주(逆走)하여 동남방에가면 수명을 손상한다。

五월은 금화(金火)를 생하고 목(木)은 왕(旺)한다。 임일(壬日)은 화(火)로서 재(財)로 하고 토(土)로서 살(殺)로 한다。 〈임(壬)은 금(金)으로부터 생한다〉。 세가지를 분명히 쓰는것이 좋다。 재관인수(財官印綬)다같이 사(巳)중에 있다。 운이 높고 낮음을 보아서 자세히 찾을 것이다。

六월건 오생(午生)

六월 오(午)의 궁(宮)은 화(火)의 정영(正榮)하는 때이다。 〈정화왕(丁火旺)하기를 二十二일 병화왕(丙火王)하기를 七일〉、 이 고저(高低)에 따라서 귀천(貴賤)을 분명히 한다。

재관인수(財官印綬)는 왕생(旺生)함이 좋다。살의 화함을 기뻐하고、사주는 평균 함이 좋다。

六월은 덥고 더울때라서 화(火)로서 논한다。목화(木火)를 만나면 자연히 복을 일오킨다 서방(西方) 금수(金水)인때는 극해(剋害)가 있다。축(丑)이 토(土)에 돌아갈때에는 도리어 수(水)를 맞이함을 겁낸다。

오(午)의 궁(宮)은 자(子)가 수(水)에 와서 충(冲)함을 겁낸다。(자오의충) 화(火)를 써서 충(冲)을 만나면 명수(命數)도 손상한다。일주(日主)의 경신살(庚辛殺)을 만나는 것 같은 것은 운(運)중의 충(冲)을 만나면 도리어 성공한다。

재관인수(財官印綬)를 오(午)에 감추면 서북에 임함도 나쁘고、자신진(子申辰)의 수국(水局)을 만나면 좋지 않다。목화토(木火土)의 운에 이르면 부귀를 가져오고、수토(水土)가 약하면 다시 금운(金運)은 좋지 않다。

七월건 미생(未生)

병정일(丙丁日)이 미(未)의 궁에 만나면、금수(金水)는 흉이라고 하나 반드시 흉은 아니다。목운수향(木運水鄕)은 바로 부귀하는 때이다。다시가서 신유(申酉)에 당할때에는 화재(禍災)가 겹쳐온다。

미월(未月)의 지(支)중에는 목화(木火)를 갖춘다。〈미궁(未宮)은 기토(己土)十八일、정화(丁火)七일、계수(癸水)五일 있음〉、순역(順逆)을 만나지 않고 격이 높고 낮고 하면 남방을 지나 동방에 왕(旺)한다。서위(西位)는 휴계하고 술해(戌亥)인 때에는 결(缺)한다。

八월건 신생(申生)

인수재관(印綬財官)이 신(申)의 월진에 있으면 북방에 돌아갈때에 두터운 참복을 만난다〈신궁(申宮)은 경금(庚金)의 왕(旺)하기를 二十三일 임수(壬水)가 생하기를 五일、곤토(坤土)二일、경록(庚祿)은 신(申)에 있다。신(辛)도 신(申)에 왕(旺)한다。신(申)은 수(水)를 생한다。북방은 곧 임수(壬水)의 지이다。화금(火金)、생왕(生旺)하면 바로 청귀(淸貴)하다。대운에 인(寅)이 오는 것을 가장 겁낸다。

경신(庚辛)의 건록제왕(建祿帝旺)은 신(申)에 있다。관(官)이 있고、인수(印綬)있고 재성(財星)이 있다。역행(逆行)하여 진사(辰巳)에 이르면 재록(財祿)을 가져오게 한다。북방의 지에가면 부귀가 이루어질 것이다。

임계(壬癸)는 七、八월 금(金)에 임하여 생한다。 화토(火土)가 두터우면 북방에 의함。 사주에 상(傷)이 없고、 해가 없으면 수(水)에 감은 좋지 않다。 제왕건록(帝旺建祿)의 때에도 또한 도리어 좋지 않다。

九월건 유생(酉生)

갑을(甲乙) 뿌리 없이 八월을 만남、 경신(庚辛)의 금왕(金旺)한다。 흉을 싫어하지 않고 〈경신(庚辛)은 갑(甲)의 재성(財星)이다〉북방의 수운(水運)에 이르러 재정(財正)이 이루어 진다。 인수(印綬)인 것이다。 남방에 역주(逆走)하면 득실(得失)이 같지 않다。

유월(酉月)이 금(金)을 감추어 을일(乙日)〈일간〉을 만나면 〈八월 신월(辛月) 二十二일、 경금(庚金) 七일、 정기(丁己) 一일을 생함〉 북방 해자(亥子)의 수(水)가 겹쳐지고、 오미(午未)가 밝으면 재권(財權)이 겹쳐진다。 사축(巳丑)을 더하면 수명이 반드시 끝난다。〈유사축은 금국(金局)이다。 즉 왕(旺)의 극이므로 수명이 끝나는 것으로 함〉。

갑을유월(甲乙酉月)은 관살(官殺)이 많고、 을목(乙木)에 유사축(酉巳丑)은 금국(金局)

十간일(干日) 十二개월(個月) 정국(定局)

하므로 살(殺)이 태중(太重)한다. 뿌리없는 일주(日主)는 한평생동안 박명(薄命)이다. 북방에 순주(順走)하는 것은 축(丑)에 임함은 좋지 않다. 역주(逆走)하는 것은 사(巳)의 위에서 결(缺)한다. <순주(順走)、역주(逆走)는 운기이다.>

정생(丁生)의 유월(酉月)로서、천간(天干)이 계(癸)이라면 살성(殺星)을 잘 보내나 또한 재(財)도 떠난다. 기(氣)가 있으면 몸을 지켜 인수(印綬)<학문>에 있고、무정하면 수운(水運)에 이르러 넘어진다. 정화(丁火)는 유월(酉月)에 생한다. 또 신금(辛金)으로서 재(財)로 한다. 그러므로 토(土)를 기뻐하고、수(水)를 꺼린다. 금왕(金旺)하면 화(火)를 기뻐하고 재(財)를 기뻐함은 이때문이다. 수운(水運)이 되면 살(殺)이 왕(旺)함>.

추금(秋金)의 유(酉)에 축(丑)이 겹쳐지면 금(金)이 왕한다. 화(火)의 단련(鍛練)을 만나면 성명(聲名)을 떨친다. 동방<갑을>에 가버리고、재록(財祿)이 있다. 서북방에 이르러서 복이 반드시 기우는 것이다.

十월건 술생(戌生)

十월 술(戌)중에는 화토(火土)를 감춘다. <무토(戊土) 十八일 신금(辛金) 七일、병화(丙

火)五일〉、 경신(庚辛)은 일주(日主)의 뿌리 없이도 꺼리지 않는다。 격중에 만일 재관인(財官印)이 있으면、 운이 남방에 이를때에 복록이 형통하는 것이다。

갑을(甲乙) 일간(日干)이 추금(秋金) 十월에 생하면 목(木)이 쇠하고 금왕(金旺)하므로 경신(庚辛)을 겁낸다。 만일 수화(水火)에 임하면 가계(家計)가 흉한다。 금수(金水)가 얽히어오면 화(禍)가 곧 일어난다。

재관(財官) 인수(印綬)로서 十월에 임하면、 발상승등(發祥升騰)하는 것은 묘인(卯寅)을 보는 때이다。 순운(順運)이라면 북방 자축(子丑)에 가고、 역행(逆行)이면 유(酉)의 깨트림을 싫어하고 신(申)을 만남을 싫어한다。 술월금(戌月金)을 생하여서 화토(火土)를 감춘다。 혹은 남북에가고 혹은 동쪽에 감、 순역고저(順逆高低)의 격은 다같지 않다。 대운명(大運命)을 만나면 명수(命壽)가 반드시 끝난다。

임일(壬日) 뿌리 없이 무기(戊己)의 토(土)가 많고、 十월에 생하면 재(財)가 지나침을 싫어 한다。 임(壬)의 재(財)는 병정(丙丁)이다。 역행(逆行)하는 것은 남방 오(午)에 감을 쓰지 못한다。 순행(順行)하는 것은 인(寅)이 좋지 않다。 〈남방은 화생토、 동방은 목극토 병정(丙丁)주가 없고 술(戌)의 중순에 생한다。 재천간(財天干)에 통하므로 용신(用神)을 이룸、이격은 상관격(傷官格)이므로 왕(旺)을 기뻐한다。단 신(身)이 왕(旺)하여 신을 상(傷)함을 근심한다。

十一월건 해생(亥生)

수목생(水木生)은 해월의 건(乾)에 있다。十一월 건금(乾金)三일、갑목(甲木) 생하기를 五일、임수(壬水)왕 하기를 二十二일、재관인수(財官印綬)가 서로 이어짐을 기뻐한다。임(壬)을 쓰면 운이 왕하여 남방에 갈것이고、목(木)을 쓰면 또 인묘(寅卯)의 시에만 남을 기뻐한다。<서방은 금생수 동방은 목(木)、금(金)을 겁낸다。>

병일은 임(壬)이 살(殺)이 되고、동남을 기뻐함、동남 운인때에는 관(官)이 발현(發顯)한다。대운(大運)은 금수(金水)의 지에 만남을 근심한다。다시가서 서태(西兌)<유(酉)>에 이르면 수명을 지니기 어려운 것이다。

재관인수(財官印綬)가 건궁(乾宮)에 섬。<건궁(乾宮)은 해(亥)이다。계수상왕의지>。수목(水木)상생하면 복록이 통한다。양 수(壬)은 금(金)을 기뻐하고 화토(火土)를 꺼린다。운행하여 사(巳)의 충형(冲刑)함을 가장 겁낸다。일주(日主) 뿌리없고 <경일(庚日) 또는

무(戊)는 일주(日主) 뿌리없다〉간(干)은 토금(土金)、월해자(月亥子)〈수〉에 통하면 토(土)가 와서 범한다。그저 인수(印綬)의 신(身)을 도와서 왕(旺)함을 기뻐한다。어찌 제강(提綱)의 용신(用神)을 손(損)함을 꺼릴 것인가。

十二월건 자생(子生)

병정(丙丁)이 일월의 자(子)를 만나고、지하(支下)에 신시(申時) 또 진시(辰時)가 있으면 화토(火土)가 왕(旺)하는 때에 이르러서 부귀(富貴)가 이루어진다。다시 가는 금수(金水)는 화(禍)를 금하기 어렵다。

자(子)의 궁(宮)〈壬水七일、癸水二十三일〉수(水)가 있어 금향(金鄕)에 왕함、토(土)를 보면 휴수(休囚)하여 지(支)의 깨트려짐을 꺼린다。토(土)가 없고서 화(火)가 수(水)를 만나면 귀하다。오(午)가 와서 충(沖)을 대하면 수명이 쇠 한다。

경금(庚金)이 자(子)를 만나면 강하고 길하다。화토(火土)가 옴을 싫어 하나 반드시 흉은 아니다。운(運)이 원래의 별로 사라질때에 귀복월이 된다。재행(再行)하는 오운(午運)은 복이 겹겹이 있다。

경일(庚日) 인오술(寅午戌) 화국(火局)을 만나서 일(日)이 화국(火局)에 통하면 이것을 제강(提綱)으로 한다。만약 금수(金水)의 차례에 가면 부(富)를 이룬다。화토(火土)가 겹쳐오면 화(禍)를 면한다。

수(水)가 겨울도 돌아가면 낙이 끝이 없고 근심이 없다。재관(財官)을 뚫고나오면 一국중에 당하는 부(富)를 얻는다。순역(順逆)을 나누지 않으면 부귀를 버린다。제강(提綱)을 형극(刑尅)하면 일을 끝난다。

一월건 축생(丑生)

갑자생(甲子生)이 축월중(丑月中)에 있으면〈축궁(丑宮)은 계수(癸水)七일、신금고(辛金庫)五일、기토(己土) 十八일이다〉。뿌리없는 금수(金水)는 흉을 싫어하지 않고、중행(重行)하는 금수(金水)는 명성(名聲)을 나타내고、화토(火土)를 서로 만나면 본종(本宗)을 깨트린다。

병정일화(丙丁日火)에 앉으면 재(財)가 살을 당한다。사주에 뿌리가 없으면 수(水)의 향(鄕)을 싫어한다。운이 화향(火鄕)에 이르면 복의 도움이 더 하여진다。또 현진(顯進)하여 명리(名利)의 향그러움을 알 것이다。 경신일(庚辛日) 축월(丑月)에 있으면 인수(印綬)를 감춘다。 화토(火土)에 임하여 오면 복록이 갖추어 진다。 임계(壬癸)가 천간(天干)에 투출(透出) 함은 〈임(壬)은 경(庚)의 식신(食神)〉、 무기(戊己)를 만나서 서로 좋음을 기뻐함 무기(戊己)는 경신(庚辛)의 인수(印綬)이다。

임계일(壬癸日) 축월(丑月)의 제강(提綱)에 있으면 사주에 금(金)있고 토(土)가 있으면 격의 기에 당한다。 순행(順行)하여 진사(辰巳)에 이르면 재록(財祿)이 흥한다。 역행(逆行)은 신유(申酉)의 지(支)에 이르러 승등(升騰)한다。

무토일생(戊土日生) 一월의 축(丑)에 있으면 상관의재(傷官財)、 왕(旺)을 생하는 시절이다。 물(水)이 맑고 금(金)이 없으면 격중의 기(奇)이다。 만일 화토(火土)를 만나면 대개 좌절(挫折)이 있다。

기간일(己干日) 축(丑)을 이끌고 금국(金局)에 있으면、 살(殺)이 왕(旺)하고 신(身)이 강하고 격국(格局)이 높고、 금수(金水)가 겹쳐오면 명리(名利)가 두텁다。 계수(癸水)를 관으로 하고 신금(辛金)을 재(財)로 한다〉。 단 수향화지(水鄉火地)는 여물지 못하다。

병일(丙日) 뿌리가 많고서 축국(丑局)을 만난다。 재관(財官)을 감추어서 달의 제(提)중에 있고 수향(水鄕)에 왕(旺)이 있고、금(金)의 향(鄕)도 길이다。 토(土)는 곤행(困行)하고 남방은 모두 공(空)이다。

무기일(戊己日)생 축월(丑月)가운데에 있다。 곧 양인(羊刃)에 있고 천궁(天宮)에 있다。 양인(羊刃)은 겁재(刼財)이다。 자오(子午)의 머리에 있으므로 천궁(天宮)이라고 함 금이 많고 수(水)가 있으면 귀를 이루고、화토(火土)는 싫어 한다고 하여도 비견(比肩) 겁재(刼財)와 같은 것이다。

내(內) 十八 격(格)

정관격(正官格)

생월위에 정관(正官)만 있고、다른주(柱)에 없는 것 시상(時上)에 겸하여 재성(財星)이 있는 사람은 귀인 이다。

이격은 충(沖)을 겁내고、상관(傷官)、칠살(七殺)을 봄을 겁낸다。 대운(大運) 또한그러하다。

인수(印綬)를 기뻐하고、신왕(身旺)을 기뻐하고、재성(財星)을 기뻐한다。세운(歲運) 또한 같은 것이다。

이별의 사람은 위덕(威德)을 현양(顯揚)하고、국가에 크게쓰일 인재가 되고、대장부다운 인격을 갖는다。

敗財 乙未年 養

敗財 乙酉月 絕

(辛正官) 官子日 沐浴

食神 丙寅時 長生

이명은 지사(知事)품격이다。신(辛)을 깨트리는 정묘(丁卯)가 없다。그러므로 길이다。

印綬 乙卯년 沐浴

내(內) 十八격(格)

食神(식신) 戊子월 胎(태)

(癸正官)(계정관) 丙子일 建祿(건록)

偏財(편재) 寅申시 絕(절)

이명은 대신(長官) 품격이다.

偏財(편재) 乙酉년 建祿(건록)

比肩(비견) 辛巳월 死(사)

(丙正官)(병정관) 辛未일 冠帶(관대)

印綬(인수) 戊子시 胎(태)

이것은 육음조양격(六陰朝陽格)〈아래있음〉 대장(大將) 품격이다.

잡기재관격(雜記官格)

생월이 진、술、축、미(辰戌丑未)중 어느 것에 해당하는 것이다。진、술、축、미는 四철의 토(土)이고、재관인수잡기(財官印綬雜記)에 있는것이다。이들별이 간두(干頭)에 투출(透出)하면 격이 좋은 것이다。그저 재(財)가 있는 것은 존귀하다。이것들은 격에들고 좋은 명을 띤다。간지(干支)는 아래와 같다。

壬子년
甲辰월
己卯일
壬申시

壬子년
丁未월 丁정官관
庚戌일 己기財재
壬午시

戊子년
壬戌월 무戊
乙卯일 재財
丁丑시

이것들은 어느 것이고 서기관(書記官) 이상 지사(知事) 장관(長官)의 명(命)이다。중국의 서성(書聖) 왕희지(王羲之)의 명은

명식(命式)

乙卯년

癸未월 己官(기관) 丁財(정재)

壬子일

辛丑시 辛印(신인)

이라는 조직이다。

명식(命式) 공작(公爵) 「西園寺公望씨」

가영(嘉永) 二년 十월 二十三일 오후 九—十一시

食神 己酉년 絶(절)

乙亥월 死(사)

(壬正官) 丁亥일 建祿(건록)

偏財 辛亥시 沐浴(목욕)

이것은 월상(月上)에 정관(正官)이 나오는 격으로 시상(時上)에 겸하여 재성(財星)이 있으면 참귀인의 격이라고 적은 것이다. 시간은 정확 하지 않으나, 정처(正妻)가 없고, 자식에는 남자아이가 없는 점으로 또한 국가의 큰 인재가 된 귀격으로 하여 이 생시라고 생각한다. 중국의 시(詩)에 이격은

곤화(鯤化)하여 붕국(鵬局)을 이루고,
성명(聲名) 스스로 이에 나타난다.
관운(官運)이 록(祿)의 지(地)에 가면
발달(發達)어찌 심상(尋常)하리오.

라고 있다. 또

천원정일(天元丁日)이 해시(亥時)에 당한다.
청운(靑雲)에 평보(平步)하여 길을 바르고 멀다.

내(內) 十八격(格)

뜻을 언으면 퇴모(退毛)하여 닭이 봉(鳳)으로 화(化)한다。

봉정만리(鵬程萬里)、 고상(高翔)〈훨훨난다〉함에 맡긴다。

라고 있다。「西園寺公」은 「德大寺公」의 영제(令弟)이고、 원래의 이름은 「望一郎」이라고 하였다。「西園寺公」의 뒤를 이어 오늘의 어마어마한 자리를 갖게 된것이다。

월상편관격(月上偏官格)

즉 월상(月上)에 편관일성(偏官一星)이 있고、 일간(日干)에 왕(旺)을 생하는 것은 마땅히 귀복을 이룬다。 신약(身弱)인 사람은 도리어 화(禍)를 가져온다。

월상편관격(月上偏官格)인 사람은 신왕을 기뻐하고、 충(沖)이 많음을 겁낸다。 이 조직인 사람은 그 사람됨이 성품이 무겁고 강집(剛執)하여 굽히지 않고、 시상(時上)에 편관(偏官)이 있는 것도 또한 그러하다。

양인(羊刄)을 봄을 좋아 하고、 월상(月上)편관(偏官)의 지지(支地)에 단지 하나 그것이 있음이 좋다。 편관(偏官)의 운에 가고、 만약 또 갑자(甲子)가 있고、 년시상(年時上)에 또 한 이것이 있으면 도리어 편관(偏官)의 왕(旺)하는 운에 가고、 또 관(官)의 향(鄕)에 감을 요하지 않는다。 세운(歲運)도 또한 그러하다。 태과(太過)를 이루면, 도리어 화(禍)를 가져오는 것이다。

제복(制伏)의 곳에 가면 곧 발복한다。 시의 편재격(偏財格)과 닮았다。 여기에 그 예를들면 아래와 같다。

丙子년
甲午월 偏편官관 丁정火화
辛亥일
辛卯시

丙寅년
戊戌월 偏편官관 戊무土토
壬戌일
辛丑시

丙寅년
庚寅월 偏편官관 甲갑木목
戊辰일
庚申시

이상은 모두 수평선은 누빌 사람의 명이다。 장군의 명、

食神 戊寅년 沐浴 ○무계(戊癸) 화화(火化)함
正官 癸亥월 壬水 偏官 帝旺
丙申일

食神戊子시 胎 ~

이격은 살신태중(殺神太重)함、동방의운 갑을묘(甲乙卯)에 감을 기뻐한다。 화(火)가 많고 물(水)이 가늘게 있다。 인(寅)의 목궁(木宮)에 이르러 화가 왕(旺)함을 기뻐한다。 즉 이것이 일년의 화(火)이다。 운행하여 묘(卯)의 화국(火局)과 만나도 하등의 이익이 없다。 음목(陰木)에 걸리어 화(火)를 생하지 않는다。 즉 목(木)은 스스로 왕(旺)하여 화(火)가 되지 못한다。 여기서 인운(寅運)、정묘(丁卯)의 운중에 죽는 것이다。 즉 六병일생(丙日生)에 해자(亥子)가 많음과 같은 것이다。

중국의 왕(王)

년	월	일	시
偏財(편재)	敗財(패재)		比肩(비견)
丙辰	癸巳	壬戌	壬寅
		戊土(무토) 偏官(편관)	

중국의 대관(大官)

년	월	일	시
食神(식신)	正財(정재)		偏財(편재)
戊申	辛酉	丙申	庚寅
		辛金(신금) 偏官(편관)	

시상편재격(時上偏財格)

시상 그저 한자리 편재성(偏財星)이 있는 생이다。 충파(冲破)를 만나지 않는 것이 좋다。
이격은 여화스러운몸이다。 이를테면 아래와 같다。

偏官(편관)	庚寅	년
敗財(패재)	乙酉	월
印綬(인수)	甲子	일
偏財(편재)	戊辰	시

印綬(인수)	乙未	년	
偏印(편인)	甲申	월	(살(殺)이 가볍다)
	丙申	일	신약(身弱)
偏財(편재)	庚寅	시	

시상(時上) 편재격(偏財格)은 시상(時上) 편관격(偏官格)과 닮았다。 그저 시상(時上)에만 한자리 있는 것이 좋다。 또 충(冲)이 있음을 겁낸다。

편재(偏財)는 바로 중인(衆人)의 재(財)이므로、 이 재(財)가 있는 것은 출재(出財)가 많고、신약(身弱)하면 모두 다른 곳으로 가고、그저 한별이고 신왕(身旺)이면 도리어 복을 가져오는 것이다。

이격을 찾는 것은 편재(偏財) 대목을 봄이좋다。

시상일위귀격(時上一位貴格)

○위의 귀(貴)한 것은 오직 시상(時上)에 一위 있는 것이 귀한 것이다。혹은 년월일 가운데에 또 있는 것은 도리어 신고노역(辛苦勞役)을 하는 사람이다。이상 一위귀격은 시상(時上) 편관(偏官)이 있는 사람이다。본래 신왕(身旺)인것이 좋다。그리하여 년월일에 제복(制伏)이 있다。많으면 곧 칠살(殺)의 왕(旺)하는 운에가고、혹은 합지(合地)를 얻으면 발복한다。만일 제복(制伏)이 없으면 제복의 운에 가면 발복한다。혹은 칠살(殺)이 왕(旺)하는 곳에 가고 그리하여 이것을 막는 것이 없으면 곧 화(禍)가 생한다。월상편관(月上偏官)은 충을 겁낸다。양인(羊刃)과 같은 것이다。시상편관(時上偏官)은 충(沖)을 겁내지 않는다。이것도 양인(羊刃)과 같은 것이다。또 본신(本身)이 스스로 왕(旺)함을 요한다。갑을일(甲乙日) 二월생과 같은 것이다。편관(偏官)이 있는 사람은 그 사람됨이 성미가

중강(重剛)하여 급하지 않고、월의 편관(偏官)도 또한 그러하다。

편관(偏官)은 식신(食神)과 만남이 좋고、인수(印綬)가 있고 몸이 강하면 복록이 풍부하다。 만일 정관(正官)과 함께 편인(偏印)을 보지 않고 사절(死絕)을 만나면 화(禍)가 겹겹한다。 편관(偏官)에 인수(印綬)가 있으면 화(化)하여 권(權)을 이룸、운이 몸의 강함을 도우면 복록이 갖고、한결같이 신약(身弱)과 함께 형해(刑害)를 꺼린다。 이별이 있는 사람은 일생동안 재병화(災病禍)가 잇달린다。

壬午년
庚戌월
甲午일
庚午시 시상경금(時上庚金) 귀(貴)가 됨

甲申년
丙寅월
乙卯일
辛巳시

己巳년
丁卯월

庚寅년
壬午월

丙午일
壬辰시 時上壬水(시상임수) 귀(貴)가됨

辛巳년
辛丑월
己卯일
乙亥시 時上乙木 귀(貴)가됨

戊寅일
甲寅시 時上甲木(시상갑목) 귀(貴)가됨

己巳년
壬子월
癸卯일
己未시 時上己土(시상기토) 귀(貴)가됨

명식(命式) 〈고(故)「原敬씨」〉
안정(安政) 三년 二월 九일 〈오전 五시―七시〉

劫財(겁재) 水(수) ─ 丙辰년
偏財(편재) 火(화) ─ 辛卯월

○丙辛 합하여 수화정관(水化正官)이됨。
○辰과 酉가 합함。
○卯酉가 충(冲)함。 서로 깨트

(乙偏印) 丁酉일 (冲) 림。

偏官 癸巳시 金化正財

순(順) 七년운 辰巳 공망(空亡)

○생년월일에 나타난 별에서 본다면 시상(時上)에 귀성(貴星)이 없으면 아니된다。 아마도 시상 일위격(時上一位格)이리라。

이것으로 七년운을 알아보면

七 세 辛卯 偏財

十四세 壬辰 正官

二十一세 癸巳 偏官

二十八세 甲午 印綬

내(內) 十八격(格)

三十五세 乙未 偏印(편인)

四十二세 丙申 劫財(겁재) (四十六세 壬(임)의 정관(正官) 때에 체신부장관이 됨。

四十九세 丁酉 比肩(비견)

五十六세 戊戌 傷官(상관)

六十三세 己亥 食神(식신)

七十세 庚子 正財(정재) (六十四세에 국무총리 가 됨。

시상편관(時上偏官)의 사람은 성미가 고강(高剛)하고 다른 사람에게 굽히지 않고、라고 있음은 「原」씨의 사람됨을 잘 나타내었다。또 운세로 말하면 중국의 시(詩)에 편관(偏官)의 묘 식신(食神)을 쫓기를 기뻐하고、인수(印綬) 신강(身强)하면 복록이풍부하느니라。

라고 있는것 처럼、 시상일귀(時上一貴)를 만나 대귀(大貴)하고、 여기 수상(首相)의 영직(榮職)에 오른 것이다。

○그러한데 서기 一九二一년은 신유(辛酉)의 편재년(偏財年)이다。 (六十七) 세운은 임인(壬寅)이다。 대운(大運)은 위에 적은바와 같이 기해(己亥)이다。 이 해(亥)로 부터 생시의 사(巳)를 충(沖)함。 또 유(酉)와 사(巳)와 금국(金局)한다。 또 유(酉)의 신금(辛金)이 길(長)다。 즉 정(丁)의 편재(偏財) 왕성(旺盛)하고、 식신(食神)의 기(己) 또한 이것을 도우므로 도기(盜氣)가 점점 심하여진다。 비명(悲命)에 넘어진 것은 十一월 四일로서 술(戌)의 十월 절(節)중에 있다。 술(戌) 또한 토(土)로서 편재(偏財)의 생장(生長)을 도우고、 곧 왕(旺)의 극(極)이 된다。

十一월 四일은 신미 편재(辛未偏財)의 날이다。 미(未) 또한 토(土)로서 금(金)을 도운다 도기(盜氣)의 극(極)에 이르름。 이로써 명수(命數)가 여기에 극(極)한 모양이 된것이다。

명식(命式)∧자작(子爵)「齊藤實씨」

안정(安政) 五년 十월 二十七인 오전 三시쯤

劫財(겁재) 戊午년 絕(절)
偏財(편재) 癸亥월 帝旺(제왕)
(壬正財)(임정재) 己巳일 建祿(건록)
偏官(편관) 乙丑시 衰(쇠)

○戊癸火化(계해화화)하여 인수(印綬)가 됨。
○己丑(기축) 금국(金局)＜상관(傷官)＞

순(順) 二년운

○년월일 만을 보아서는 귀명(貴命)을 모르나、이 세가지로서는 시상(時上)에 한자리의 귀격(貴格)이 없으면 아니된다。중국에서는 초왕(楚王)、「孫鎭卿」장군이 이명을 가지고 있었다。이것을 또 시상편관격(時上偏官格)이라함。그의 사람됨이는 성미가 중강(重剛)하여 세도에 굽히지 않고、대기(大器)를 이룸。신왕(身旺)인 것은 편관인수(偏官印綬)를 생하여 권(權)을 이루고 복록이 갖은것이다。더욱이 무계(戊癸)의 간합(干合)은 화(火)의 인수(印綬)가 됨으로 대귀이다。중국의 시(詩)에

편관(偏官)의 묘는 식신(食神)을 만남을 기뻐하고、 인수(印綬) 신강(身强)하면 복록이 풍부하고、 만약 정관(正官)과 함께 효용(梟用)을 보면、 도리어 사절(死絶)을 만나서 화(禍)가 중중하리라。 편관(偏官)에 인수(印綬)가 있으면 화(化)하여 권(權)을 이루고、 통하여 신강(身强)을 도움에 이르면 복록(福祿)이 갖고、 한결 같이 신약(身弱)및 형해(刑害)를 꺼림。 일생동안 재병화(災病禍)가 잇달리리라。 라고 있다。「齊相」씨는 또 장래의 수상(首相)으로 즉목 된다。 이 권위(權威)는 사주중에 있음。

비천록마격(飛天祿馬格)

이격은 경임(庚壬) 두자에 자「子」자가 많음을 쓴다。 자(子)부터 오(午)를 충(沖)함 오중(午中)의 정기(丁己)를 관성(官星)으로함。 사주중에 인자(寅字)와 함께 미자(未字)가 있음을 요함、 혹은 술자(戌字)가 있어 화국(火局)하며 더욱 묘하다。 六경일(庚日) 六임일(壬日)은 자(子)로서 오(午)를 충(沖)하고、 경일(庚日)은 자(子)로서 오(午)를 충(沖)하면 오중

(午中)의 정화(丁火)가 관(官)이 되어 활용한다。 사주중에 정자(丁字)와 함께 오자(午字)가 있으면 이미 확실히 존재하고 있는 것이므로 어느정도 복을 감한다。 세운(歲運)을 만남도 또 꺼린다。 六임일(壬日)과 같은 자(子)로서 오(午)를 충(沖)하면 오중(午中)의 기토(己土) 관성(官星)으로서 활용하고 복을 발한다。 사주중에 이미 기자(己字)및 오자(午字)가 있으면 어느정도 복을 감한다。 세운 대운을 만남도 꺼린다。

<장관(官長)의 명>

丙子 년
丁酉 월
庚子 일 (丁火 正財)
丙子 시

의명>

壬子 년
壬子 월

<백작(伯爵)의 부인>

己未 년
丙子 월
丙寅 일 (丁정火화 正정官관)
丙子 시

의명>

壬子 년
壬子 월

<대사 (大使)

壬子일 己土 관(官)을 이룸

壬寅시

<걸식 (乞食)

壬子일

丙午시

重官 중관 極貧 극빈

우격(又格)

이것은 비천록마(飛天祿馬)의 별격(別格)이다. 신계일(辛癸日)에 해자(亥字)를 씀 해(亥)는 사(巳)를 충(沖)함. 사(巳)중의 병무관성(丙戊官星)을 이룸, 사주에 신자(申字)및 유사(酉字) 그리고 축자(丑字)가 있음을 요함, 二자가 있고 화국(火局)함도 묘하다. 이를테면 六계일(癸日)은 해(亥)로서 사(巳)를 충(沖)함. 만일 사주에 술자(戌字)가 있으면, 해(亥)는 술(戌)때문에 사(巳)를 충(沖)하지를 못한다. 즉 관(官)의 활용을 일으키지 않는다. 세운이 대운(大運)인 때에도 이것을 꺼린다. 六신일(辛日)과 같은 해(亥)로서 사(巳)를 충(沖)함. 사(巳)중의 병(丙)을 관성(官星)으로함. 만약 사주에 병자(丙字)및 사자(巳字)가 있으면 어느정도 복을 감한다。 세운 대운(大運)도 또한 그러하다。 운이 이어지면 대세(大歲)는 가볍다。 재차 사자(巳字)를 보면 화(禍)가 있다。

사판(事判)

辛酉년
癸巳월
丁巳일 ○己로서 亥를 충(沖)함、壬수관(水官)으로함、
乙巳시

장단사(長團師)

辛巳년
甲午월
丁巳일 ○위와같음、
乙巳시

을사서귀격(乙巳鼠貴格)

을사서귀격(乙巳鼠貴格)은 달에 관성(官星)이 있으면 쓰지않는다。 또 크게 오자(午字)의 충(沖)함을 겁낸다。 병자시생(丙子時生)이지만 병자가 있음을 묘로 한다。 이것 귀를 모으는 격(格)이다。 주중(柱中)에 경신자(庚辛字) 및 신、유、축(申酉丑)자가 있고、안에 경신(庚辛)이 금(金)이 있으면 어느정도 복을 감한다。 세운(歲運)이 대운(大運)인때에도 그러하다 사주에 관성(官星)이 없는 것은 이것을 씀。 입격팔자(入格八字)는、

〈(事判) 사판〉

	년	월	일	시
	劫財(겁재)	正財(정재)		傷官(상관)
	甲寅	戊辰	乙亥	丙子
	長生(장생)	冠帶(관대)	建祿(건록)	胎(태)

육을서귀격(六乙鼠貴格)

이격은 여섯개의 을일(乙日)에 자시(子時)의 자(子)가 사(巳)와 암합(暗合)하여 사(巳)를 움직여서 신(申)과 합한다。경의록(庚祿)〈建祿〉은 신(申)에 있다。즉 경(庚)의 관(官)을 쓴다。금(金)으로 부터 수(水)를 생하므로 자、해、묘(子亥卯)시생을 묘로 함。사(巳)가 인(寅)을 형(刑)함을 꺼린다。자을(子乙)두자를 충해(冲害) 상관(傷官)함이 없이、그리고 재성(財星)이 없음은 즉 육을(六乙) 자시격(子時格)이다。원래부터 관성(官星)이 있으면 이것을 론함、 인오술(寅午戌)의 충(沖)을 꺼림、 경신 신유축자(庚辛申酉丑字)가운데 한자를 보면 어느 정도 꺼복을 감한다。 또 달이 재관(財官)에 통함을 꺼린다。 대운(大運)의 때에도 또한 그러하다。

합록격(合祿格)

이격은 육무일(六戊日)로서 주(主)로함。 경신(庚申)시로서 묘(卯)중의 을목(乙木)과 합하여 무(戊)의 정관(正官)으로 함。 사주중에 갑을병자(甲乙丙字)사자(巳字)가 있으면 형파(刑破)한다。 자신병(子申丙)이 있으면 경자(庚字)를 상(傷)하고 어느정도 복을 감한다。 세운이 대운(大運)일 때에도 또 그러하다。 격에들어감은 아래와 같다。

壬午년
己酉월
戊午일
庚子시 ○庚으로써 卯가운데의을목(乙木)과 합(合)하고 무(戊)의 관(官)을 이룸

壬申년
辛亥월
戊寅일
庚申시 ○위와 같음。

우합록격(又合祿格)

이는 六계일(癸日)을 주(主)로 함、경신시(庚申時)에 만남을 기뻐한다。신시(申시)를 써서 사(巳)와 합(合)하고、사중(巳中)의 무토(戊土)를 계일(癸日)의 정관(正官)으로 함、만약 사주중에 무자(戊字) 및 사자(巳字)가 있으면 신시(申時)를 형파(刑破)한다。혹은 병자(丙字)가 경신시(庚申時)를 깨트리면 어느정도 복을 감한다。세운대운(歲運大運)도 또한 같은 것이다。일간(日干)이 계(癸)이고、시경신(時庚申)、추동(秋冬)중에 난 사람은 부귀한 사람이다。격(格)에 들기 아래와 같은 것이다。

〈(事知)사지〉

癸酉년
己丑월
癸丑일
庚申시

〈(官長)관장〉

己酉년
癸未월
癸未일
庚申시

명식(命式)〈현해무상(海務相)「安保淸種씨」

서기 一九七〇년 十월 十五일

食神 庚午년 建祿
印綬 丁亥월 胎
(庚食神) 戊申일 沐浴
食神 庚申시 合祿
比肩 戊午시 拱貴

○무신일(戊申日)로서 합록격(合祿格)이나 공귀격(拱貴格)이라고 생각한다。 합록격(合祿格)으로하면、 경(庚)은 묘(卯)중의 을(乙)과 합하여 무(戊)의 정관(正官)을 얻는 것이다。 그러므로 사주중에 정관(正官)이 없어도 관위(官位)가 현양(顯揚)함을 얻는 것이다。 중국의 시(詩)에

무신(戊申)、 경신(庚申)이 시상(時上)에 만나면
즉、 관인(官印)이 없어도 추동(秋冬)은 귀하다。〈亥는 겨울생이다。〉
갑병묘유(甲丙卯酉)의 기해(忌害)를 보지 말라。(아래의 사주에는 이 四자(字)가 없다)
넷영(四營)하면 세파(歲破)、 동궁(同宮)을 겁낸다。

라고 있다。 위의 명식은 아마도 이에 합치 하는 것이리라。

자요사격(子遙巳格)

이 격은 갑자일(甲子日)갑자시생(甲子時生)、 인 사람에 한한다。 자(子)중의 계수(癸水)멀리 사(巳)중의 무토(戊土)와 합함 화국(火局) 무(戊)는 와서 병화(丙火)를 만나고、 병(丙)은 와서 유중(酉中)의 신금(辛金) 〔병신수화(丙辛水化)합〕 갑자일(甲子日) 즉 정성(正星)〔신(辛)〕을 얻는 것이다。 즉 사유축(巳酉丑)의 三합 금화관록(金化官祿)이 되는 것이다。 그러므로 관(官)이 왕(旺)하는 향에 감을 요한다。 사주가운데 경자(庚字) 및 七살(殺)이있음을 꺼린다。 신금(辛金)의 관성(官星) 및 신유축(申酉丑)자가 따르게 되므로 좋지 않다。 이때문에 자(子)는 멀리 가지를 못하는 것이다。 만일 오자(午字)가 있어 자(子)와 충(沖)

을 일으키면 즉 어느 정도 복을 감한다。 세운(歲運) 대운(大運)도 또한 같은 것이다。 격에 드는 것은 아래와 같음。

<(官長)관장>

己巳년
乙亥월
甲子일
甲子시

<(事知)사지>

丙寅년
壬辰월
甲子일
甲子시

아래와 같은 것은 보통사람으로 복록이 적다。

己丑년
甲戌월
甲子일
甲子시

○子(자)는 丑(축)과 합하고 丑(축)을 따르게 함도 사(巳)를 움직여서 丙火(병화)를 일으키고 辛(신)의 관성(官星)을 이루지 못한다。

명식(命式) <高橋是淸씨>

안정(安政)원년 七월 二十七일(오전 十一시생)

比肩(비견) 甲寅년 病(병)

偏印(편인) 壬申월 長生(장생)

(壬(임) 偏印(편인)) 甲子일 肩祿(견록)

比肩(비견) 甲子시 沐浴(목욕)

○子(자)와 申(신)은 수국(水局)함

순(順) 六년운 공망(空亡) 戌亥

○갑자일(甲子日)이란 점으로 생각하고、또 수상(首相)의 인수(印綬)를 떠게 한바로서 생각하여 이것은 자요사격(子遙巳格)이라고 짐작된다。이격은 앞에서도 말한것 처럼、자(子)중의 계(癸)가 멀리 사(巳)중의 무토(戊土)와 합하여 화가되고、또 사(巳)중의 병(丙)은 와서 유중(酉中)의 신(辛)과 합하여 수(水)가 되어、갑일(甲日)의 관생(官生)을 얻는다는 것이다。∧갑일(甲日)의 병(丙)은 식신(食神)이고、신(辛)은 정관(正官)이다。그러므로 사

주중에는 도리어 식신(食神)이나 관성(官星)이 없는 것이 좋다.〉 즉 이것은 사유축(巳酉丑) 三합의 금(金)의 관성(官星)과 같은 것이 된다. 그리하여 지(支)에는 수국(水局)이 있다. 금생수(金生水)이다. 복록의 무한함을 나타내나, 요는 관(官)의 왕(旺)하는 향(鄕)에 감이 좋고, 신유축(申酉丑) 또는 오(午)의 충운(冲運) 인때에는 복음을 감한다.

대운(大運)

대운		나이	
壬申	偏편印인	六세	絕절
癸酉	印인綬수	十二세	胎태
甲戌	比비肩견	十八세	養양
乙亥	敗패財재	二十四세	長장生생
丙子	食식神신	三十세	沐목浴욕
丁丑	傷상官관	三十六세	冠관帶대

戊 寅 偏편財재 四十二세 建건祿록

己 卯 正정財재 四十八세 帶제旺왕

庚 辰 偏편官관 五十四세 衰쇠

辛 巳 正정官관 六十세 病병

壬 午 偏편印인 六十六세 死사

癸 未 印인綬수 七十二세 墓묘

○이 六十六세때에 임오(壬午) 즉 자(子)를 충(沖)하는 때로서 길하다。 이때 「高木乘」은 잡지 『운의 세계』를 발행 하고 있었는데 그二권 六월호에서 역(易)을 쓰는 성명학(姓名學)에서 판단하여 「高橋首相의 運命」은 이 五월로서 끝난다는 것을 발표하여、 백발백중의 윤을 가리켰다。 「高橋」 수상(首相)은 六월 五일에 계관(掛冠)한 것이다。 그때에도 十二운을 써서

67	68	69		65	66
建祿(건록)	帝旺(제왕)	衰(쇠)			冠帶(관대)

그리하여 「高橋」 수상은 서기 一九一八년 九월 「原內閣」에 들어가서 재무상(財務相」이 되것은 때마침 목욕운(沐浴運)을 지나 관대(冠帶)의 운에 들어간 때이다。 (곧 六十六세) 그로부터 임관(臨官)의 운으로、六十八세는 제왕(帝旺)의 운이 되어 이로부터 성대한 운은 끝나고 쇠운(衰運)에 드는 것이라고 말하였다。 一九二一년은 六十九세 이다。

○六十六세에 오(午)의 충(冲)의 대운(大運)이 되고、이때 재무상(財務相)이 되었으나 복우감하였다。 六十九세는 다음운에 있다。

大運(대운)	癸未	印綬(인수)	墓(묘)	(害)(해)
歲運(세운)	甲子	比肩(비견)	沐浴(목욕)	(冲)(충)
流年(유년)	壬戌	偏印(편인)	養(양)	(破)(파)

六월 庚午偏官(경오편관) 死(사) (沖)(충)

가되어、무기(戊己)의 토(土)라면 관(官)은 왕(旺)하나、수목(水木)의 운이 되므로 일단이룬뒤 운의 막이 닫히는 것이다。그러나 또 뒤에 一九二七년에 재무상(財務相)에 다시 오른것은

大運(대운) 甲申 (七十八세까지) 比肩(비견) 絶(절)
流年(유년) 己巳. 正財(정재) 病(병) } 간합(干合)하여 토(土)가됨

즉 무토(戊土)의 토(土)로서 관성(官星)이 왕성(旺盛)하였기 때문이지만、대운(大運)이 비견(比肩)의 분리기(分離期)이므로、재무상(財務相)도 그만두고 들어앉아 한운야학(閑雲野鶴)을 벗하는 사람이 된것이다。

그러면 「高橋」부인의 명식을 살펴보자。

명식(命式)〈高木是清씨 부인〉

경응(慶應)원년 九월 十六일(오전 五시생)

正官(정관)	乙丑년	養(양)
偏印(편인)	丙戌월	墓(묘)
(戊比肩)(무비견)	戊寅일	建祿(건록)
偏官(편관)	甲寅시	建祿(건록)

太極人(태극인)
天官人(천관인)

순(順)매년운 공망(空亡) 申酉

○년월일 만으로도 정관(正官)의 별에 태극인(太極人)이 붙고, 술인(戌寅)에 화국(火局)을 이루기 때문에 대길이지만, 그위에 관귀(官貴)의 별이 살(殺)을 만나고 있으므로 대귀를 가져오는 것이리라. 생시는 어림이지만 자식의 행복을 보면 이별이 틀림없으리라.

축요사격(丑遙巳格)

이격은 오직 신축(辛丑) 계축(癸丑)의 二일 뿐이고, 四격중에 축(丑)자 많음을 잡는다.

축(丑)과 사(巳)는 합하는 것이다. 그리하여 사(巳)중에는 무병(戊丙)이있다. 신계일(辛癸

日)에 관성(官星)이 있는 것은 축자(丑字) 많음을 밝은 것으로 한다。〈신(辛)의 관(官)은 병(丙)、 계(癸)의 관(官)은 무(戊)〉축자(丑字)와합하여 금화(金化)한다。사주중에 자(字)자가 있으면 자축(子丑)이 합하여 축(丑)이 갈수없고 관(官)을 일으키지 않는다。사주중에 신자(申字) 및 유자(酉字)한자 있는 것이 묘이다。〈축사유(丑巳酉) 금국(金局)〉、 신축일(辛丑日)과 같은、 만약 사주중에 병정자(丙丁字) 및 사자(巳字)오자(午字)가 있으면 어느 정도 복을 감한다。 세운(歲運) 대운(大運) 또한 그러하다。 계축일(癸丑日)은 또 무자(戊字) 사자(巳字) 정자(丁字)를 봄을 요하지 않는다。

임기용배격(壬騎龍背格)

이격은 사주에 진(辰)이 많음을 고귀(高貴)로함。 임일진(壬日辰)으로서 술(戌)중의 정무(丁戊)를 충(沖)하고、 임진(壬辰)은 재관을 얻는 것이다。 그리하여 인(寅) 오(午) 술(戌) 三합 화국(火局)하면 또 재(財)를 얻는다。 혹은 임일인(壬日寅)에 이르면 도리어 년월시상(年月時上)에 진자(辰字)를 많이 모음이 좋다。 만약 임진(壬辰)의 년월시상에 보는 인자(寅字)가 있으면 거부(巨富)의 사람이다。 오술(午戌) 이재(財)가 되어 지(地)를 얻는다 만약 년월시상에 진자(辰字)가 많으면 즉 술(戌)을 충(冲)하여 재(財)를 낼수 있는 것이다。

그러므로 이명도 귀한것이다。

진(辰)은 신자(申子)와 함께 수국(水局)하는 것이다。 그리하여 양목(陽木) 〈인(寅)〉이 진(辰)의 자리에서 만나므로 임기용배격(壬騎龍背格)이라고 하는 것이다。 이 격은 관성(官星)이 와서 격을 깨트리는것을 꺼리고 형충(刑冲)하는 것을 꺼린다。 이것을 보면 수명을 손상한다。 격에 드는것은 아래와 같다。

〈상원(上院)〉

壬辰 년
甲辰 월
壬辰 일
壬寅 시

〈판사(判事)〉

戊寅 년
庚申 월
壬辰 일
甲辰 시

〈부호(富豪)의 명〉

壬寅 년
壬寅 월
壬辰 일
壬寅 시

정난차격(井欄叉格)

정난차격(井欄叉格)은 경신(庚申) 경자(庚子)、 경진(庚辰)이 있어 삼합수국(三合水局)하는 것이다。사주중에 신자진(申子辰)의 세가지가 없으면 격에들지 않는다。굳이 세가지 경(庚)은 필요로 하지 않지만 그러나 경자 셋이 있으면 가장 묘하다。 경일생(庚日生)이라면 신년(申年)인 것이 좋다。 월과시 혹은 무자(戊子) 무진(戊辰)이 있어도 방해가 되지 않는다 그러나 지(支)에는 신、자、진(申子辰)의 三국이 없으면 아니된다。만약 시(時)에 병자(丙子)를 만나면 이것은 편관(偏官)이다。 만약 시(時)가 신(申)이라면 이것은 귀록격(歸祿格)이된다。〈경(庚)의 신시(申時)는 건록(建祿)이다〉。이격에 들면 정난차격(井欄叉格)에서는 보지 않는다。 이격 사주중에 인、오、술(寅午戌)의 三자를 보면 곧 인(寅)은 신(申)을 충(沖)하고、오(午)는 자(子)를 충(沖)하고 술(戌)은 진(辰)을 충하므로 파괴(破壞)하여 격이 되지 않고 경(庚)은 정(丁)을 써서 관(官)이 된다。신、자、진(申子辰)의 三합으로서 인、술、오(寅戌午)의 화국(火局)을 충(沖)하는 것이다。 경일정(庚日丁)의 관성(官星)을 얻으면 갑을(甲乙)의 지(地) 또는 남방병정(南方丙丁)에 감이 좋다。 만약 사주에 기자(己字) 병정자(丙丁字)가 있으면 어느정도 복을 감한다。세운 대운 또한 그러하다。그격에 드는 것은 아래와 같다。

<국장(局長)>

庚申년
庚申월
庚申일
庚辰시

~~~~~~~~

<시종(侍從)>

癸巳년
庚申월
庚子일
庚子시

귀록격(歸祿格)

이격은 六갑일(六甲日)생의 사람으로 생시에 인(寅)을 얻는 것이다。 이를 귀록격(歸祿格)이라한다。 그러나 갑(甲)의 록(祿)은 인(寅)에 있다。 건록(建祿) 그 나머지도 모두 이와 같이 한다。 그러나 사주에 전혀 관살(官殺)의 별을 보지 않으면 귀록(歸祿)이 되지 않는다。 이 격은 신왕(身旺)을 기뻐하고、 신왕(身旺)의 운도 또한 좋다。 미리부터 식신(食神) 상관(傷官)、 관(官)、 재운(財運)에 감도 좋다。 여기에 있어서 발복한다。 충파(沖破)가 있으면 흉이다。 이격은

官)> 丙午년

~~~~

院)> 戊子년

〈참정관(參政

癸巳월
甲子일
丙寅시

〈참의원(參議

甲寅월
乙亥일
己卯시

육음조양격(六陰朝陽格)

이격은 六신일(六辛日)로서 주(主)로함。 진작 무토(戊土)〈인수(印綬)〉를 얻음을 기뻐한다。 무(戊)가 와서 병(丙)을 움직인다。 즉 신일관성(辛日官星)을 얻는다。 자자(子字)한자가 있는 것이 좋다。 많으면 곧 충(沖)하지 않는다。 〈충(沖)이 길이 됨〉 만일 사주중에 병자(丙子) 정자(丁字) 오자(午字)가 있으면 자(字)를 충(沖)하면서 충(沖)하지않고、 어느정도 복을 감한다。 신일(辛日)은 무자(戊子)가 가장 좋다。 명리(名利)가 높은 사람이다。 더욱이 가을에 난 사람으로 일(日)에 해자(亥子)가 없으면、 부귀영화를 누리는 것이다。

이격은 서방에 감을 기뻐하고 동남이 이에 다음가고 북방을 가장 꺼린다。 격에 드는것아래와 같다。

<박사(博士)>

印綬	戊辰	년
比肩	辛酉	월
	辛酉	일
印綬	戊子	시

<박사(博士)>

戊辰 년
辛酉 월
辛丑 일
戊子 시

형합격(刑合格)

이격은 육계일(六癸日)생의 사람을 주(主)로 한다。<육계일(癸日)은 유、미、사、묘、축、해(酉、未、巳、卯、丑、亥)이다。>계일(癸日)은 무(戊)를 써서 정관(正官)으로 함。갑인시(甲寅時)에 생함을 대길로 함。

인(寅)은 사(巳)를 형(刑)하나、사중(巳中)의 무토(戊土)는 계(癸)와 합하여 관성(官星)을 얻는다。경인(庚寅)이라면 형(刑)은 이루어 지지않고 그저 갑인시(甲寅時)는 그 행운이 비천록마격(飛天祿馬格)과 같은 것이다。만약 사주중에 무자(戊字)및 사자(巳字)가 있으면 어느 정도 복을 감한다。 또 경금(庚金)으로서 갑목(甲木)을 깨트리면 이격이 되지않는다。
또 사주중 신자(申字)가 있는것도 좋지 않다。 곧 어느정도 복을 감한다。 세운(歲運) 대운(大運) 또한 그와 같은 것이다。 격에 드는 것은 아래와 같다。

乙未 년
癸未 월
癸亥 일
甲寅 시

丁亥 년
癸卯 월
癸卯 일
甲寅 시

甲戌 년
甲戌 월
癸酉 일
甲寅 시

공록격(拱祿格)

그 격(格)은 단지 五일 있다。 즉、
丁巳일 丁未시、 己未일 己巳시、 戊辰일 戊午시、 癸丑일 癸亥시、 癸亥일癸丑시、
그것뿐이다。 즉、

戊辰 일 冠帶(관대)

내(內) 十八격(格)

戊午시 帝旺(제왕) 〈이사이 건록(建祿)을 낀다〉

으로되는 것이며, 정사일(丁巳日) 정미시(丁未時)는 그사이에 오(午)의 건록(建祿)을 끼고 있다。 그것이 공록격(拱祿格)으로, 다른 것도 또한 이와 같은 것이다。 그러나 이 공록(拱祿)을 충(沖)하는 지(支)가 사주 중에 있어서는 아니된다, 즉,

명식(命式)

壬子년 ○이 자(字)로부터 오(午)의 건록(建祿)을 충(沖)하여 공(空)으로함。

丁未월

丁巳일 帝旺(제왕) 〈이사이에 오(午)의 건록(建祿)이있음〉

丁未시 冠帶(관대)

위와 같은 것은 좋지않다。 또 사주중에 상관(傷官)이 있어도 일간(日干)이 편관(偏官)을 만남도 좋지 않다。 건록(建祿)의 지(支)가 나타나 있는 것도 좋지 않다。 즉 어느 정도 복을

감한다。 세운(歲運) 대운(大運) 또한 이와 같은 것이다。 아뭏든 관성(官星)이 와서 그것을 깨트리는 것은 좋지 않다。 그 예로

명식(命式)

癸卯년	壬子년
癸亥월	丁未월
戊辰일	丁巳일(建祿이 子에 冲함을 받음)
戊午시	丁未시
<지사(知事)>	<빈궁인(貧窮人)>

공귀격(拱貴格)

공귀격(拱貴格)은 갑인일(甲寅日) 갑자시생(甲子時生)과 같이, 그것이 단지 육일있다。 즉,

갑인일(甲寅日)(귀인축(貴人丑)에 있음) 갑자시(甲子時)、임자일(壬子日)<귀인 축(丑) 임인시(壬寅時)、갑신일(甲申日)<귀인유(貴人酉)>、갑술시(甲戌時)、무신일(戊申日)<귀

인미(貴人未)∨、 무오시(戊午時)、 을미일(乙未日)∧귀인신(貴人申)∨、 을유시(乙酉時)、 신축일(辛丑日)∧귀인인(貴人寅)∨、 신묘시(辛卯時)이다。

일간갑인(日干甲寅)은 귀인축(貴人丑)에 있고、 임자(壬子)도 귀인축(貴人丑)에 있는 등의 예이다。 그러므로 사주중에 귀인의 지(支)가 나타나도 좋지 않고、 귀인의 공위(拱位)를 충(沖)하여도 아니된다。 또 사주에 관성(官星)이 있어 신(身)을 충(沖)함도 아니된다。 七살(殺)의 유(類)도 공(拱)을 깨트림、 이때에는 어느 정도 복을 감한다。 이 격은 공록격(拱祿格)을 닮았다。

명식(命式)

丁巳년
丙午월 귀인丑에있음
甲寅일
甲子시

~~~~~~~~~~

辛丑년
辛丑월
甲寅일
甲子시

○子丑합하여 丑의 귀인이 작용(作用)하지 않음、 고독(孤獨)의 명이다。
~~~~~~~~~~

인수격(印綬格)

인수격(印綬格)은 월상(月上)에만 인수성(印綬星)이 나타나는 격을 말한다。 인수(印綬)가 있어 사주에 재성(財星)이 없는 것은 도리어 복을 끌어온다。 그리하여 재성(財星)의 운에 가서 발복(發福)한다。 재(財)를 보고 인(印)을 깨뜨리므로 흉이다。 인수격(印綬格)인 사람은 문장에는 뛰어나지만 인색(吝嗇)하다。 격에 드는 것은 아래와 같다。

명식(命式)

<지사(知事)>

乙亥년
戊子월
甲寅일 癸의 인수(印綬)
甲子시

<학자(學者)>

辛酉년
丙申월
壬寅일 金의 인수(印綬)
辛亥시

명식(命式)<초대「安田善次郎」씨>
천보(天保) 九년十월九일오전十一시생

격수인(格綬印)

<天합(火局)화국>

	년	월	일	시
통변	比肩(비견)	正財(정재)	壬(인) (偏財)(편재)	比肩(비견)
천간	戊	癸	戊	戊
지지	戌	亥	寅	午

<地합(火局)화국>

년	월	일	시
衰(쇠)	帝旺(제왕)	建祿(건록)	帝旺(제왕)

○戌寅午(술인오)화국(火局)하고 天時地利(천시지리)를 얻음

순(順)四년운 공망(空亡) 申酉

○육무일(六戊日) 가운데 무오시(戊午時)생이 아니면 초대「安田」씨와 같은 발달(發達)의 명을 보지 않으므로 아마도 이것이 틀림 없으리라.

○이것은 천간지지(天干地支)와도 간합(干合)하여 천시지리(天時地利)를 얻고, 하는 일이 이롭지 않음이 없을 명이다.

○그리하여 서기一九二一년 九월二十八일의 아침, 장사(壯士) 때문에 자살(刺殺) 된 때에는 어떠한 운명에 당한 때이냐 하면, 때는 八十四세였으므로 五년 마다의 운이 二十四회 돌아온 셈이다.

大運(대운) 戊辰 比肩 冠帶

歲運(세운) 己卯 敗財 沐浴

戊己는 토(土)이다。 사주의 화(火)로 부터 화성토(火星土)와 토왕(土旺)함、곧 도기(盜氣)이다。

流年(유년) 辛酉(신유) 傷官(상관)의 병(病)

상관(傷官)은 싸움 별이다。 이 무토(戊土)〈土〉로 부터 또 상(傷)의 신금 유금(辛金酉金)을 생함、 도기(盜氣)가 점점 심하여 마치 제방(堤防)으로 막은 것과 같은 것이고、 더욱이 생명에 이상(異常)이 있다。

○그해의 九월은 정(丁)의 편관월(偏官月)이다。 계(癸)의 막는 것이 없으므로 七살(殺)이 왕한다。 九월은 유월(酉月)의 사운(死運)이다。 또 공망(空亡)의 달이다。 그달의 二十八일은 갑인수(甲印綬)의 오(午)의 제왕양인(帝旺羊刃)의 날이다。 오화(午火)가 미유금(未酉金)을 극(剋)한다。 특히 양인(羊刃) 살성(殺星)이다。 가장 흉한 것으로서 몸에 극해(剋害)가 모두 모인 형상이다。 즉 「朝日平吾」때문에 조그만 일로 찔리어 명을 잃은 것이다。

○그러나 사주의 조직 그것에 이르러서는 그 어떤 사람도 쉽게 가질 수 없는 천시지리(天時地利)의 대귀격을 가지고 있었다。 이 때문에 가령 빈가에 태어나도 대업을 이루어 성공하고、 마침내 수억의 재(財)를 쌓아 일본국의 은행왕이라고 불리게 되었든 것이다。 남자로서 이와같은 명식을 얻으면 죽드라도 좋은 것이 아닐까。

잡기인수격(雜氣印綬格)

이 격은 생월이 진、술、축、미(辰戌丑未)인 사람에 한한다。 재성(財星)을 꺼리고 관운(官運)에 감이 좋다。 진、술、축、미(辰戌丑未)는 四계의 토용(土用)이므로 잡기(雜氣)라고하는 것이다。 그 예

辛未년
壬辰월계(癸)의 인수(印綬)
甲辰일
乙亥시

壬申년
庚戌월토(土)의 인수(印綬)
庚戌일
戊寅시

丁丑년
癸丑월토(土)의 인수(印綬)
辛卯일
戊子시

외(外)十八격(格)

육임추간격(六壬趨艮格)

명식(命式)

比肩(비견)	壬	寅 년	病(병)
比肩(비견)	壬	寅 월	病(병)
	壬	寅 일	病(병)
比肩(비견)	壬	寅 시	病(병)

이것을 육임추간격(六壬趨艮格)이라고 함。 임수일(壬水日)에 많이 인자(寅字)를 보는 것이다。 인중(寅中)에 갑목(甲木)이 있고、 그것이 은근한 가운데 기토(己土)를 격(激)하여 임(壬)의 관(官)을 이루는 것이다。 또 인중(寅中)의 병화(丙火)는 신금(辛金)을 격(激)하

여 이것이 임(壬)의 인수(印綬)가 된다。〈변통성(變通星)표를 보라〉。오자(午字)〈화(火)〉신자(申子)〈금(金)〉의 충(沖)함을 겁낸다。재관(財官)의 별이 사주에 나타나는 것은 좋지않다。신왕(身旺)의 운을 기뻐하고、세운(歲運)도 또한 같은 것이다。

인(寅)은 간토(艮土)의 방을 이루는 것으로서 추간(趨艮)、즉 간(艮)에 가는 격이라는 것이다。그리하여 임(壬)의 건록(建祿)은 인(寅)에 있어 인(寅)과 해(亥)는 합한다。인(寅)은 목(木)이고、해(亥)는 수(水)이다。즉 나무가 생장하여 복을 받는 것이다。또 이것을 합록격(合祿格)이라고 한다。사주에 파해(破害)가 있는 것도 좋지않다。신(申)의 운에 가면 인(寅)을 형(刑)하여 불길이 된다。

육갑추건격(六甲趨乾格)

이것은 육갑일생(六甲日生)、주(柱)에 해자(亥字)가 많아야 한다。

명식(命式)

偏財(편재) 戊 辰 년 衰(쇠)

印綬(인수) 癸亥월 長生(장생)

甲子일 沐浴(목욕)

敗財(패재) 乙丑시 冠帶(관대)

해(亥)는 즉 천문(天門)의 자리, 북극의 항(垣)이다。 수(水)가 일어나는 곳, 갑목(甲木)은 이것으로 생장한다。 그러므로 갑일생(甲日生)으로서 해자(亥字) 많은 것은 자연 부귀하다。 사자(巳字)를 충(冲)함을 꺼린다。

갑(甲)의 록(祿)은 인(寅)에 있고 인(寅)? 해(亥)가 합한다。 이것을 또 합록(合祿)이라 한다。 전자(前者)와 같으며 재성(財星)을 봄을 꺼린다。

그리고 인사(寅巳) 두자도 좋지않다。 세운 또한 같다。

○술해(戌亥)의 방은 건(乾)이다。 갑목(甲木) 해자(亥字)는 건(乾)에 가게 되므로 이 이름이 있다。

구진득위격(勾陳得位格)

이격은 무기일(戊己日)로서 주(主)로 함 구진(勾陳)은 토(土)이다。무기(戊己)도 토(土)이다。구진(勾陳)이 해、묘、미(亥卯未)의 목국(木局)을 만나면 관(官)이 된다。〈무기(戊己)의 갑(甲)은 정관(正官)이다。〉신자진(申子辰)의 수국(水局)은 재성(財星)이다。무인(戊寅)、무자(戊子)、무신(戊申)、기묘(己卯)、기해(己亥)、기미(己未)가 이것이다。이격 형충(刑冲)이 있어 살(殺)의 왕(旺)함은 꺼린다。도리어 재(災)를 생하고、세운(歲運)、대운(大運) 또한 같은 것이다。구진(勾陳)이 자리를 얻고、재관(財官)이 두개이면서 분명하고、주(柱)에 충해(冲害) 없음은 부귀겸전 하고 태평한 명이다。

현무당권격(玄武當權格)

현무(玄武)는 수(水)이다。이격 임계(壬癸)일 수〈水〉생으로서 주(主)로 한다。

명식(命式)

偏印(편인) 庚 戌 년 冠帶(관대)

比肩(비견)	壬午월		胎(태)
	壬寅일		病(병)
印綬(인수)	辛亥시		建祿(건록)

주(柱)에 인오술(寅午戍)을 얻으면 임계일(壬癸日)의 화국재성(火局財星)이다。 진술축미(辰戍丑未)〈토〉는 관성(官星)이다。 임인(壬寅)、 임오(壬午)、 임술(壬戍)、 계사(癸巳)、 계미(癸未)、 계축일(癸丑日)은 이것이다。 충파(沖破) 및 신약(身弱)은 흉이다。 임(壬)은 수(水)에 속함、 수(水)로서 화국(火局)을 얻음으로써 당권(當權)이라 함、 역괘(易卦)의 수화기재(水火旣濟)의 공(功)과 같은 것이다。 이격을 얻는 사람은 그 사람됨이 성격 온화하고、 지혜가 있으며 예절 바르고、 얼굴이 검붉고、 위엄이 있으면서도 사납지 않아 황가(皇家)를 보좌하는 한 노신(老臣)이 됨。 주(柱)에 형충(刑沖)이 있음은 흉、 세운(歲運)에 있는 것을 봄도 좋지 않다。

염상격(炎上格)

염상(炎上)은 화염(火焰)이다。 이 격은 병정(丙丁) 二일에 인오술(寅午戌)의 화국(火局)을 보는 것이다。

명식(命式)

印綬(인수)	乙	未	년(火)	衰(쇠)
正財(정재)	辛	巳	월(火)	建祿(건록)
	丙	午	일(火)	帝旺(제왕)
偏印(편인)	甲	午	시(火)	帝旺(제왕)

혹은 사오미(巳午未)가 가즈런히 있음도 이 격이다。 수향(水鄕) 및 금시(金時)〈임계(壬癸) 경신(庚辛)〉을 꺼린다。 동방(甲乙)의 운에 감을 기뻐한다。 충(沖)을 겁낸다。 신왕(身旺)이 좋다。 세운(歲運)도 같다。

염상(炎上)은 화세(火勢)가 급한 것이다。 또 화국(火局)을 얻으면 혼연(渾然)히 세력을 대한다。화(火)는 문명의 상、 이를 만나는 사람은 학자 박사가 되고、 혹은 주자(朱紫)의 귀를 받아서 묘당(廟堂)을 걷는 사람이 된다。

윤하격(潤下格)

이것 또한 수(水)이다。 임계일(壬癸日)에 자신진(子申辰)의 수국(水局)이 갖은 것이다。 혹은 또 해자축(亥子丑)이 갖게 있는 것이다。

명식(命式)

偏印(편인)	庚子	년	帝旺(제왕)
偏印(편인)	庚辰	월	墓(묘)
	壬申	일	長生(장생)
印綬(인수)	辛亥	시	建祿(건록)

○子辰甲(자진신) 三합 수국(水局) 윤하(潤下)가 됨。

수(水)이므로 진술축미(辰戌丑未) 및 관향(官鄕)을 꺼린다。 서방 금(金)생수(水)하는 곳을 좋아한다。 동남운이 좋지않고、 충극(冲剋)하는 지를 겁낸다。 운도 또한 같은 것이다。

이명 신자진(申子辰)의 수국(水局) 또는 해자축(亥子丑)이 갖춤을 얻으면 수향(水鄕)이 혼연(渾然)하고 경신(庚辛)이 또 생하면 복수무량(福壽無量)하고 참 부귀한 사람이 될 것이다。 윤하(潤下)는 천간지지(天干地支) 이것 모두가 물(水)、 호수나 바다의 넓음과 같다。 이것으로서 그 사람은 청수(淸秀)하고 도량이 넓다。 그러나 토(土)를 만나면 깨어지고 운에 막힘이 있다。 만약 겨울에 생하면 금자영신(金紫榮身)하고 자리가 장관(長官)에 이를 것이다。

종혁격(從革格)

종혁(從革)은 금(金)이다。 경신일생(庚辛日生)으로서 주(主)로 함。 사유축(巳酉丑)의 금국(金局) 있거나 혹은 신유술(申酉戌)의 지(支)가 갖게 있는 것이 이것이다。

명식(命式)

敗財(패재)	辛	酉	년	帝旺(제왕)
偏印(편인)	戊	戌	월	衰(쇠)

庚申일 建祿(건록)

辛巳시 長生(장생) 敗財(패재)

이 격은 남방의 화운(火運)을 좋아하고 〈병정(丙丁)〉 경신(庚辛)의 왕운(旺運)을 기뻐한다。 해묘미(亥卯未)의 목국(木局)을 보면 이 때문에 금수(金水)의 사이를 새롭게 하는 것이다。 충형(沖刑)을 꺼림、 운도 또한 같은 것이다。 이명 신유술(申酉戌)의 갖춤을 얻으면 월령의 무토금(戊土金)을 생하고、 그 유를 좇음을 얻는다。 그러므로 종혁(從革)이라 이름 붙인다。

추월금(秋月金)을 따라 있으면 그 사람은 권형(權衡)의 직을 얻고 조정 재상 자리에 이른다。

가색격(稼穡格)

무기일생(戊己日生)으로서 진술축미(辰戌丑未)가 갖추어진 것이다。 도방 갑을묘인(甲乙卯寅)을 꺼리고、 또한 북방 재운(財運)을 꺼린다。

이명 진술축미(辰戌丑未) 갖추어지면 임수(壬水)의 재(財)를 얻는다。 목(木)의 극(剋)함이 없으면 복을 이룬다。

명식(命式)

比肩(비견)	戊(土)(무토)	戌년(土)	墓(묘)
敗財(패재)	己(土)(기토)	未월(土)	衰(쇠)
	戊(土)(무토)	辰일(土)	冠帶(관대)
正財(정재)	癸(계)	丑시(土)	養(양)

이 격은 서남에 가는 것을 좋아하고、 동북을 꺼린다。 소위 가색(稼穡)인 것은 같이 토(土)의 간지를 따르는 것이다。 이 사람은 믿음이 많고、 인품이 원만하며 부태스럽고、 재물 있고 도(道)가 있고 부귀한 사람이 된다。

곡직격(曲直格)

이 격은 갑을일생(甲乙日生)으로서 지지(地支)의 인묘진(寅卯辰)、혹은 해묘미(亥卯未)의 목국을 잡음。

명식(命式)

劫財(겁재)	甲	寅	년	帝旺(제왕)
食神(식신)	丁	卯	월	建祿(건록)
	乙	未	일	
傷官(상관)	丙	子	시	病(병)

이 격은 경신(庚辛)의 기(氣)를 봄을 원치 않고、경신(庚辛)을 보면 즉 관살이다。이 격에는 들지 않는 것이다。그저 목운(木運)을 좇아서 론하는 것이다。목(木)이므로 곡직(曲直)이라고 함。운이 북방에 감을 좋아한다。북방에는 수(水)가 있다。목(木)은 수(水)에 따라 생한다。그러므로 이유를 좇는 것이다。그 사람은 인자하고 청고(清高)하고、또 수명이

길다。

명식(命式)〈武藤山治씨〉

경응(慶應)三년三월二十五일일출경(日出頃)생

傷官(상관)	丁卯	년	長生(장생)
印綬(인수)	癸卯	월	長生(장생)
(乙敗財)(을패재)	甲辰	일	冠帶(관대)
食神(식신)	丙寅	시	長生(장생)

○卯辰寅(묘진인)합하여 화국(火局)함。 그 때문에 곡직격(曲直格)이 됨。

역(逆)七년운

○이것은 곡직격(曲直格)이라고 하는 외에 귀록시격(歸祿時格)이라고 하는 두가지 격을 가지는 대귀의 명이다。 곡직격(曲直格)이라고 하는 것은 갑일(甲日)의 지지(地支)에 인묘진(寅卯辰)을 가지거나、 해묘미(亥卯未) 목국(木局)이 있는 것이다。

이런 경우에는 경신(庚辛)의 관성(官星)을 보는 것이 좋지 않다。 왜냐하면 금(金)은 목

(木)을 깨트리기 때문이다。 또 귀록시격(歸祿時格)이라고 하는 것은 갑목(甲木)이 생시의 인(寅)을 만다는 것으로서 이것이 건록(建祿)한다。 즉 복록이 선다。 그러므로 대귀해 지는 것이다。 또 이 경우 묘(卯)중에 을목(乙木)〈패재(敗財)〉가 있으나 이것은 거리낌이 없다。

이명의 사람은、 어질고、 수(壽)하며、 부귀겸전、 위가 一、二등에 이르고、 대관(大官)의 줄에 서게 되는 것이다。

○목(木)이므로、 북방의 수운(水運)이 길이다。 목운(木運)도 좋다。 여기에 七년 마다의 변화를 보면

七세	癸卯	卯수(인수)	長生(장생)
十四세	辛丑	偏印(편인)	沐浴(목욕)
二十一세	庚子	正官(정관)	冠帶(관대)
二十八세	己亥	偏官(편관)	建祿(건록)
三十五세	戊戌	正財(정재)	帝旺(제왕)

외(外)十八격(格)

四十二세	丁酉	偏편官관	衰쇠
四十二세	戊戌	偏편官관	衰쇠
四十九세	丁酉	傷상官관	病병
五十六세	丙申	食식神신	死사
六十三세	己未	敗패財재	墓묘
七十세	甲午	比비肩견	絶절
八十세	癸巳	印인綬수	胎태

○「武藤」씨는 「岐阜」의 사람 「佐久間國三郞」씨의 장남으로 「慶應義塾」을 나온 후 미국으로 건너가 「센프란시스코」를 방랑하면서 한고신산(艱苦辛酸)을 맛보고서 돌아와서 선배이며 「三井」의 두취(頭取)였던 「中上川彥次郞」씨의 추천으로 「三井」은행에 들어가서 뒤에 和田豊治」씨와 함께 「鍾紡」으로 옮겨 마침내 종방(鍾紡)의 「武藤」이냐、「武藤」의 종방(鍾紡)이냐 하고 일컬으게 되었고、공명을 이루고 은퇴하여(一九一五년) 현재 「국민동지회」를 이

끌고、 정계(政界)의 영웅이 되었고、 「千世子」부인 또한 「부인동지회」의 회장으로 이른바 「정치교육」을 위해 일하고 있는 것이다。

○一九一六년 六十二세때에는 대운(大運) 을미(乙未)의 패재(敗財)〈비견(比肩)〉에 있고、 세운무기(歲運戊己)의 재운(財運)에 있다。 이때 종방(鍾紡)으로 부터 三백만원의 퇴직 위로금을 받은 사실은 그 당시의 이야기 꺼리였으나 그것은 때마침 六十세의 변화 운에 당하고、 패재(敗財) 을미(乙未)는 목국(木局)의 묘운(墓運)에 해당하고、 여기에 목(木)의 왕극(旺極)을 보고、 한 평생중의 대전기(大轉機)를 생함과 함께 미(未)중의 기토(己土)〈財〉가 왕(旺)하여 이 막대한 위로금을 받아서 실업계를 물러나서 정치가로 나아간 것이다。

○六十四세로 부터 七十세 까지는 갑목비견운(甲木比肩運)이므로 독특한 경지에 있어 정계 일방의 영웅이 되어 있으나 七十一세 부터 계수(癸水)의 인수(印綬)가 와서 소위 육경길〈六卿吉〉의 직에 오르게 되므로 그때에는 오늘 보다도 한층 광명 있는 신분이 되는 것이다。

「武藤」부인의 명리도 또한 심히 고귀하다。 이것은 아래에 부인의 명리(命理) 중에 가리키고 있으니、

명식(命式)〈전후작(候爵)〉「松方正義」씨

천보六년二월二五일생 오전八시쯤∨

乙敗財 乙未년 冠帶

正財 己卯월 病 ○火의 식신(食神)이 됨。

(乙敗財) 甲寅일 木 建祿

偏財 戊辰시 冠帶

역(逆)六년 공망(空亡) 子丑

○갑인일(甲寅日)의 생일 부터 생각하여 「松方」씨의 종래의 발복을 돌아보면, 귀격에 들어 있지 않으면 아니된다。 인수(仁壽) 청용(靑龍)의 격이라 부름, 용이 울고, 호랑이가 우는 귀격이고, 十八주 있어서는 곡직격(曲直格)이 가장 그에 적합하다。 그 격은 청고(淸高)하면서 또 장수격(長壽格)이다。 또 재록(財祿)이 왕(旺)하고 몸도 대귀이다。

○이 격은 북방의 운을 만다면 대귀이나, 경신신유(庚辛申酉)의 운을 만다면 좋지않다。

천간	나이	십신	지지	십이운성
己	六세	正정財재	卯	羊양刃인
戊	十二세	偏편財재	寅	建건祿록
丁	十八세	傷상官관	丑	冠관帶대
丙	二十四세	食식神신	子	沐목浴욕
乙	三十세	敗패財재	亥	長장生생
甲	三十六세	比비肩견	戌	養양
癸	四十二세	印인綬수	酉	胎태
壬	四十八세	偏편印인	申	絶절
辛	五十四세	正정官관	未	墓묘
庚	六十세	偏편官관	午	死사

大運(대운) 두번째	己	六十六세	正財(정재)	巳	病(병)
	戊	七十二세	偏財(편재)	辰	衰(쇠)
	丁	七十八세	偏官(상관)	卯	帝旺羊刃(제왕양인)
大運(대운) 세번째	丙	八十四세	食神(식신)	寅	建祿(건록)

)그런데 사주 추명(推命)에는 자기의 운과 자손의 운과는 동일하지 않다。 이 갑인생(甲寅生)에서 자손을 본다고 하면 편관(偏官)은 자식이지만 사주에 편관(偏官)이 없으므로 자식은 알 수 없다。 그러다 갑(甲)에서 보면 갑(甲)을 극(剋)하는 경신(庚辛)은 바로 자식이다 경(庚)에서는 갑목(甲木)을 극하나、 사주 지(支)가 화국(火局)하므로 자식을 극(剋)한다。 그렇지 않으면 병질불초(病疾不肖)이란 것은 자식의 항에 적은 바와 같다。 그러면 이 「巖」씨의 명명(命名)은 어떠한가、 그것은 아래와 같다。

명식(命式) <후작(候爵) 松方巖씨>

문구二년四월六일(오전五시쯤)

偏財(편재)	壬戌년	墓(묘)	○戊午寅火局(술오인화국)함
正官(정관)	乙巳월	沐浴(목욕)	
戊(무)比肩(비견)	戊午일	建祿(건록)	羊刃(양인)
偏官(편관)	甲寅시	建祿(건록)	

순(順)十년 공망(空亡) 子丑

○그것만으로는 귀를 이루지 못하므로 오술(午戌)의 화(火)를 도우는 목(木)이 있다고 보고、무오일(戊午日) 갑인시(甲寅時)생을 생각한다。(오전 五시) 이 명은 일에 양인(羊刃)이 있다。양인(羊刃)이 있는 것은 편관(偏官) 七살(殺)이 있는 것이 좋다는 것은 양인(羊刃)의 항에서 말하였다。또 이 갑편관(甲偏官)은 갑(甲)을 막는 금(金)이 없으므로 七살(殺)을 이룬다。목(木)의 七살(殺)은 오(午)의 양인(羊刃)을 만나서 대귀를 이루는 것이다。

그러므로 화(火)를 생하여 토(土)가 두터운 쪽에 귀를 이루는 것이다。

○그러나 생일은 사월(巳月)의 화(火)이고、 이것도 관(官)이다。 지금 목(木)의 편관(偏官)은 화(火)의 양인(羊刄)으로서 합하여 귀가되나 경신(庚辛)이 길어서 을(乙)의 정관(正官)을 빼앗을 때는 좋지않다。

十 세	乙巳	正官	建祿
二十세	丙午	偏印	帝旺
三十세	丁未	印綬	衰
四十세	戊申	比肩	病
五十세	己酉	敗財	死
六十세	庚戌	食神	墓
七十세	辛亥	傷官	絶

○서기一九二七년 경제계의 「모라트리암」때에는 六十五세 대운(大運) 경술(庚戌)의 묘(墓)에 있고、 세운(世運) 또 경술(庚戌)의 식신(食神)의 묘(墓)에 있으며、 제복(制伏) 태과(太過)하여 도리어 길성(吉星)을 깨트린다。 (금극목(金剋木)과 甲木을 막아 나무(木)를 넘어뜨림)、 여기에 금왕(金旺)하면 수(水)를 생하고、 화(火)는 술(戌)에 묘(墓)함、 즉 대운 세운 다같이 화(火)가 묘(墓)하여 넘어질때로서 동시에 성운(盛運)이 망할 때이다。 그리하여

유년은 정화(丁火)로서 묘(卯)도 또한 술(戌)과 합하여 화국(火局)할때 이지만, 화(火)는 어느 것이고, 묘운(墓運)이고, 묘(墓)는 은둔(隱遁)할 때이다。 이 운은 또 육일의 병오(丙午)〈양인(羊刃)시〉에 이르러 끝난 것이다。
○만년기(晩年期)의 생년은 묘운(墓運)이다。 살아 있으면서 묘(墓)에 들어감과 같음이 이 때문이고, 편재(偏財)는 재(財)의 흘러나감이다。 편관(偏官)을 기르기에 부족하다。 그저 아들의 전록에 따라서 따로 집을 부흥하는 것이된다。

일덕수기격(日德秀氣格)

이격은 사주중 천간(天干)에 세가지 을자(乙字)가 있고, 지지(地支)에 사유축(巳酉丑)의 금국(金局)이 갖추어진 것이다。 또 병자(丙子)、 임자(壬子)、 신묘(辛卯)、 정유일(丁酉日)、인 것은 이것 또한 수기격(秀氣格)이다。 충극(沖剋)을 겁낸다。 운도 또한 같다。

복 덕 격(福德格)

이격은 단지 사축일(巳丑日)로서 지지(地支)에 사유축(巳酉丑)의 금국(金局)이 갖추어진 것이다。 화향(火鄕)및 관향(官鄕)을 싫어하고 충파(沖破)를 꺼린다。

복덕은 한갖 기토(己土) 뿐만은 아니다。五음에 모두 있다。음토(陰土)는 기축(己丑) 기사(己巳)、 기유(己酉)、 ○음화(陰火)는 정사(丁巳)、 정유(丁酉)、 정축(丁丑)、 ○음수(陰水)、 계사(癸巳)、 계유(癸酉)、 계축(癸丑)、 ○음금(陰金)은 신사(辛巳)、 신유(辛酉)、 신축(辛丑)、 ○음목(陰木)은 을사(乙巳)、 을유(乙酉)、 을축(乙丑)이다。 그것 또한 형충파해(刑冲破害)를 꺼린다。

기명종재격(棄命從財格)

가령 을일(乙日)에 진술축미(辰戌丑未)토 〈土〉를 보면 재신(財神)의 극왕(極旺)이 됨 을목(乙木) 사주에 기대지 말고、 즉 버리고 그리고서 재(財)를 따른다。〈목은 토(土)로서 자람〉 그 사람은 평생을 아내를 겁내고、 아내를 따른다。혹은 양자가 된다。 즉 몸이 의지할 곳이 없으므로 아내(財)를 따라서 설 수 있는 것이다。〈궁둥이에 깔리는 사람〉。

상관생재격(傷官生財格)

이격은 을일생(乙日生)에다 지지(地支)에 인오술(寅午戌)의 화국(火局)을 보는 것이다。 즉 을(乙)의 화(火)는 상관(傷官)으로서 재(財)를 생함。 무기(戊己)는 재(財)이다。 화향

(火鄕)이 재운(財運)에 가면 길이다。 관향(官鄕)에 이르면 도기(盜氣)가 되어 흉이다。 형충(刑沖) 및 편인(偏印)을 꺼린다。

기명종살격(棄命從殺格)

이를테면 을일간(乙日干)에 사유축금국(巳酉丑金局)의 대성(大盛)을 보면 을목(乙木)의 극(剋)을 받음、 금(金)을 제(制)하는 것이 없으면、 신주(身主)에 기(氣)가 없다。 단지 몸을 버리고 금(金)을 따른다。 도리어 살(殺)이 왕(旺)할 때 관향(官鄕)에 감을 기뻐한다。 일주(日主)에 인묘(寅卯)있음을 꺼리고、 또 비견(比肩)의 곳을 꺼린다。

상관대살격(傷官帶殺格)

이를테면 갑을일생(甲乙日生)이 지지(地支)에 인오술(寅午戌)의 화국(火局) 있는것 다시 간두(干頭)에 경신(庚辛)이 있으면 곧 경신(庚辛)을 빌어 권이 된다。 화(火) 이것을 막으므로 복을 생한다。 왕운(旺運)에 감이 좋고、 재(財)를 보는 것을 꺼린다。 중화(中和)를 얻으면 복귀의 명이 됨。

세덕부살격(歲德扶殺格)

이를테면 갑일(甲日)에 경년생(庚年生)인 사람이 그것이다。 년은 군(君)의 자리、 일은 신하(臣下)의 자리、 경금(庚金)은 갑목(甲木)을 막음、 신이군의 권을 좇음이다。 년으로서 조(祖)로 하고、 일간(日干)으로서 자신(自身)으로 함、 목(木)은 화(火)를 생하여 칠살(殺)에 막음이 있고、 조부는 일찍부터 요직에 있었고、 갑(甲)은 동방세성(東方歲星)의 으뜸으로 함、 이 사람은 어질고 수하고 살을 도와서 길(吉)을 이루는 것이다。

세덕부재격(歲德扶財格)

이를테면 갑일(甲日)에 무기년생(戊己年生)인 것도 이것이다。 무기(戊己)는 재성(財星)이다。 즉 재에 기(氣)가 있고。 년상은 조부의 업、 신약(身弱)이면 갑(甲)의 세덕재를 도와서 길을 가져오지 못하고、 모든 것을 흩어 공허(空虛)함을 본다。

협국격(夾丘格)〈혹은 拱財라 함〉

이 격은 일지(日支)와 시지(時支)를 쓴다。 갑인일(甲寅日) 갑자시(甲子時)와 같은 것이다。

명식(命式)

印綬(인수)	庚	戌 년	衰(쇠)
正官(정관)	戊	子 월	建祿(건록)
	癸	酉 일	病(병)
比肩(비견)	癸	亥 시	帝旺(제왕)

○酉(유)와 亥(해)는 戌(술)을 낀다。
즉 戊丁(무정)을 재(財)로 함。

正財(정재)	丙	辰 년	養(양)
偏印(편인)	辛	卯 월	長生(장생)
	癸	酉 일	病(병)
比肩(비견)	癸	亥 시	帝旺(제왕)

○酉亥(유해)는 戌(술)을 낌、 즉 화(火)의
재(財)가 된다。

갑인일(甲寅日) 갑자시(甲子時)와 같이 그 사이에 축(丑)을 끼고(挾) 이것을 기토(己土)의 재(財)로 함。 또 을묘일(乙卯日)、정묘시(丁卯時)、갑오일(甲午日)、임신시(壬申時)와 같은 것이 이것이다。 이것은 앞서 말한 공귀격(拱貴格)과 같은 것이다。 어느 것이고 사주 중에 유해(酉亥)의 사이의 술(戌)과 같이 끼고(挾) 또는 지(支)가 다타난 것은 좋지 않다。 또 지합(支合)하는 것도 아니된다。 일주(日主)가 자왕(自旺)함은 길이다。

양간부잡격(兩干不雜格)

이격은 년、월、일、시의 네가지가 한쪽으로 이어져서 통일되지 않는 것을 말한다。

명식(命式)

比肩	甲子	년	沐浴
敗財	乙亥	월	長生
比肩	甲戌	일	養
敗財	乙丑	시	冠帶

比肩	丙寅	년	長生
敗財	丁酉	월	死
	丙辰	일	冠帶
敗財	丁卯	시	沐浴

이것을 또한 양간연주격(兩干連珠格)이라고도 함。 아뭏든 이(利)가 갖추어진 조직이다。

오행구족격(五行俱足格)〈格外〉

이격은 년、월、일、시、태(胎)의 다섯가지에 금、수、목、화、토(金水木火土)의 五행이 갖추어 지는 것을 말하는 것이다。

명식(命式)

印綬	甲子	년	金
傷官	戊辰	월	木
	丁巳	일	土
比肩	丁未	시	水
食神	己未	胎태	火

偏財편재	乙酉	년	水
傷官상관	壬午	월	木
	辛未	일	土
正官정관	丙申	시	火
食神식신	癸酉	胎태	金

이격은 관살(官殺)의 여하를 논하지 않고、五행이 갖은 것을 딴다。 이 격은 화(化)하여

무궁할 명이므로 발복 또한 무한이다。

지진일자(支辰一字)

명식(命式)

偏편財재 甲寅 년 絶절

偏편財재 甲寅 월 絶절

庚寅 일 絶절

偏편印재 戊寅 시 絶절

이와 같이 인자(寅字)가 사주에 갖추어 짐은 발복하는 명이다。

천원일기(天元一氣)

명식(命式)

比肩(비견) 乙丑 년 衰(쇠)

比肩(비견) 乙酉 월 絶(절)

乙亥 일 死(사)

比肩(비견) 乙酉 시 絶(절)

○酉酉(유유)는 자형(自刑)

이와같이 간(干)의 일기인 것은 길복이 있다。 지(支)에 충형(沖刑) 없음을 취한다。

봉 황 지(鳳凰池)

명식(命式)

比肩 戊午 년

比肩 戊午 월

戊午 일 帝旺(제왕)

比肩 戊 午 시

간지(干支)가 모두 같다. 길경(吉慶)의 명이다.

간지길흉성(干支吉凶星)의 배치(配置)

간지 길흉성(干支吉凶星)

여기 간지길흉성에 대하여 적어둔다.

옥당천을귀인(玉堂天乙貴人)

갑일(甲日) 무일(戊日), 경일(庚日)생이 월일에 미축(未丑)이 있으면 옥당천을귀인(玉堂天乙貴人)이다.

을사일에(乙巳日)에 월일 자신(子申)이 있고, 병정일(丙丁日)생에 월일 해유(亥酉)가 있고, 임계일(壬癸日)생에 월일 묘사(卯巳)가 있으며, 신일(辛日)생에 오인(午寅)이 있으면 어느 것이고 옥당 천을귀인(玉堂天乙貴人)이라고 하여 이별이 있고 전전하면 훈장을달고, 옥계단을 거니는 사람이 된다。 十二지 중에 진술(辰戌)은 괴강악살(魁罡惡殺)의 곳이므로, 천을은 임하지 않는다。 그러므로 귀하지 않다。

천관귀인(天官貴人)

천관은 천원청수(天元淸秀)한 곳임을 요한다。 납음(納音)을 상(傷)치 않고, 복신이 길을 가져오는 곳, 복신은 즉, 재, 관, 인의 三성이다。

천관귀인(天官貴人)이 있는곳, 갑(甲)은 미(未), 을(乙)은 진(辰), 병(丙)은 사(巳) 정(丁)은 유(酉), 무(戊)는 술(戌), 기(己)는 묘(卯), 경(庚)은 해(亥), 신(辛)은 신(申) 임(壬)은 인(寅) 계(癸)는 오(午)이다。

즉, 갑일생(甲日生)에 미(未)〈년월일〉가 있으면 천관 귀인이 있어 시대에 두두러진 사람이 되는 것이다。

태극귀인(太極貴人)

태극은 비롯되는 것이고, 또 이루어 거두는 것이다。 이별이 있는 것은 복기가 모여서 후

봉만호(候封萬戶)의 사람이 될수가 있다。

갑을일(甲乙日)생은 자오(子午)병정일(丙丁日)생은 유묘(酉卯)무기일(戊己日)생은 진미술축(辰未戌丑)、경신생(庚辛生)은 인(寅)、임계일(壬癸日)생은 사신(巳申) 그별이 년지(年支)에 있음은 태극 귀인이다。

월덕귀인(月德貴人)

조상의 유덕(遺德)이다。 그법은

자신진월(子申辰月)생에 임(壬)이 있고、인오술월(寅午戌月)생에 병(丙)이있고、해묘미월(亥卯未月)생에 갑(甲)이 있으며、사유축월(巳酉丑月)생에 경(庚)이 있는 사람은 월덕이 귀인이다。

월덕합(月德合)

이것도 전자(前者)와 같은 일을 한다。

인오술월(寅午戌月)생에 신(辛)이 있고、신자진월(申字辰月)생에 정(丁)이 있고、해묘미월(亥卯未月)생에 기(己)가 있으며, 사유축월(巳酉丑月)생에 을(乙)이 있음은 월덕합니다.

천덕귀인(天德貴人)

이별도 또한 조상의 유덕이고, 하늘의 도움이와서 복지를 주고, 재난을 해제한다.

자월묘월(子月卯月)생에 사신(巳申)이 있고, 축월해월(丑月亥月)생에 경을(庚乙)이 있고 인월진월(寅月辰月)생에 임정(壬丁)이 있으며, 사월(巳月)생에 병신(丙辛)이 있거나. 오월 유월(午月酉月)생 해인(亥寅)이 있고, 미월술월(未月戌月)생에 갑기(甲己)가 있고, 신월(申月)생에 무계(戊癸)가 있음은 천덕귀인이다.

그러나 이것은 월, 일, 시, 가운데 있는 것에 한한다. 년에는 있어도 천덕귀인이 되지못 한다.

천주귀인(天厨貴人)

이별은 사람의 식록(食祿)이다. 년월일에 이별이 있는 사람은 높은 자리에 올라 진영하고, 또 한평생을 의식에 부자유가 없다.

갑일병일(甲日丙日)생에 사(巳)가 있고、 을일정일(乙日丁日)생에 오(午)가 있고、 무일(戊日)에 신(申)이 있고、 기일(己日)에 유(酉)가 있고、 경일(庚日)에 해(亥)가 있으며、 신일(辛日)에 자(字)가 있고、 임일(壬日)에 인(寅)이 있고、 계일(癸日)에 묘(卯)가 있음은 천수귀인(天廚貴人)으로서 복혜(福慧) 두가지가 노닌다。

복성귀인(福星貴人)

일생의 복록이다。 이별이 있는 사람은 한평생 스스로 번창한다。

그법은 갑일병일(甲日丙日)에 자인(子寅)이 있고、 다시 해(亥)를 만남、 무일(戊日)은 신(申)、 기일(己日)은 미(未)、 정일(丁日)은 유해(酉亥)、 경일(庚日)은 오(午)、 신일(辛日)은 사(巳)、 임일(壬日)은 묘(卯)、 계을일(癸乙日)에 축(丑)이 있음은 복성귀인이다。

三원(三元)

이를테면 갑자(甲子)는 갑목(甲木)으로서 천원(天元)으로함、 자(子)로서 지원(地元)으로함。 그 가운데 감추는 곳의 계수(癸水)를 인원(人元)으로함〈月律分野圖참조〉

십간록(十干祿)

갑(甲)의 록(祿)은 인(寅)에 있음。 경(庚)의 록(祿)은 신(申)에 있음。
을(乙)의 록(祿)은 묘(卯)에 있음。 신(辛)의 록(祿)은 유(酉)에 있음。
병(丙)의 록(祿)은 사(巳)에 있음。 임(壬)의 록(祿)은 해(亥)에 있음。
정(丁)의 록(祿)은 오(午)에 있음。 계(癸)의 록(祿)은 자(字)에 있음。
(무기(戊己)의 록(祿)은 없음。)

록(祿)이란 작록복귀(爵祿福貴)이다。 천간(天干)이 왕(旺)하는 곳이다。 즉 갑목(甲木)은 인목(寅木)에 왕하는 것이다。 (이하는 이를 따라함)。 ○진술축미(辰戌丑未)에 없는 것은 이 네가지는 토(土)인 괴강(魁剛)이라 칭하는 악살(惡殺)이다。 그러므로 록신(祿神)이 임하지않는다。

한마디로 사람의 명이란 록을 띠면 길이고、 이를 띠지 않음은 흉이다。

역마(驛馬)

신자진(申子辰)의 역마는 인(寅)에 있고、 인오술(寅午戌)의 역마는 신(申)에 있고、 사유축(巳酉丑)의 역마는 해(亥)에 있으며, 해묘미(亥卯未)의 역마는 사(巳)에 있다.

그법은 신자진월(申子辰月)생의 사람, 인년(寅年)이면 역마이다. 보통 말을 타는데에는 안장이 필요하다. 그런데 신자진월(申子辰月)생인 사람은 三합국하여 수(水)는 신(申)에 생하고 인(寅)은 병(病)이 된다. 〈十二운을 보라〉, 병(病)이 되어서는 말에 안장이 없는 것과 같아 나아갈수가 없다. 그러므로 그사람의 운에 막음이 있다. 이하는 이와 같고, 인오술(寅午戌)에 신(申)이 있으면 또 역마이다.

천사(天赦)

봄에 난 사람은 무인(戊寅), 여름에나면 갑오(甲午), 가을에 나면 무신(戊申) 겨울에 나면 갑자(甲子)이날에난 사람은 천사일(天赦日)의 운을 타고난다. 그러므로 재화(災禍)를 받음이 없다.

화개(華蓋)

인오술월(寅午戌月)생인 사람에 술(戌)이 있고 사유축월(巳酉丑月)생인 사람에 축(丑)이 있고、신자진월(申子辰月)생인 사람에 진(辰)이 있으며、해묘미월(亥卯未月)생인 사람에 미(未)가 있는 사람 이것을 화개(華蓋)라고함。화개는 승려(僧侶)들의 쓰는 꽃사갓과 같은 것이다。이별이 있는 사람은 고과(孤寡) 부귀한집에 나도 고독하다。년에 들었으면 만년에 고독하다。말하자면 승려가 되면 행복하다。시간에 있으면 자식을 극함 화개는 예술의 별이다。

십간학당(十干學堂)

금생(金生)의 사람에 사(巳)를 봄은 十간학당이다。신사(辛巳)는 정(正)이다。목생(木生)의 사람에 해(亥)를 봄은 즉 기해(己亥)는 정(正)이다。수생(水生)의 사람에 신(申)을 봄은 즉 갑신(甲申)은 정이다。토생(土生)의 사람에 신(申)을 봄은 즉 무신(戊申)은 정이다。화생(火生)의 사람에 인(寅)을 봄은 즉 병인(丙寅)은 정이다。

이것은 그사람의 납음(納音)에서 생일을 본것이다。이별이 있는 사람은 총명통달、학문이 뛰어나고、교수의 직에 오를 것이다。

십간식록(十干食祿)

갑(甲)의 식(食)은 병(丙)에 있고 을(乙)의 식은 정(丁)에 있고、병(丙)의 식은 무(戊)에 있고 정(丁)의 식은 기(己)에 있고、무(戊)의 식은 경(庚)에 있고 기(己)의 식은 신(辛)에 있고 경(庚)의 식은 임에 있고、신(辛)의 식은 계(癸)에 있고 임(壬)의 식은 갑에 있고 계(癸)의 식은 을(乙)에 있다。 식록(食祿)은 내가 이것을 낳는 자식이다。

사주중에 그 식신록마(食神祿馬)가 있을 때에는 반드시 부호(富豪)가 되고、공명을 이룬다。 그렇지 않드라도 한평생 의식에 부자유는 없다。

금여록(金輿祿)

十간록 앞쪽 제二위(位)의 별이다。 즉 갑록(甲祿)은 인(寅)에 있다。 진(辰)은 금여록(金輿祿)이다。 이별이 있는 사람은 남자는 아내의 도움을 받고 또는 처가의 재산에 힘입거나 아니면 부인이 아름답고 결혼에 행복하다。

암록(暗祿)

일생(日生)의 사람에 해(亥)가 있으면 암록(暗祿)이다。 이것 갑(甲)의 록(祿) 인(寅)에 있고、인(寅)과 해(亥)가 합하므로 해(亥)는 암록(暗祿)이 된다。 암록(暗祿)이 있는 사람은 가령 역경에 서더라도 불시에 구조가있고、평상시에 금전에 궁하지 않는다。을생(乙生)의 사람은 술(戌)이 있으면 암록(暗祿)이다。이것 을(乙)의 록이 묘(卯)에 있고、묘(卯)와 술(戌)이 합하기 때문이다。 모든 지합(支合)이 있는 곳에는 암록(暗祿)이있다。

협록(夾祿)

이를테면 갑생(甲生)의 사람이 축(丑)과 묘(卯)를 만다면、이것 갑록(甲祿)은 인(寅)에 있고、인(寅)의 앞에는 묘(卯)가 있고、인(寅)의 뒤에는 축(丑)이 있으므로 협록(夾祿)이 되고、친족 그밖에 타인의 재산을 받는일이 있다。 을생(乙生)의 사람、인진(寅辰)을 만나면、이것 을(乙)의 록은 묘(卯)에 있고、묘(卯)의 앞에는 진(辰)、묘(卯)의 뒤에는 인(寅)이므로 같이 협록이다。 그밖에 병、정、무、기、경、신、임、계(丙、丁、戊、己、庚、辛、壬、癸) 모두 이법에 따라야 한다。

항성(垣城)

이별은 성적(性的)으로 강한 별이다。음(淫)이 있고、처의 사분(私奔)의 일을 같아있다。

그법은 일상에 천간장생(天干長生)이 되는 것이다。 갑일생(甲日生)과 같은 장생은 해(亥)에 있다。 해(亥)는 즉 항성이다。

제좌(帝座)

이법을 납음(納音)이 왕(旺)하는 곳이다。 이를테면 갑자시(甲子時)의 납음이 금(金)에 속하면, 금(金)이 왕하는 것은 유(酉)이므로 유(酉)의 자리가 이것 제좌(帝座)이다。 그밖에는 모두 이를 따라한다。 제좌는 주로 여명(女命)을 봄。 제좌 있는 사람은 그아이는 불초이다。

육갑공망(六甲空亡)〈一명天中殺〉

갑자(甲子)의 순중(旬中)……술해(戌亥)를 공(空)함。

갑술(甲戌)의 순중(旬中)……신유(申酉)를 공(空)함。

갑신(甲申)의 순중(旬中)……오미(午未)를 공(空)함。

갑오(甲午)의 순중(旬中)……진사(辰巳)를 공(空)함。

갑진(甲辰)의 순중(旬中)……인묘(寅卯)를 공(空)함。

갑인(甲寅)의 순중(旬中)……자축(子丑)을 공(空)함。

갑자순중(甲子旬中)인 것은 갑자(甲子)에서 을축(乙丑)、병인(丙寅)이렇게 차례로 헤어나가 계유(癸酉)에 이르면 술해(戌亥)가 없다。그러므로 이 十일간에 난 사람은 술해(戌亥)가 공망흉살(空亡凶殺)이되고、이 년、월、일、시와 방위에 신규사업을 시작하면 삼년이못가서 고장이 일어난다。그러다 그기간에 해가 없을 때에도 있다。 또 갑술(甲戌)에서 십일간에 난 사람은 신유(申酉)가 공망(空亡)이 되고、갑신(甲申)에서 십일간에 난 사람은 오미(午未)가 공망(空亡)이 된다。공망의 별이 또 사주 가운데에 있으면 각각 그 부릇에 흉을 보는 일이 있다。상세한 것은 아래항에 있다。

재로공망(截路空亡)

재로는 길을 가로막는 별이다。이별이 생시에 있는 사람은 바로 성공을 눈앞에 두고장해(障害)를 받아서 전진을 하지 못한다。

이법은 갑기일(甲己日)생인 사람에게 신유(申酉)의 시간이 진 음은 재로(截路)이다。경을

일(庚乙日)에 오미(午未)의 생시이고、병신일(丙辛日)에 진사(辰巳)의 생시이고、임정일(壬丁日)에 인묘(寅卯)의 생시이며、무계일(戊癸日)에 자축(子丑)의 생시인 사람등이 재로 공망이다。또 이생시인 사람들은 자식들을 위하여도 좋지않다。

사대공망(四大空亡)

갑자(甲子)에 갑오(甲午)、갑인(甲寅)에 갑신(甲申)、이것을 四대공망이라고 하고、대개 요절(夭折)을 맡아있다。갑자(甲子)、갑인(甲寅)은 흐르는 물이 끊어지고、갑신(甲申)、갑오(甲午)는 금기(金氣)를 찾기 어렵기 때문이다。

십악대패일(十惡大敗日)

이별이 있는 사람은 운세가 뻗기 어려운 징조가 있고、재산이 연기 처럼 사라지는 일이있다。그법은 납음(納音) 목성(木星)인 사람은 을사일(乙巳日)、갑진일(甲辰日) 을축일(乙丑日)、병신일(丙申日)등의 생은 대패(大敗)이다。화성(火星)의 사람은 정해일(丁亥日) 무신일(戊申日)은 대패이다。토성(土性)의 사람은、무술일(戊戌日)、기축일(己丑日)、경진일

(庚辰日)、신사일(辛巳日)은 대패이다。금성(金性)의 사람은、임신일(壬申日)은 대패이다。수성(水性)의 사람은、계해일(癸亥日)은 대패이다。

사폐일(四廢日)

해자축월(亥子丑月)생의 사람은 병오(丙午)、을사일(乙巳日)은 사폐이다。인묘진월(寅卯辰月)생의 사람은 경신(庚申)、신유일(辛酉日)은 사폐이다。사오미월(巳午未月)생의 사람은 임자(壬子)、계해(癸亥)는 사폐일이다。신유술월(申酉戌月)생의 사람은、갑인(甲寅)을묘일(乙卯日)은 사폐이다。

이별이 있는 사람은 사물이 성취하지 않음。

천지전살(天地轉殺)

해자축월(亥子丑月)생에 임자일(壬子日)이 있어 천전(天轉)이다。인묘진월(寅卯辰月)생에 을묘(乙卯)가 있고、사오미월(巳午未月)에 병오(丙午)가 있고、신유술월(申酉戌月)에 신유일(辛酉日)이 있으면 어느 것이고 천전살(天轉殺)이다。해자축월(亥子丑月)생에 병자

(丙子)가 있고、인묘진월(寅卯辰月)에 신묘(辛卯)가 있고、사오미월(巳午未月)에 무오(戊午)가 있고、신유술월에 계유일(癸酉日)이 있는 등은 모두가 지전살(地轉殺)이다。 이날에 난 사람은 사물에 저해(阻害)를 받기쉽다。 달리 길성이 있으면 면할수 있다。

천라지망(天羅地網)

진(辰)을 천라(天羅)로 하고、술(戌)을 지망(地網)으로함。 진술(辰戌)은 또 괴강성(魁剛星)〈흉성〉이 앉는 곳이며、천을귀인(天乙貴人)이 임하지 않는 곳이다。

그런데 화명(火命)〈납음(納音)〉의 사람으로 사주에 술해(戌亥)가 있으면 이것이 천라(天羅)이고、수토(水土)의 사람으로 진사(辰巳)를 만나면 지망(地網)이다。

지망은 곧 五행묘절(墓絕)의 곳이다。 말하자면 암매(暗昧)하고 불명불쾌(不明不快)한 곳이다。 남자는 천라가 있음을 꺼리고、여자는 지망이 있음을 꺼린다。 천라지망(天羅地網)은 막히는 일을 맡아있고、일찍이 악살사망(惡殺死亡)의 일이 있다。 여자에 진술(辰戌)이 있음은 좋지않다。 고독성이다。 결혼생활에 만족을 얻을수 없다。 상세한 것은 「여명의 판단」을 보는 것이 좋다。

양인비인(羊刃飛刃)

갑생(甲生)의 사람、양인(羊刃) 묘(卯)에 있고、비인(飛刃) 유(酉)에 있음。
을생(乙生)의 사람、양인(羊刃) 진(辰)에 있고、비인(飛刃) 술(戌)에 있음。
병생(丙生)의 사람、양인(羊刃) 오(午)에 있고、비인(飛刃) 자(子)에 있음。
정생(丁生)의 사람、양인(羊刃) 미(未)에 있고、비인(飛刃) 축(丑)에 있음。
무생(戊生)의 사람、양인(羊刃) 오(午)에 있고、비인(飛刃) 자(子)에 있음。
기생(己生)의 사람、양인(羊刃) 미(未)에 있고、비인(飛刃) 축(丑)에 있음。
경생(庚生)의 사람、양인(羊刃) 유(酉)에 있고、비인(飛刃) 묘(卯)에 있음。
임생(壬生)의 사람、양인(羊刃) 자(子)에 있고、비인(飛刃) 오(午)에 있음。
계생(癸生)의 사람、양인(羊刃) 축(丑)에 있고、비인(飛刃) 미(未)에 있음。

양인비인은 각각 그 맞선 것이 된다。양인은 형(刑)을 맡아 있는 것이고、사주중에 양인이 있는 것은 성공에 거리낌을 받고、혹은 사주 어느 부에 따라서 부모형제 처자의 신상에 거리낌을 생하는 것이다。비인은 차고 더움이 보통아닌 별이다。

길흉성(吉凶星)의 작용(作用)을 봄

그런데 간지표(干支表)에 따라서 그 사람의 변통성(變通星) 및 十二운을 찾았으면 다음에는 사주에 어떠한 길흉성(吉凶星)이 있는가 그것을 알아서 그 지(支)의 아래에다 적는 것이다。 여기 공망(空亡)에서 시작한다。

공망(空亡)을 알아봄

공망은 빌공(空)、 망할망(亡)이라고 쓰며、 그 사람의 년이고 월이고 일이며、 또 사주중 어느 것이 공망을 당하면、 그 년월일 또는 사주중 어느 것이 무세력이 되는 셈이 되므로 그 년월일 또는 사주의 어느 것에 당하는 곳、 때 등에 흉사가 일어나는 것이다。 그러나 공망의 때라고 하드라도 대운(大運)의 때 및 년운의 때가 건록(建祿)、 관대(冠帶)、 제왕(帝旺)의 경우에는 이 흉성을 막아서 흉해가 일어나지 않게 된다。 <단 이를 사주에서 볼 때에는 생일에서 보는 것이다。>

제 五 표

空亡	生日
戌亥	甲子、乙丑、丙寅、丁卯、戊辰、己巳、座午、辛未、壬申、癸酉、
申酉	甲戌、乙亥、丙子、丁丑、戊寅、己卯、庚辰、辛巳、壬午、癸未、
午未	甲申、乙酉、丙戌、丁亥、戊子、己丑、庚寅、辛卯、壬辰、癸巳、
辰己	甲午、乙未、丙申、丁酉、戊戌、己亥、庚子、辛丑、壬寅、癸卯、
寅卯	甲辰、乙巳、丙午、丁未、戊申、乙酉、庚戌、辛亥、壬子、癸丑、
子丑	甲寅、乙卯、丙辰、丁巳、戊午、己未、庚申、辛酉、壬戌、癸亥、

또 사대 공망(四大空亡)이라는 것이 있다。 六十간지일、 갑자(甲子)、 갑오(甲午)、 갑인(甲寅)、 갑신일(甲申日)생의 사람은 수명이 길 수가 없는 것이다。

재로공망(截路空亡)

재로공망이란 아래 적은 시간에 난 사람으로서 이 시간에 난 사람은、길을 가로 막히는 것이므로 한 평생동안 한가지 일을 종시일관 할 수가 없고 자주 방향을 바꾸지 않을 수 없는 것이다。

갑、기일생(甲、己日生)、신유(申酉)시간
을、경일생(乙、庚日生)、오미(午未)시간
병、신일생(丙、辛日生)、진사(辰巳)시간
임、정일생(壬、丁日生)、인묘(寅卯)시간
무、계일생(戊、癸日生)、자축(子丑)시간

십악대패일(十惡大敗日)

또 六十간지일 十악대패일이라고 하는 것이 있다。을축(乙丑) 이날에 난 사람으로 길신이 없으면 운세상 대패(大敗)를 하고 부모를 극(尅)함。

이것도 납음(納音)을 붙이면 가령 대해수(大海水)라든가, 사중금(砂中金)이라든가, 대역토(大驛土)라든가 하는 것이다. 그것은 어떤 종류고 간에 목, 화, 토, 금, 수(木, 火, 土, 金, 水)의 다섯 가지 성(性)으로서 알아 보는 것이다. 그러나 그것은 일에 붙이는 것이다.

제六표

木性(목성)	火性(화성)	金性(금성)	土性(토성)	水性(수성)
乙巳	丁亥	戊戌	壬申	癸亥
甲辰		乙丑		
乙丑		庚辰		
丙申		辛己		

○간학일(干學日)생인 자는 남녀 다같이 학문을 좋아하고 학문에 발달하고, 지식적인 사람이다.

○정수일(正綬日)생인 사람은 관리(官吏), 군인, 학자가 되어 발달한다. 상인(商人)이라도 사회적 명예를 얻는다.

○재고일(財庫日)생의 사람은 부귀한다. 재(財)가 없는 사람도 분투 노력하여 많은 재산을 쌓기에 이른다.

제七표

生日(생일)	干學日(간학일)	正綬日(정수일)	財庫日(재고일)	正桃華日(정도화일)	申吟日(신음일)	妨害日(방해일)	鬼限日(귀한일)
木(납음)	乙亥	癸未	丙辰	卯亥	丙寅	子丑	乙卯
火	丙寅	甲戌	乙丑	午戌	己巳	寅卯	丁丑
土	戊申	丙辰	壬辰	戊午	戊申	酉戌	己亥
金	辛巳	乙丑	癸未	巳酉	辛亥	午未	庚午
水	甲申	壬辰	甲戌	子申	己巳	酉戌	癸酉

○정도화(正桃華)가 있는 사람이 부인에게 있는 것은 좋지 않다。 교양이 없으면 상대를 가리지도 않고 사통(私通)을 하여、 산에서 사람을 만나면 산에서 자고、 길에서 사람을 만나면 또 그냥 따라서 잘 자리를 찾아 가게 되는 것이다。 남자는 영현(英賢)하여 배우지 않고서도 학자가 되고、 사업을 일으키고、 명예를 떨치는 것이나、 또 음정가(淫情家)이므로 신분 있는 사람이라도 야비한 여자나 일꾼 식모 등에도 손을 대이고 한다。

○신음일(呻吟日)생의 사람은 한평생 고생이 끊이지 않는다。 사업상에서나 가족 친척의 일로도 고생하는 사람이다。

○방해일(妨害日)에 난 사람은 남녀 다같이 부부의 연분이 반드시 바뀌는 것이다。 그렇지 않으면 과부나 홀아비가 된다。

○귀한일(鬼限日)생의 사람은 용모가 반드시 연령 이상으로 보이는 것이다。

○일귀(日貴)、 괴강살(魁剛殺)、 여착(女錯)、 양착일(陽錯日) 등은 어느 것이고 생일만으로 본다。

○일덕(日德)은 작록(爵祿)이다。 즉 부(富)이다。 타인의 신용、 자연의 부력이다。 이것 있는 것은 일덕(日德)의 왕(旺)하는 때에 이르러서 복을 얻는다。 양인(羊刃)이 있으면 이

제八표

木	甲寅日	日德(일덕)			甲戌日	日空(일공)		
			乙亥	日空			丁丑	陽錯(양차)
火	丙辰	日德(일덕)	丙午	女錯(여차)	丙子	陽錯(양차)	戊申	女錯(여차)
	丁酉	日貴(일귀)	丁未	日貴(일귀)	丁未	女錯(여차)	丁丑	女錯(여차)
土	戊戌	魁罡(괴강)	戊辰	日德(일덕)	戊寅	陽錯(양차)	壬午	祿馬(록마)
			庚辰	日德 魁罡				
金	庚辰	魁罡(괴강)	辛酉	女錯(여차)				
	辛卯	女錯	壬戌	일덕 양차 여차	癸卯	日貴(일귀)		
水	壬辰	魁罡 陽錯	癸巳	일귀 록마 여차	壬戌	陽錯(양차)	癸巳(계사)	祿馬(록마)
	癸亥	陽錯(양차)						

파괴(破壞)를 지키게 되므로 대복(大福)을 이룬다。

○일귀(日貴)도 귀성(貴星)이다。 조상의 음덕(陰德)을 받아 자연히 복귀한다。

○괴강(魁罡)은 대귀를 이루나、여명(女命)은 대흉이다。 이날에 난 사람은 남자는 이론적이고、논담(論談)을 좋아하고、또 인덕과 위엄이 있다。 여자는 인물이 잘났다。 여기에다 만일 흉성이 붙으면 빈천한 사람이 된다。 여자라면 대개 비명에 간다。

○여착일(女錯日)에 난 사람은 부모형제가 망하고 자기 혼자 남는다。 여명이 이것을 만나면 씨아비로부터 불륜한 요구를 받는 수가 있다。 남자가 이것을 만나면 처가가 망하고 혹은 처가와 의리를 끊는다。

○양차일(陽錯日)에 난 사람은 아비를 극(尅)한다。 또 아비와 뜻이 맞지 않고、아비와 멀리 떨어져서 생활한다。 또 장인과도 의를 끊는 수가 있다。

○록마(祿馬)는 말이 록을 싣고 오는 것이다。 따라서 대귀하나 흉성이 있어 깨어짐은 좋지 않다。

생월로서 보는 대흉성(大凶星)

이것은 생월로부터 날을 보아 그 길흉을 정하는 것이다。

○생일에서 보아서 인、묘、오(寅、卯、午) 등이 생년월일의 어느 것에 있으면 이것을 적음。이상은 모두가 흉성이다。

○폭패(暴敗)가 생일에 있으면 초년에、생월에 있으면 중년、생년에 있으면 만년에 사업상에 크게 실패를 한다。자기의 실력을 믿고 억제해서 무리를 하거나、잘 겨누어 보질 않고 마구하거나 하여 자기가 자기의 몸을 망치고 산업을 실패의 길로 이끄는 것이다。이 별이 있는 사람은 대개가 음주가이며 이성(理性)에 변조(變調)있는 자가 많다。

○하정(下情)이 있는 사람은 동정심이 많고、감정에 약하다。다른 사람의 부탁을 받으면 어떤 일이고 자기의 손해를 돌보지 않고 하는 것이다。직접 이해 관계가 없는 아랫 사람의 부탁도 잘 들어 준다。또 남자는 여자에게 달콤한 사람도 있다。

○욕분(浴盆)은 대개 인협가(仁俠家)이며、실은 자기의 힘을 지나치게 믿는 사람이다。「내가 하여 본다」라는 기분을 앞세워 쓸대 없는 경우에 날뛰고、크게 동정심을 베풀어 나면

사람의 곤난을 구하고、 뒤에는 도리어 남의 원한을 사게되는 사람이다。 억제로 동정을 파는 사람이고、 의리 있는척 하는 사람이다。 남의 편의를 보아주고 크게 내편을 삼을려고 하는 타산적인 사람이다。 그러므로 대개는 실패로 끝나고、 손해를 가져오는 것이다。 이는 남녀가 모두 같다。

○심수(深水)가 있는 사람은 완고하고 고집이 세다。 남녀 다같이 자아심(自我心)이 강한 사람이다。 또 수난(水難)을 받기 쉬운 사람이다。

○가령 해(亥)、 자(子)、 축월(丑月)인 사람이 사유일(巳酉日)에 나면 진신일(進神日)이다。 갑자일(甲子日)에 나면 천사일(天赦日)이다。 무인생(戊寅生)이면 좌패일(座敗日)이다。 이와같이 조사하여 각각 그날에 기입하는 것이다。

○진신일(進神日)은 어떤 일을 하여도 방해를 받지 않는 생일이다。 이날에 난 사람은 발달한다。

○천사일(天赦日)은 어떤 일이고 하늘의 도움을 받아서 할 수 있는 생이다。 이날에 난 사람은 큰병에 걸려도 생명을 잃는 일이 없고、 큰 난을 만나도 이것을 면하고、 천수를 다하기까지 복귀가 있을 생이다。

○좌패일(座敗日)에 난 사람은 학업、사업 등을 바꾸고、방향을 잡지 못하고、한평생을 정한바 없이 살아가는 것이다。한가지 일에 열중하여도 어쩔 수 없는 고장이 생겨서 다른

제九표

생일 \ 생월	亥子丑月	寅卯辰月	巳午未月	申酉戌月
進神日	己酉	甲子	甲午	己卯
天赦日	甲子	戊寅	甲午	戊申
座敗日	戊寅	甲申 乙卯	乙酉 辛酉	丁丑 癸申
天轉日	壬子	乙卯	丙午	辛酉
地轉日	丙子	辛卯	戊午	癸酉
天地日	庚子	癸卯	丙午	丁酉
八風日	甲寅 甲戌	丁丑 丁巳	甲辰 甲申	丁未 丁亥
四廢日	丙午 乙巳	庚申 辛酉	壬子 癸亥	申寅 乙卯

데로 옮아가게 되는 것이다。 즉 성패(成敗)가 보통 아닌 생이다。

○천전일(天轉日)도 위와 같이 중학시대부터 여러 가지로 방도에 망서리고、 마침내는 이렇다할 학업도 닦지 못하고 형식만의 졸업을 하고、 이것 저것 직업을 바꾸는 사람이다。 자연의 방해를 받기 쉬운 생이므로、 가령 만년에 성취하게 되어도 한가지 일에만 달라붙어서 돌을 씹어도 아무리 궁지에 빠져도 그 일에 종사하지 않고서는 장래의 대성이 어려운 것이다。

○지전일(地轉日)도 위와 같으나、 이날에 난 사람은 갈피를 못잡는 일이 많고、 자기가 모처럼 쌓아올린 일을 버리고 새로운 일만이 따라 다니다가 하나 진보 발달을 못하는 것이다。

○팔풍일(八風日)은 남녀 다같이 색정(色情)에 강한 생이다。

○사패일(四廢日)도 천전지전(天轉地轉)과 같이 일생동안에 몇 번이고 생업을 바꾸는 생이다。

제十五

生月	暴폭敗패殺살	下하情정殺살	隔격角각殺살	浴욕盆분殺살	深심水수殺살	將장軍군殺살
	생년월일로도본다					
亥子卯月	寅 卯 午	子 午	丑 寅	丑	未 亥	申 巳 亥
寅卯辰月	亥 未 戌	子 丑 寅 酉	辰 巳	辰	寅 申	酉 戌 辰
巳午未月	巳 子 辰	巳 戌 亥	未 申	未	未	未 卯 子
申酉戌月	申 酉 丑	丑 申	戌 辛	戌	卯 酉	丑 寅 午

생월에 의한 사주의 흉성(凶星)

○장군살(將軍殺) 있는 사람은 군적(軍籍)을 두는 이가 있고, 또 군에 가서 병에 걸리거나 사망하는 사람이 있다. 전사하는 일도 있다.

○격각(隔角)은 생가를 떠나가서 부모형제와 떨어져 산다.

十간(干)에서의 길흉성(吉凶星)

○태극인(太極人)의 년에 난 사람은 대귀이다. 사회 상위(上位)의 신용및 보호가 있어, 초년 중년에는 실패하는 일이 있어도 만년에는 반드시 성공하여 유종의 미(有終之美)를 이루는 것이다.

○천을귀인(天乙貴人)의 월일에 난 사람도 대귀이다. 뜻하지 않은 다른 사람의 원조, 윗사람의 보호를 받고 전화위복(轉禍爲福)으로 마침내 성공하는 사람이다.

제十一표

생일 간	太極人年(태극인년)	月日時天乙人(월일시천을인)	年月日天官人(년월일천관인)	四柱福星人(사주복성인)	四柱暗祿(사주암록)	年月日干祿(년월일간록)
甲	子丑	未丑	未	子寅 亥	亥	寅
乙	子午	子申	辰	丑	戌	卯
丙	酉卯	酉亥	巳	子寅 亥	申	巳
丁	酉卯	酉亥	酉	酉亥	未	午
戊	辰未 戌丑	未丑	戌	申	申	巳
己	辰未 戌丑	子申	卯	未	未	午
庚	寅	未丑	亥	午	巳	申
辛	寅	寅午	申	巳	辰	酉
壬	己申	卯巳	寅	卯	寅	亥
癸	巳申	卯巳	午	丑	丑	子

年月日天廚人(년월일천주인)	日金輿(일금여)	紅艶(홍염)	流霞(유하)	日學士(일학사)	四柱天財(사주천재)	四柱夾祿(사주협록)	四柱羊刃(사주양인)
巳	辰	申	酉	子	戊	丑卯	卯
午	巳	午	戌	亥	巳	卯巳	辰
巳	未	寅	未	卯	庚	辰午	午
午	申	未	申	寅	辛	巳未	未
申	未	辰	巳	午	壬	辰午	午
酉	申	辰	午	巳	癸	巳未	未
亥	戌	戌	辰	午	甲	未酉	酉
子	亥	酉	卯	巳	乙	申戌	戌
寅	丑	子	亥	酉	丙	戌子	子
卯	寅	申	寅	申	丁	亥丑	丑

日時(일시) 日刃(일인)			午	午						
年月日(년월일) 飛刃(비인)	酉	戌	子	丑	子	丑	卯	辰	午	未

○천관귀인(天官貴人)생은 대귀이다。 조상의 음덕을 받아 사회에 발달하고、 높은 자리에 오르고、 몸에 관록을 더하고、 복신이 와서 이것을 도우고、 재록이 두터워질 생이다。

○복성귀인(福星貴人)생도 대길이다。 복록이 영창(榮昌)하고 선배의 이끌어줌을 받아서 크게 발달한다。 가령 곤궁한 가운데 있더라도 이상의 귀성이 있는 사람은 항상 하늘의 도움을 받고、 장래 크게 발달하거나 그렇지 않더라도 의식에 궁한 일은 없는 것이다。

○암록(暗祿)생은 뜻 아니한 천우가 있고、 궁한 가운데 있어서 점점 막히어 간다고 보면 갑자기 구출의 손이 있어 흉사가 복으로 변하고 혹은 어떤 사람의 도움을 받고、 한번도 궁박한 구렁텅이에 빠지는 일은 없는 것이다。 뿐만 아니라、 재물을 쌓아서 다른 날의 난에 대하여 준비할 마음을 가진 사람도 있는 것이다。

○간록(干祿)은 또한 천록(天祿)과 같다。 이별있는 사람은 언제나 복귀를 받는다。

○천주인(天厨人)생은 평생을 의식에 궁하는 일이 없고, 또 그러한 경험도 못해 보는 행복한 사람이다. 이별이 있는 사람은 업을 이루고 재산을 쌓고 신분을 높이고 이름을 떨친다. 자연히 행복한 사람이다.

○금여록(金輿祿)생인 사람은 여자는 아름답고, 그렇지 않아도 남편을 도우는 내조가 있는 사람이고, 남자에게 이것이 있으면 그 아내가 남편을 도우고, 혹은 처가의 재력(財力)을 힘입고, 수신재가 하여 행복한 생활을 하는 이도 있으나, 만약 처가 두번 바뀔 때에는 뒤에는 대개 천한 아내를 맞이하는 것이다.

○홍염(紅艶)이 있는 사람은 남자라도 애교가 있다. 또 여난이 있다.

○유하(流霞)가 있는 사람은 중풍증의 유전이 있다.

○학사(學士)가 있는 사람은 남녀 다같이 감정이 예민하고, 남자는 여성적이다.

○천재(天財)는 또 자연의 혜택이다. 이별이 있는 사람은 자연의 재를 얻어 부귀해 진다.

○협록(夾祿)이 있는 사람은 가령 축묘(丑卯)의 사이, 인진(寅辰)의 사이 등에서 큰 재물을 얻고, 남의 유산등을 받는 수가 있다.

○양인(羊刃)은 흉성이다. 이별이 있는 사람은 길흉 두가지 갈래가 있다. 어떤 사람은 온

량(溫良)하고 어떤 사람은 흉살(凶殺)이다。 또 크게 발달하는 사람과 그렇지 못한 사람이 있다。 혹은 팔이나 다리를 끊고、 눈을 잃게 되는 부상을 실수하여 입는 수가 있는가 하면 젊고 한창때에 병으로 죽는 사람도 있다。 또 이 때문에 남녀가 다같이 자식이 요절(夭折)하는 일이 있는 것이다。 혹은 또 감옥에 들어가고、 비명으로 죽는 사람도 있다。 대체로 몸이 약한 사람(이것을 신약〈身弱〉이라 함)에 있는 것은 좋지 않다。 몸이 건강한 사람(이것은 신왕〈身旺〉이라 함)에 있는 것은 좋다。 이것은 도리어 길하다。

○일인(日刄)도 또한 양인(羊刄)과 같은 일을 한다。 대개 폐병、 뇌병、 심장병 등으로 죽게 되고 또는 자식들이 차례로 요절(夭折)한다。 그러나 보통 二十대에서 병사하게 되는 사람이 많다。

○비인(飛刄)、 이별은 양인(羊刄)、 일인(日刄)만큼 흉성(凶星)은 아니다。 보통 잘 뜨거워지고 잘 식고 하는 걷잡지 못하는 성질이다。

제十二표

월일	天耗(천모)	地耗(지모)	白衣年月日	血刃(혈인)	血支(혈지)	金鎖(금진)
子	申	巳	酉	午	申	子
丑	戌	未	辰	亥	酉	丑
寅	子	酉	巳	丑	戌	申
卯	寅	亥	子	未	亥	酉
辰	辰	丑	丑	寅	子	戌
巳	午	卯	申	申	丑	亥
午	申	巳	卯	卯	寅	子
未	戌	未	戌	酉	卯	丑
申	子	酉	亥	辰	辰	申
酉	寅	亥	午	戌	巳	酉
戌	辰	丑	未	巳	午	戌
亥	午	卯	寅	寅	未	亥

斷橋(단교)	年華蓋	年驛馬	月日時天德	月德(월덕)	月空月日	生成馬日	正氣官日
子	辰	寅	巳申	壬	丙	甲寅	子日 丙日
亥	丑	亥	庚乙	庚	甲	辛亥	
寅	戌	申	壬丁	丙	壬	庚申	
卯	未	巳	申巳	甲	庚	丁巳	
申	辰	寅	壬丁	壬	丙	甲寅	
丑	丑	亥	丙辛	庚	甲	辛亥	乙月 乙日
戌	戌	申	寅亥	丙	壬	庚申	
酉	未	巳	甲己	甲	癸	丁巳	
辰	辰	寅	癸戊	壬	丙	甲寅	
巳	丑	亥	寅亥	庚	甲	辛亥	丙月 乙日
午	戌	申	甲乙	丙	壬	庚申	
未	未	巳	庚乙	甲	庚	丁巳	亥月 丁日

十二지(支)에서 보는 길흉성(吉凶星)

이것은 년、월、일 다같이 十二지에서 보는 것이다。

○천모(天耗)가 있는 사람은 윗 사람에게 속아서 재물을 빼앗긴다。

○지모(地耗)가 있는 사람은 아랫 사람에게 속아서 재물을 잃는다。

○백의(白衣)가 있는 사람은 대개 처자가 먼저 죽는다。 흉성(凶星)과 같이 있으면 단명이다。

○혈진(血刄)이 있는 사람은 유전적 화류병이 있고 뇌병도 있다。

○혈지(血支)가 있는 사람은 유전적인 위장병이 있다。

○금쇄(金鎖)가 있는 사람은 젊어서 죽거나 혹은 일직 자식을 잃는다。

○단교(斷交) 있는 사람은 친척과 소원(疎遠)하여 진다。

○화개(華蓋)가 있는 사람은 고독성이다。 승려가 될 사람이다。

○역마(驛馬)가 있는 사람은 때로 주거가 정하여 지지 않고 동서로 가고 남북으로 옮아 고

독(孤獨)하여 지는 것이다。

○천덕(天德)은 조상의 음덕이다。 모든 흉사를 해재한다。

○월덕(月德)은 모계(母系) 조상의 음덕이다。 이것도 모든 흉사를 해재한다。

○생성마일(生成馬日)은 정기관성생(正氣官星生)은 군인、 관리가 되는 것이 좋다。 여자는 들이 세어서 남편을 극(尅)하고、 남편은 세상에 뛰어나기 어려운 것이다。

이상에 따라 모든 흉성을 뽑아 보았다。 이번에는 특수한 생일에 따라서 검사한다。

특수한 생일(生日)

그런데 이상과 같이 여러 가지 조직을 가리켰으나 그밖에도 특수한 생일이 있는 사람이 있다。 이것은 표 가운데 나타나 있으나 또 격별한 작용을 하는 것이므로 이것을 아래에 말하고자 한다。

양인(羊刃)생

사주 중에 양인(羊刃)이라는 별이 있다。 곧

갑일(甲日)에 묘(卯)　　기일(己日)에 미(未)
을일(乙日)에 진(辰)　　경일(庚日)에 유(酉)
병일(丙일)에 오(午)　　신일(辛日)에 술(戌)
정일(丁日)에 미(未)　　임일(壬日)에 자(子)
무일(戊日)에 오(午)　　계일(癸日)에 축(丑)

이다。즉 갑자일생(甲子日生)에 묘(卯)의 년월일이 있으면 양인(羊刃)이다。을일(乙日)은 하는 위와 같다。이별을 천상(天上)의 흉성、인간의 악살(惡殺)로 한다。十二운 중의 건록(建祿) 다음의 별이다。즉 갑(甲)의 건록은 인(寅)에 있고、묘(卯)는 제왕(帝旺)을 이루나 이 경우는 양인이다。을(乙)은 묘(卯) 건록을 이루고、진(辰)이 관대(冠帶)하나 이 경우는 양인이다。

양인은 간(干)에 편관칠살(偏官七殺)이 있고、인수(印綬)가 있는것이 좋다。형충파해(刑冲破害)가 있고、괴강(魁罡)이 있고、三합하는 것이 좋지 않다。양인은 양신(陽神)이다。갑、병、무、경、임(甲、丙、戊、庚、壬)은 五양에 있고、을、정、기、신、계(乙、丁、己、辛、癸)는 원래 오음인(五陰刃)이 없었다。후음에도 붙여 이것을 같은 음의 양인(羊刃)이라 부르기로 하였다。 양인이 명 가운데(命中)에 있는 것은 심히 좋지 않다。 대개 七살과 같은 힘이 있다。 그러나 양인이 있는 사람은 부귀한다。 혹은 복귀한 집에 태어난다。 간(干)에 편재七살이 있는 것이 좋다。 편관은 권(權)을 이루는 것이나 편관에 양인이 없으면 사회에 뛰어나지 못한다。 칠살에 양인이 붙는 것은 보통 사람이 아니다。 군인 판관 등으로도 발현(發顯)하는 사람은 편관양인의 사람이다。 양인(羊刃)이 있는 사람은 신왕(身旺)인 사람이 좋다。 운이 신왕의 시에 가면 좋으나 상관운(傷官運)을 만나는 것은 좋지 않다。

양인(羊刃)이 왕(旺)하는 운일때、 명중에 원래부터 양인편관(羊刃偏官)이 있는 것、 세운(歲運)에 이것을 만나면 그 화(禍)가 대단하다。 만약 사주에 편관양인이 없고、 세운에 편관이 왕하는 때를 만나면 도리어 복이 두터워지는 것이다。 상관(傷官)이 재(財)를 생하고、 신약(身弱)에 살이 왕함은 가장 흉이다。

명식(命式)

偏官(편관) 庚申 년

正財(정재) 己卯 월

甲寅일 羊刃(양인)

위와 같은 갑일(甲日)에 묘(卯)를 보면 양인(羊刃)으로 함。 경(庚)을 七살로 함。 그 살성(殺星)은 원래부터 몸을 상한다。 도리어 묘중(卯中)에 을목(乙木)이 있어 경(庚)과 간합(干合)하므로 그살이 물러진다。 곧 살성은 잘 몸을 상케하지 않는다。 꼭 이 갑(甲)은 을(乙)의 누이동생으로 경(庚)에 시집 보낸 형상이다。 그 몸이 남방의 운에 왕하면 화(火)로써 금(金)을 극(尅)하여 도리어 귀를 이루는 것이다。 또

명식(命式)

比肩(비견)	戊子	년	
比肩(비견)	戊子	월	羊刃(양인)
偏官(편관)	戊戌	일	
	甲寅	시	

○午戌寅 화국(火局)을 이룸。

이 명은 三합 화국(火局) 인성(印星)이 되므로 귀를 이루는 것이다。 또

명식(命式)

偏官	辛酉	년	
偏官	甲午	월	
	戊午	일	羊刃
偏官	甲寅	시	

○午、인화국(寅火局) 인수(印綬)가 됨。

이 명은 살、인 두 가지가 있다。 그리하여 오인(午寅)의 인수(印綬)가 있음。 년상에 상관(傷官)이 있음。 운이 신묘(辛卯)의 시에 이르면、 상관(傷官)은 신금(辛金)이므로 수(水)를 생함。 임(壬)은 무(戊)의 재(財)이다。 임진(壬辰)의 해분이 되면、 편관七살이 자라기 때문에 물에 빠져 죽게 되는 것이다。 이 임수(壬水)는 화(火)의 인성(印星)을 극(尅)하고 인성(印星)은 七살위에 앉고、 살을 생하여 인(印)을 깨트리기 때문이다。 그러므로 이 명은 운이 신묘(辛卯)에 이름을 꺼리고 관성(官星)을 꺼리고、 가장 상관이 재성(財星)과 서로

보는 것을 꺼리는 것이다。수(水)에서 목(木)을 생하고 신(身)도 극한다。<목극토(木尅土)―편관이 몸을 극함> 또한

명식(命式)

印綬(인수) 癸未 년
敗財(패재) 乙卯 월 羊刃(양인)
甲子 일
正財(정재) 己巳 시

이 명은 생、일、시의 갑기(甲己)가 합하여 토(土)가 되어 토극수(土尅水)와 계수(癸水)의 인수(印綬)를 깨트린다。운이 신해(辛亥)에 이르면 해、묘、미(亥、卯、未)가 합하여 목국(木局)하고、양인(辛刄)을 일으키고、신유년(辛酉年) 신금(辛金)、또 유(酉)에 왕(旺)하고、묘유(卯酉)의 충(沖)을 일으키고、묘(卯)에 두 신(辛)이 태과(太過)하여 목(木)을

극하여 몸은 부귀하다 하여도 또 형벌을 만나는 것이다。 그러나 신(辛)을 봄은 귀를 이룸。 양인(羊刃)이 흉이 되는 것이다。 하나는 만나고、 하나는 충(冲)한다。 즉 길흉이 있다。

양인이 년상에 있으면 조업을 깨트리고、 월에 있으면 부모 또는 형제에 인연이 엷고、 일에 있으면 부처에 연분이 엷고、 시에 있으면、 자식에 인연이 얕다。 양인에 인수(印綬)가 있는 것은 귀를 이루나、 자기일신의 귀복과 육친에 인연이 얕다는 것은 전혀 다른 것이다。

형합(刑合)의 생

형합(刑合)이라는 것은 사주중의 지(支)에 형이 있고、 간(干)은 합(合)을 떠는 것이다。 형합이 다같이 있는 사람은 많이 주색으로 집을 잃고、 병신이 되는 것이다。 혹은 정신이 희미하여 걷잡음이 없고 만약 여기에 양인(羊刃)이 있으면 더욱 흉을 이루고 일직 황천객(黃泉客)이 된다。

만약 十八격중에 록(祿)이 합하는 것이 있으면 무엇이냐 하면、 이것은 가령 계일(癸日)은 무(戊)를 써서 관(官)으로 한다。 무(戊)의 록(祿)은 사(巳)에 있다。 사(巳)에 인(寅)을 보면 형(刑)함。 그러나 사(巳)는 유축(酉丑)과 합하여 금국(金局)한다。 그러므로 사(巳)만이라면 계(癸)의 축(丑) 〈양인(羊刃)〉이 있어도 계(癸)와 무(戊)가 합하여도 〈화화(火化)함〉 보아도 보지 않았는 것으로 흉이 되지 않는다. 이를테면

명식(命式)

丙 子 년 ○丙辛은 合하여 수화(水化)함
辛 卯 월
丙 子 일 ○子卯는 형(刑)을 이룸
辛 卯 시

위와 같이 년, 월, 일, 시 다같이 형합(刑合)을 띠고 있다. 또한 자(子)의 수(水)는 오(午)의 화(火)를 충(沖)함. 겸하여 또 신약(身弱)이 됨. 二十六세 갑오(甲午)에 섞이고 三十六세 병신(丙申)에 섞임. 년태세와 함께 양인(羊刃)의 위에도 있다. 둘의 자(子)가 오(午)를 충함. 그 양인(羊刃) 형(刑) 다같이 합한다. 그러므로 주색음일(酒色淫佚)에 따라서 몸을 망치기에 이르는 것이다. 또

명식(命式)

正財 己巳년 ○己甲 합(合)함

正財 己巳월

　　 甲寅일 ○巳寅 형(刑)함

正財 己巳시

와 같이 신왕(身旺)하고 재(財)가 왕(旺)함. 몸 또한 건록(建祿)에 들어감. 그러므로 격에 드는 것이다. 형합태중(刑合太重)하면 계해(癸亥)의 사(己)를 충(沖)할 때 음주탐색(飮酒耽色), 마침내 고질(痼疾)로 근심하다가 죽음에 이르는 것이다. 또

명식(命式)

正官(정관) 乙卯년 ○묘미해(卯未亥)는 목국(木局)함

正財(정재) 癸未월 ○계술(癸戌) 간합(干合) 화(火)가 됨

戊戌일 ○술미(戌未) 형(刑)함

正財(정재) 丑癸시

위와 같은 부인의 명으로 양력 七월중순 생이다。 년간(年干)에 을자(乙字)가 나타나 있다。 무일(戊日)의 관성(官星)이다。 지지(地支)의 묘해미(卯亥未)는 목국(未局)한다。 무(戊)의 간(干)에 있어서는 화(火)를 생한다。 화(火)는 인수(印綬)이다。 관성인수(官星印綬)의 두 귀신(貴神)이 갖고 있다。 그저 계축시(癸丑時)가 합하지 않는다。 계수(癸水)는 무중(戊中)의 화(火)〈인수(印綬)〉를 충(沖)한다。 축중(丑中)의 금(金)은 신(辛)의 상관(傷官)으로서 일찌기 정관(正官)을 깨트리지만 경을(庚乙)이 합하므로 을관(乙官)은 경(庚)의 식신(食神) 때문에 왕(旺)하여 흉(凶)을 이루는 것이다。 보통 이 명은 관성(官星)을 봄을 좋아하지 않는다。

복덕수기(福德秀氣)의 생

복덕수기는 전혀 그 주(主)를 쓰는 것이다。 즉 을사(乙巳)、을유(乙酉)、을축(乙丑)과 득수한 생일(生日)

같은 것이 이것이다。을(乙)은 경(庚)을 써서 정관(正官)으로 한다。인수(印綬)의 제(制)가 있음을 좋아하고、九월의 유(酉)가 끊어짐을 좋아하지 않는다。편관(偏官)의 사주에 나타남을 좋아하지 않는다。도리어 인수(印綬)에 가고 관성의 왕(旺)함을 좋아한다。곧 복이 잘 발한다。적어도 사주중에 신살(辛殺)〈편관(偏官)〉이 노출(露出)한다면 제복(制伏)할 일이다。

또 정사(丁巳)、정유(丁酉)、정축(丁丑)과 같은 임(壬)을 써서 정관(正官)으로 한다。금(財)가 왕하여 수(水)의 생함을 좋아하고、또 九월 유(酉)의 장생(長生)하는 것을 좋아하지 않는다。화(火)는 죽어서 유(酉)에 있고、도리어 관(官)이 왕(旺)하는 운에 감을 좋아한다。즉 복이 발한다。또 다른 관(官)이 사주에 나타나는 것을 원치 않는다。다른관이 나타나면 수명이 길지 않다。또 기사(己巳)、기유(己酉)、기축(己丑)、기(己)의 간(干)은 갑(甲)을 써서 정관(正官)으로 한다。사유축(巳酉丑)은 금국(金局)하여、상관(傷官)이 되며、또 도기(盜氣)한다。이래서는 길이 되지 않은것 같으나 그러나 금국(金局)을 얻으면 금은 잘 수의 재(財)를 생하여 도리어 사주에 화(火)의 인성(印星)을 봄을 요하지 않는다。화(火)의 금국(金局)을 깨트림을 겁낸다。도리어 재운에 가면 곧 발한다。계사(癸巳)、계유

(癸酉)、 계축(癸丑)과 같은 사유축(巳酉丑) 금국(金局)하여、 금신인수(金神印綬)가 된다。금국(金局)은 잘 수(水)를 생한다。 그러므로 三월중에 태어나는 것을 좋아하지 않는다。수(水)는 사(巳)에 끊어진다。 그러나 금이 생하는 것은 사(巳)에 있다。 따라서 금(金)이 잘 수(水)를 생하고、 또 수(水)의 절(絶)이 되지 않는다。 관인(官印)의 운에 가면 곧 발복한다。 가장 재(財)에 가는 것을 좋아하지 않는다。 화(火)의 재(財)가 금(金)을 깨뜨리는 것을 겁낸다。 이 운은 대저 인수(印綬)의 운과 서로 닮는 것이다。

명식(命式)<모 실업가>

서기 一九八一년 八월 十九일 오전 八시생(남)

干合 ┌ 偏官	辛	巳	년	建祿
└ 傷官	丙	申	월	病
(壬印綬)	乙	酉	일	帝旺
正官	庚	辰	시	養

○巳申酉(사신유) 금(金)이 됨

○辰(진)은 계(癸)에 통하여 화(火)가 됨

역(逆)四년운　공망(空亡)　午未

○을(乙)은 경(庚)을 얻어 정관(正官)으로 함。본문에 인수(印綬)의 제(制) 있음을 기뻐하고 九월의 유(酉)의 끊짐을 좋아하지 않는다고 있다。이것은 신월(申月)이므로 태(胎)가 되어 있다。신중(申中)에는 경(庚) 二十二일 분이 있어 이것도 정관(正官)이다。복덕수기의 격이다。이 사람은 「도오꾜오」에 있어서도 이름있는 큰 약 도매상을 하고 있는 경영자이다。

○복덕수기(福德秀氣)의 사람은 안해가 어질고 자식이 귀하며 그사람은 수려하다。운은 동남방 갑、을、병、정、인、묘、진、사、오에 가는 것이 좋다。그저 이 사람은 눈병에 걸리는 일이 있다。

잡기(雜氣)〈진、술、축、미〉생

잡기는 진、술、축、미의 자리이다。이 네가지는 토(土)이다。진(辰) 가운데 계무(癸戊)가 있고、술중(戌中)에 신정무(辛丁戊)가 있고、축중(丑中)에 계신기(癸辛己)가 있고、미중(未中)에 정기을(丁己乙)이 있다〈월율분야도(月律分野圖)를 보라〉。이것은 천지부정의

기이다。

그것은 갑(甲)은 인(寅)의 자리에 주저 앉아 양목(陽木)의 울(垣)을 이루고 을(乙)은 오로지 묘(卯)에 주저 앉아서 모두 봄의 영(令)을 맡아 있고、동방의 기를 빼앗는다。 진(辰)은 동남(東南)의 구석이 되고、봄、여름이 마주치는 경계를 이루고 받는기가 순하지 않고 명을 받기를 같지 못하다。 그러므로 잡기(雜氣)라 함。 축미술(丑未戌)도 또한 같은 것이다。 사주 간지(干支)를 보았을 때、무엇으로 론(論)하느냐 하면 가령 일간(日干)이 갑(甲)이고 축월(丑月)에 얻으면 귀(貴)는 이미 그 가운데에 있다。 갑간(甲干)의 신(辛)은 정관(正官)이고、계(癸)는 인수(印綬)가 된다。 기(己)는 곧 정재(正財)이다。 이 가운데 무엇으로서 복으로 하느냐 하면、요는 사주중에 나타나는 무슨 별인지를 보고 그 길흉을 정하는 것이다。 이 네가지는 창고이고、보물을 감추어 있으므로 이것을 열려면 열쇠가 없으면 아니된다。 그렇다면 열쇠는 무엇이냐 하면、이것은 다른 예에서는 흉이라 이르는바 형、충、파、해(刑、沖、破、害)의 별이다。 사주중에 형、충、파、해가 있고、또 이들의 운에 이르렀을 때에는 해가 많아져서 도리어 그 복을 상한다。 앞서도 말한것 처럼 형、충、파、해가 없는 것은 그 해가 좋고 이것이 있는 사람은 없는 해가 좋은 것이다。

보통 잡기(雜氣)의 격은 재가 많은 것이 좋다。 이것은 귀명(貴命)이다。 만약 다른 격에 늘면 다른 격 쪽에서 이것을 끊는다。 그러나 천지의 잡기는 통일하지 않는 것이므로 그 힘은 작다。 그러므로 다른 격인 사람은 그 격에 좇아서 볼 일이다。

명식(命式)

서기 一八九四년 五월二일생(남) 〈생시불명〉

比肩 甲午년

偏財 戊辰월

(戊偏財) 甲辰일

()이것은 생、년、월、일 만으로 본다면 잡기(雜氣)의 좋은 명이다。

명식(命式)

서기 一九〇一년 十월九일 오후 二시생(남)

敗財(패재) 辛丑 년
正官(정관) 戊戌 월
(辛敗財)(신패재) 庚午 일
傷官(상관) 癸未 시

○이것은 같은 잡기(雜氣)라도 패재성(敗財星)이 많고, 정관(正官)은 비견(比肩)〈패재(敗財)〉를 생하므로 흉이다.

일귀일(日貴日)생

일귀(日貴)라는 것은 그저 四일 있을 뿐이다.
정유(丁酉), 정해(丁亥), 계사(癸巳), 계묘(癸卯) 이것이다. 가장 형, 충, 파, 해(刑、沖、破、害) 있음을 겁낸다. 공망(空亡)을 꺼리고, 관성(官星)의 충(沖)함을 꺼린다. 운이 공망에 가는 것도 겁낸다. 그러나 회합재향(會合財鄕)은 공하면서 공(空)하지 않고 또 괴강(魁罡)이 더하는 것도 좋지 않다. 일귀생인 사람은 주인(主人)이 순수하고, 인덕이 있으며, 인물도 잘 났으며 거만하지를 않고, 형(刑)을 돌이키면 빈천(貧賤) 형충(刑冲)이 심하면 귀인(貴人)이 화를 내어서 도리어 그 화(禍)를 가져온다. 낮에 나면 일귀(日貴), 밤에 나면 야귀(夜貴)로 나누지만 그 차이는 심하지 않다.

명식(命式)

서기 一八九七년 三월 三十일생(남)

比肩(비견)	丁酉년	病(병)
偏官(편관)	癸卯월	長生(장생)
(乙(을) 偏印(편인))	丁亥일	建祿(건록)

○묘유 충(冲)함

○이것은 일귀격이지만 묘유(卯酉)의 충(冲)이 있어 좋지 않다. 그러나 해(亥)는 묘(卯)와 합하므로, 목국(木局)을 이루나 금(金)이 내릴때에는 목국(木局)에 깨뜨려짐이 생겨서 흉

이 된다。 그때에는 화해(禍害)가 심하다。

명식(命式)

서기 一八八九년 七월 十六일생(남)

偏官 己丑년 養

偏官 辛未월 衰

(丁偏財) 癸巳일 長生

○丑巳 금국(金局) 인수(印綬)가 됨

○이 일귀격은 좋은 명이다。 경(庚)의 인수(印綬) 신왕(身旺)이 되어 재(財)를 생함。

월덕일(月德日)의 생

월덕일 생인 사람도 五일 있다。

갑인(甲寅)、 무진(戊辰)、 병진(丙辰)、 경진(庚辰)、 임술일(壬戌日)

특수한 생일(生日)

이상이 다 이별도 형、충、파、해(刑、冲、破、害)를 겁낸다。관성(官星)을 꺼리고、재성이 왕(旺)함을 미워한다。회합(會合)、공망(空亡)、괴강(魁罡)도 좋지 않다。이것은 월덕의 작용(作用)을 하지 못한다。보통 월덕일생인 사람은 주인(主人)의 성격이 자비심이 많고、복이 반드시 풍부하다。신왕(身旺)의 운(運)에 감이 좋다。만약 사주에 재관(財官)이 더하여지면 다른 격에서 찾는다。형、충、파、해는 복을 깨트린다。만약 왕기가 이미 쇠하고 운이 괴강(魁罡)에 이르면 그 사람은 반드시 죽는다。아직 복을 발하지 않고 괴강운(魁罡運)에 이르러 그 사람의 몸이 건강하면 화환(禍患)을 잘 막고 한번 이곳을 빠져 나오고、다음 재발(再癸)한다。

명식(命式)

서기 一八九三년 十一월 二十一일생(남)

敗패 財재 癸 巳 년 胎태

敗패 財재 癸 亥 월 帝旺

○巳亥 충(冲)함

(壬比肩) 壬戌일 墓

○월덕생(月德生)은 재(財)가 왕(旺)하지 못하고, 이 명은 일생동안 하는 일이 없는 명이다. 그 때문에 월덕성(月德星)은 보물을 감추어 두는 격이다.

명식(命式)

서기 一九一七년 四월 八일 오전 五시생

正官	丁巳년	病
偏財	甲辰월	衰
(乙正財)	庚辰일	冠帶
偏印	戊寅시	長生

日德、白衣、魁罡

○경(庚)은 을(乙)을 얻어서 재(財)를 일으키고, 인(印)을 발한다. 귀명(貴命)이지만 예술(藝術) 방면으로 나아갈 사람이다. 그러나 무(戊)는 화(火)로 화하고, 경금(庚金)의 기가 절(絕)함. 진(辰) 또한 계(癸)와 합하여서 화(火)가 된다. 따라서 화(火)의 병정운(丙丁

運)이 좋다。즉 인수(印綬)를 생한다。이 사람은 「武藤山治」씨의 손자이다。양화(洋畫)의 천재로서 「高木乘」이 발견한 사람이다。<하지만 백의(白衣)는 처자에 흉함>

일인생(日刃生)

이것도 일(日)에 있는 것이지만 또 없는 것도 있다。생일 병술(丙戌)에 오(午)가 있고、임(壬)에 자(子) 있는 사람은 일인(日刃)이다。<생시도 같다> 일인(日刃)은 앞에 적은 양인(羊刃)과 같은 것이다。형、충、파、해(刑、冲、破、害)를 좋아하지 않고、회합(會合)을 좋아하지 않고、관성(官星)七살의 날을 만나는 것을 기뻐하고 관향(官鄕)에 가는 것을 요함。즉 귀명(貴命)을 이룸。만약 사주중에 하나 회합(會合)함이 있으면 반드시 기화(奇禍)를 맡음。일인(日刃) 있는 사람은 그 사람의 눈은 크고、수염이 길고、성질이 강하고 측은한 마음과 자비심이 없고 인심이 각박하고 남을 도우는 뜻이 없으나 길성(吉星)이 와서 임할 때는 그렇지 못하고 삼형(三刑) 자형(自刑) 괴강(魁剛)을 가지면 수명이 없다。혹은 사주가 무정하고、혹은 재왕(財旺)하면 곧 그 흉을 맡아 본다。혹은 도움신(救神)이 있으면 좋다。형해(刑害)가 다함께 가지면 도리어 지(地)를 얻어 귀하기 말할 수 없는 것이 된다。

알인(日刃)이 일생에 있으면 처를 극하고 생시에 있으면 자(子)를 극하고 운을 충(冲)하면 흉이다。 더우기 재향(財鄕)에 드는 것을 원치 않는다。

이를테면 무일(戊日)과 같은 것은 일인(日刃)이 오(午)에 있다。 자(子)의 정재(正財) 운에 감을 꺼린다。 임(壬)의 일인(日刃)은 자(子)에 있다。 오(午)의 정재(正財)운에 감을 원치 않는다。 경(庚)의 일인(日刃)은 유(酉)에 있고、 가서 묘(卯)의 정재(正財)운에 가는 것을 원치 않는다。 그러나 갑일(甲日)이 사오(巳午)에 가고 그리고 진、술、축、미(辰、戌、丑、未)의 재운에 감은 방해가 없다。 유운(酉運)은 좋지 않다。 병일(丙日)은 일인(日刃)이 오(午)에 있다。 신、유、경、신、축(申、酉、庚、辛、丑)에 감을 막히지 않는다。 자(子)운을 꺼림、 보통으로 양인(羊刃)은 신왕(身旺)을 요한다。 기쁜 것이 있으면 이 흉신을 떠나는 것이다。

보통으로 사람에게는 귀인(鬼人)이 있고、 물(物)에는 귀물(鬼物)이 있다。 이를 만나면 재(災)가 있고、 이것을 떠나면 행이 있다。 이를테면

명식(命式)

특수한 생일(生日)

偏財(편재)	壬申	년
偏財(편재)	壬子	월
	戊午	일 日刃(일인)
正官(정관)	乙卯	시

와 같이 을묘(乙卯)를 얻어 기뻐한다。정관(正官)의 별이 일인(日刃)을 제복(制伏)하고 떠나가므로 도리어 복을 이룸。이 조직은 지사(知事) 이상의 명이다。

괴강(魁罡) 일생

그런데 괴강(魁剛)이라 이르는 날을 四일 있다。곧 임진(壬辰)、경술(庚戌)、무술(戊戌)、경진(庚辰) 이것이다。이날에 난 사람으로서 신왕(身旺)인 사람은 발복백단(發福百端)、사물을 배우지 않고 스스로 되나、만약 재관(財官)의 별을 사주에 볼 때에는 화환이 당장에 이르는 것이다。행운(行運)도 또 같다。 괴강(魁

剛)이 있는 사람은 성격이 총명하고 문장이 뛰치고, 일에 임하여 단이 있고 진취적이다. 만약 사주중에 재성(財星)및 관성(官星)이 있고, 혹은 형충(刑沖)이 있으면 화를 측량하기 어렵고 또 일(日)에만 충(沖)함이 심하면 이 사람은 소인이고, 형책(刑責)이 한평생 끝이 없고, 궁박함이 뼈에 스몄고 운의 재관(財官)이 왕하는 곳에 임하고 또 기화(奇禍)를 받는다.

명식(命式)〈床次竹次郎씨〉

경응 二년 十二월 一일생

正財(정재) 丙寅년

正官(정관) 戊戌월

庚辰일

○寅戌 화국(火局)함. 그것도 괴강(魁剛)이다. 일(日)에 겹쳐지면 대귀(大貴)이다.

○이것 괴강일(魁剛日)이다.

○이것만으로서 보아서는 생시를 알 수 없다. 二남四녀 즉 六인의 자식이 있는 것으로 미루어서 생시는 식신(食神) 임오(壬午)시 ○寅戌과 합하여 화국삼성(火局三星)

라고 생각한다。 괴강성(魁罡星)은 대길이지만 주(柱)에 재관(財官)을 보는 것은 좋지 않다。

이 사람의 성격은 총명하고、 식신(食神)이 왕(旺)하면 지조가 있는 사람이다。 그리하여

계미시(癸未時)

라고 하면 진중(表中)에 토(土)의 계(癸)를 제(制)함이 있어 년월에 정(丁)이 없으므로 귀(貴)이다。

○그러나 이에 의하면 「床次」씨의 운세와 합치(合致)하지 않는 점이 없지는 않다。 十二월 一일이 의심스럽기도 하다。

금신시(金神時)생

금신의 격은 그저 세가지시 밖에 없다。

계유(癸酉) 기사(己巳) 을축(乙丑)

이것이다。 생일의 여하에 관계없이、 이 생시 있는 것은 금신의 격이다。 금신은 본래 파재(破財)의 신이다。 그러므로 제복(制伏)함을 요한다。 화(火)의 향(鄕)에 들면 이긴다。 만약 사주가 다시 七살 양인(羊刃)을 띄면 도리어 귀인격이 된다。

금신시생인 사람은 대개 성질이 사납고、 강폭(强暴)으로서 남을 누르는 사람이 있다。 그러나 태강(太剛)한 것은 꺾어진다。 그러나 이것을 막는 것이 있으면 좋은 것이다。 또 그 사람은 매고 끊고하여 명민(明敏)한 재주가 있고、 굳세면서 굽히는 마음이 없고 운이 화운(火運)에 가고、 사주에 화국(火局)이 있는 사람은 귀명을 이룬다。 이명은 특히 수향(水鄕)에 이르름을 겁낸다。

명식(命式)〈법학박사 「半田實」씨〉

서기 一八八七년 十二월 十一일 오후 五시—七시생

화화 간합 식신 (火化 干合 食神)

偏財(편재)	戊寅 년	建祿(건록)	
比肩(비견)	甲子 월	沐(목)	
壬(임) 偏印(편인)	甲子 일	帝旺(제왕)	日刃(일인) 羊刃(양인)
印綬(인수)		胎(태)	(金神시)

순(順)九년을　공망(空亡)　戊亥

○이 격은 금신격(金神格)이기도 하고, 갑목(甲木)으로서 식신(食神)의 왕(旺)하는 격이다 자중(子中)에 임(壬)이 있고, 이밖에 해(害)함이 없고, 유(酉) 또한 금수(金水)를 생하므로 학문 인수(印綬)가 왕(旺)한다.

시묘(時墓)생

시묘의 격이라고 함은 생시에 묘운(墓運)이 붙는 것이다. 묘운은 물(物)을 묘장(墓藏)하는 형상이다. 그러므로 형충파해(刑冲破害)의 운이 오면 이것으로서 창고를 여는 열쇠로하여, 부록이 일시에 돌아오는 것이다. 그러나 시묘(時墓)의 격인 사람은 소년시대에는 피어나기 어렵다. 만년에 이르러 갑자기 일시에 큰 복을 얻는 것이다. 사주중에 다른 것이 있어 이것을 누르는 것을 겁낸다. 정일(丁日)은 진(辰)을 써서 관고(官庫)로 하고, 달리 무진(戊辰)이 있으면 이것을 막는 류이다. 즉 정(丁)은 잘 관(官)을 이루지 못하고, 이와 같은 것은 좋은 명을 이루기 어렵다. 즉 다른 것이 있어 그 무(戊)를 깨뜨리기 때문이다.

명식(命式)

서기 一九〇七년 四월 十六일 오후 九시생(남)

食神(식신)	丁	未	년	墓(묘)
劫財(겁재)	甲	辰	월	衰(쇠)
(癸 偏印)(계 편인)	乙	亥	일	長生(장생)
傷官(상관)	丙	戌	시	時墓(시묘)

○辰에서 충(冲)함

○이것은 모 실업가의 아들이지만 재판관이 되려고 하고 있다。 뒤에 변호사가 되거나 혹은 재계(財界)에 들어갈 것이리라。

육친총론(六親總論)

여기 말하는 육친이란 부모、 형제、 처재(妻財)、 자손 이것이다。 명리(命理)의 술에 따라 특수한 생일(生日)

서 육친을 논함은 그 사람의 생、년、월、시의 간(干)에、○정인(正印)이 있으면 정모(正母)로 하고、편인(偏印)이 있으면 편모(偏母)및 조부로 한다。 편재(偏財)는 아버지이다。 즉 어머니의 남편이다。 또 편재(偏財)는 첩(妾)이다。 또 아버지의 처(妻)이다。 정재(正財)는 나의 처(妻)이다。 비견(比肩) 겁재(劫財)는 형제 및 자매이다。 七살은 곧 나의 자식(남)이다。 정관(正官)은 곧 나의 자식(여)이다。 <양(陽)을 남아、음(陰)은 여아로 함。> 식신(食神)은 곧 손자、상관(傷官)은 곧 손녀、그리고 조모이다。

남자의 음명(陰命)은 양(陽)을 여아로 하고、음(陰)을 남아로 한다。

여자 명식(女命式)으로서 육친을 잡으면 남자의 명과 같지 않다。 관성(官星)으로서 남편의 별로 하고、七살로서 편부(偏夫)로 하고、식신(食神)은 곧 남아、상관(傷官)은 곧 여아이다。 남명(男命)은 나의 간(干)을 극함을 잡아서 뒤를 잇는 아들로 하고、여명(女命)은 간(干)을 생하는 것으로서 자식 및 노비로 한다。 년을 조부로 하고、월을 부모 및 백、숙、형、제、문호(伯、叔、兄、弟、門戶)로 하고 일을 처첩 및 나의 몸으로 하고、육친이 극을 받음은 무엇에 의하는가를 본다。 인수(印綬)에 재(財)를 보면 모(母) 및 조모를 극(尅)한다。 비견(比肩)、겁재(劫財)、양인(羊刃)을 보면 처첩 및 아버지를 극한다。 관살(官殺)이 많음은 형제에 인연이 얇고, 상관(傷官) 식신(食神)이 많음은 자손이 뻗기 어렵다。 편인(偏印)은 손(孫)을 상하고 조모를 극하는 것이다。

다시 정인(正印)이 합하면 모(母)가 바르지 못하고 재합(財合)하면 처(妻)가 바르지 못하고 관합(官合)하면 연식이 바르지 못하고, 편재(偏財)가 합하면 첩(妾)이 바르지 못하고 비견(比肩)이 합하면 자매(姉妹)가 바르지 못하고, 상관(傷官)이 합하면 조모가 바르지 못하고 식신(食神)이 합을 이루면 손녀가 바르지 못하고, 이를테면 갑일주(甲日主)가 되면 계(癸)를 모(母)로 하고, 무진술(戊辰戌)을 부(父)및 첩(妾)으로 함。 기, 축, 미, 오, 자(己丑未午字)를 보면 곧 무(戊)와 서로 다투고 또 계수(癸水)의 모(母)를 상하게 한다。 갑인자(甲寅子)를 보면, 아비 및 그의 첩을 극함。 경갑자(庚甲字)를 보면 형수를 극함。 을자(乙字)를 보면 제매(弟妹)를 극(尅)함。 병사자(丙巳字)를 보면 자녀를 극하는 것이다。 그밖의 을, 병, 정, 무, 기(乙丙丁戊己) 등 모두 이와같이 하는 것이다。

이것으로서 세운이 어느 자인지를 보고, 어느 사람을 극하는지를 생각하며 다시 충극(沖尅) 쇠왕(衰旺)의 이런 저런 이치를 알아서, 장래 있는 것은 나아가고, 공이 있는 것은 물러나고, 일지가 고신과숙(孤身寡宿)있고, 순중(旬中)의 공망(空亡)이 있고, 금(金)이 비었으면 곧 울고、 화(火)가 공(空)하면 곧 피고、 수(水)가 공(空)하면 곧 흐르고、 목(木)이 공(空)하면 곧 마르고、 토(土)가 공(空)하면 곧 무너진다。 이것으로서 사주 팔자에 따라서 운의 길흉을 미루어 알 일이다。

부(父)

十간중 어디 있어도 편재(偏財)는 부이다。 곧 인수(印綬)의 관성(官星)이다。 갑일(甲日)과 같이 무(戊)로서 편재(偏財)로 하고 부로 함。 다시 갑인자(甲印字)를 사주중에 보고、 혹은 해묘미(亥卯未)는 목국(木局) 있고、 혹은 편재(偏財)、 사절(死絶)、 충형(沖刑)의 자리에 있으면 부를 극하는 것이다。 그렇지 않더라도 부와 떨어져 살거나 화목하지 못하고、 또는 부에 질병이나 상처가 있다。 만약 경자(庚字) 신자(申字)가 있으면 목(木)을 막으므로 구(救)함이 있다。 갑왕(甲旺)하고 무(戊)가 쇠함과 같은 것은 또 조금 질병이나 재(災)가 있고、 무(戊)가 생왕(生旺)에 임하고、 귀인(貴人) 천월(天月) 두덕이 붙으면 또 부에 귀가 있고、 다시 병정(丙丁)의 생을 도운다。 〈식신·상광〉 이것이 있으면 부의 복을 받기를 끝이 없다。 살지(殺地)에 임함과 같음은 부가 이향(異鄕)에서 돌아 가신다。 쇠、 패、 제

(衰、敗、制)를 받는 곳에 있고、 묘절(墓絶)의 곳에 있음은、 부에는 이상이 없으나 부의 힘을 받기 어렵다。

명식(命式)

서기 一九一四년 八월 二十六일생(남)

比肩(비견)	甲寅년	病(병)
偏印(편인)	壬申월	長生(장생)
(庚偏官)(경편관)	甲申日	建祿(건록)

○위의 명은 편재(偏財)가 없어도 갑(甲)자 두자가 있고 무양(戊陽)의 재(財)를 극하여 길이 되지 못하고、 그러나 신중(申中)에 경(庚)이 있어서 갑(甲)을 누르므로 대흉은 되지 않고、 그렇다고 길함도 없다。 부는 약운(弱運)이다。

모(母)

인수(印綬)의 별은 모이다。 곧 나의 몸을 낳는 별이다。 갑일(甲日)은 계(癸)로서 인수

(印綬)로 하고 모로한다。 기、축、미(己丑未)를 만나면 모를 극함〈기축미는 토(土)〉이다。 계수(癸水)를 극함。 인수(印綬) 많음을 보면 모는 두 남편을 섬긴다。 즉 계(癸)는 무(戊)와 합하면 하나의 무(戊)는 토(土)를 잃기 때문이다。 혹은 부가 극함을 받는 것이다。 무자(戊字) 생을 받아서、 혹은 인수(印綬)、 도화(桃花)、 목욕(沐浴)의 곳을 만나면、 모에 외정(外情)이 있다。〈도화、 목욕은 함지살(咸地殺)이라 함。 음(淫)을 맡아 있고、 자、 오、 묘、 유의 하나를 보는 것이다。〉 인수(印綬) 장생(長生)의 자리에 있음은、 모가 인자하고 현숙하여 수명이 길고、 자식은 모를 익화(益和)함。 양인(羊刃)이 살지에 임하고、 혹은 절묘고과(絕墓孤寡)를 만나면 모는 현숙(賢淑)하지 않고、 우모(愚母)이다。 혹은 어머니에 신양이 있고 화목하지 못하다。

명식(命式)

서기 一九〇九년 七월 二十一일생(여)

正官 巳 酉 년 建祿(전록)

印綬 辛 未 월 衰(쇠)

○未午는 지합음양(支合陰陽)의 화(火)이다。

己正官 壬午일 建祿(전록)

사토(巳土)로부터 신금(辛金)을 생하고、 신금(辛金)으로부터 일주(日主)를 생함。 그러나 기(己)、 신(辛)、 은음(陰)、 적고 약하다。

○이 명은 부모를 극하지 않는다。 오미(午未) 지합(支合) 화(火)의 재성(財星)이 되기 때문이다。 임(壬)은 미중(未中)의 정(丁)과 합하여 목화(木化)한다。 그러나 이 따님은 기가 억세어서서여 자로서는 별이 세다。

명식(命式)

서기 一九○七년 六월 四일생(남)

傷官(상관)	丁未년	養(양)
敗財(패재)	乙巳월	沐(목)
(庚食神)(경식신)	甲申일	建祿(전록)

역(逆)九년운　공망(空亡)　午未

○이 명에는 인수(印綬)가 보이지 않는다。 <혹은 생시에 있을지도 모른다> 지금 이것만으로 판단하면、 본문에도 있는바와 같이 갑일(甲日) 기축미(己丑未)을 만나면 모를 극한다고 있고、 이 주(柱)에 미(未)도 사(巳)도 있다。 곧 갑일(甲日)의 계수(癸水) <인수(印綬)>를 극합。 모는 이 아이를 낳고는 얼마 아니 있다가 돌아가신다。

九歲(구세) 乙巳(을사) (沖運(충운)) 敗財(패재) 病(병)

歲運(세운) 五歲(오세) 庚寅(경인) 偏官(편관) 七殺(칠살)

流年(유년) 辛亥(신해) 正官(정관) 長生(장생)

명식(命式) <印綬(인수)、桃花(도화)、沐浴(목욕)의 명>

서기 一八八六년 九월 二十五일 오전 五시생(남)

敗財(패재) 癸未년 墓(묘)

印綬(인수)	辛	酉	월	沐浴(목욕)
(辛 印綬)	壬	申	일	長生(장생)
比肩(비견)	壬	寅	시	長生(장생)

○임(壬)에서 보아 유(酉)는 목욕(沐浴)이다。도화(桃花)이다。신(辛)은 병과 만난다。편재(偏財)이다。유중(酉中)에도 또한 신(辛)의 인수(印綬)가 있다。이것은 장생(長生)으로서 길이지만 인수(印綬)의 남편이 죽음에 외정(外情)이 있었다。이 명은 임(壬)에서 화(火)의 편재(偏財)를 극하여 부명은 흉이다。

처첩(妻妾)

정재(正財)는 처이고、편재(偏財)는 첩이다。갑목(甲木)에 기토(己土)를 보면 정재(正財)이다。또 을(乙)의 목국(木局)을 보고、해묘미(亥卯未)<목국(木局)>은 처를 상하게하고、갑인(甲寅)은 처를 극한다。또한 처의 부정을 맡아있다。<부정은 음천(淫賤)이다。>

재、쇠、패、묘、절(財衰敗墓絕)의 자리는 처에 병이있고 어질지를 못한것을 맡았다。 그렇지 않으면 해가 지나고서 재가(再嫁)한다。 계자(癸字)를 보면 곧 첩(妾)의 부정을 맡았다。 〈계(癸)는 무(戊)의 처이다。〉 기、토、축、미(己土丑未)를 보면 자연히 안전하다。 패재(敗財)〈乙〉이 있으면 처연이 변한다。 재성이 목욕(沐浴)、 도화(桃花)〈자묘오유(子、卯、午、酉)〉에 임하면 처첩의 사통(私通)을 맡아있다。 생일아래 또는 생월아래에 재관(財官)의 별이 있으면 처의 내조의 공이 크고、 다시 처재(妻財)를 얻고、 편재(偏財)자리를 얻으면 첩은 처보다 뛰어났고、 재(財) 스스로 왕(旺)하면 처는 첩을 받아들이지 않는다。 관살(官殺)을 겹쳐서 보면 처의 능력이 있어、 다른 사람으로 하여금 두렵게 하고 재관(財官)이 나란히 아름다우면 사람됨이 처를 겁낸다。 살(殺)이 나타나는 것을 꺼리고、 재(財)가 많으면 신약(身弱)이 되어、 처가 남편보다 뛰어나서 집안을 다스린다。 재명이 기가 있으면 부처가 화순함、 이것은 처의 힘을 얻는 것이다。 일이 공망(空亡)의 자리에 있으면 부처의 도를 얻기어렵고、 또 고독하다。 일에 양차(陽錯)、 음차(陰錯)가 있으면 처를 극하고、 혹은 부처의 집이 언젠가 끊어 진다。 혹은 빈한한 집에서 쓸쓸하게 혼인을 하고、 혹은 처가살이로들어 오고、 혹은 사통(私通)하며 여자에게 이별이 있으면 부모의 집을 바꾸고、 또는 결혼식을 올리지 않고서 부모가 되는 것이다。

명식(命式)

서기 一八八六년 九월 十五일 오후四시(생남)

偏印(편인)	丙戌년	養(양)
印綬(인수)	丁酉월	長生(장생)
辛傷官(신상관)	戊寅일	建祿(건록)
	庚申시	建祿(건록)

○申寅이 충(沖)함。

순(順)八년운 공망(空亡) 寅卯

○이명은 유중(酉中)의 신상관(辛傷官)이 몰리 병(丙)의 편인(偏印)과 합한다。 그러므로 부는 둘의 처를 맞았다。 인수(印綬) 두별이 있음은 이명에 있어서 두사람의 어머니가 나타난다。 인수(印綬)에서 무토(戊土)는 생하지 않고、 편인(偏印)에서 생하고 있다。 그러므

로 두번째 부의 처가 자기의 어머니인 것이다。

○무(戊)는 인(寅)을 극하는 것 같으나 인(寅)은 목(木)이다。토(土)의 힘에 의하여 목(木)은 자란다。또 토(土)는 유(酉)의 경금(庚金)을 생하므로、처는 살이 찌고、온화하고 자정이있다。

○그러나 자식은 인신(寅申)의 충(沖) 때문에 얻지 못한다。

명식(命式)

서기 一八八〇년 九월 三十일(생남)

偏印	庚辰	년	冠帶
傷官	乙酉	월	絕
傷官 (辛 印綬)	壬戌	일	墓
傷官	乙巳	시	沐浴

역(逆) 三년운 공망(空亡子丑)

○이명에는 진술(辰戌)이 있고, 여명에 남편이 없는 것처럼, 처가 없다. 있다고 해도 한평생을 함께 살수가 없다. 두번 세번 처연이 변한다. 진술(辰戌)은 사묘(四墓)의 극이기 때문이다.

형제자매(兄弟姉妹)

비견(比肩)은 형제이다. 갑일생(甲日生)에 갑(甲)을 봄은 형(兄)이다. 을(乙)을 보면 제매(弟妹)이다. 인묘(寅卯)도 또한 같다. 사주에 경(庚)을 보면 형(兄)을 극함. 신(辛)을 보면 동생을 상케 한다. 갑목(甲木)이 왕상(旺相)하면 형과누이가 재(財)를 다투고, 갑, 을, 인, 묘(甲, 乙, 寅, 卯)가 이미 많으면, 형제자매가 재산을 다투어 화하지 않고, 시비한다. 기(己)를 보면 갑(甲)과 합하고, 형과 누나가 부정, 경(庚)을 보면 제매(弟妹)부정, 만일 살(殺)<偏官>의 많음을 보면 을목국(乙木局)을 얻는다. 이것(殺)은 을목(乙木)에 합하여 갑(甲)을 상케하는 것이다. 이형은 아우의 복을 따를 수 없고, 아우의 힘을 빌어서 세상을 살아간다. 갑목인일(甲木寅日)생은, 을목제(乙木制)를 받는다. 형은 왕(旺)하고 아우는 쇠(衰)한다。 그밖에 형제의 화순(和順)、불목(不睦)은 八자의 생、왕、사、절(生旺死絶)여하를 보아 이를 판단할 일이고、다른 간도 또한 이와 같은 것이다。

자식(子息)

칠살(殺)은 자식이다。 즉、사주중에 나타나지 않아도 칠살에 당하는 것은 나의 자식이다。 가령 갑일(甲日)에 경(庚)을 보면 남아(男兒)이다。 신(辛)은 여아(女兒)이다。 만약 사주중에 병화오인(丙火午寅)을 보고、혹은 양인(辛刄)이 七살에 임하면 자식을 극하는 것이 된다。 그렇지 않으면 병질불초(病疾不肖)이다。 무토(戊土) 〈재(財)〉가 있어 이것을 합함을 얻으면 자식의 힘을 얻어 화순(和順)한다。 병사(丙巳)자를 보면 여아가 바르지 않고、만약 또 목욕(沐浴) 도화(桃花)에 임하고、다시 암합(暗合)을 겸해、식신(食神)이 많음은 그 여식은 사통(私通)한다。 만약 칠살이 장성(長生)에 있고、월덕(月德) 천덕(天德)이 임하고、록마(祿馬) 식신(食神) 재향(財鄕)에 귀인 의별이 있으면、부의 운이강하고 자식도 귀인 이된다。 요는 중화(中和)를 얻음에 있다。 양일양시(陽日陽時) 생은 잇달아 남아가 나고、양일음시(陽日陰時) 생은 남아가먼저고、뒤에는 여아 음일음시(陰日時陰)이면 여아를

달아 낳는다。 음일양시(陰日陽時)이면 여아가 먼저고、 남아가 뒤이다。 만약 또 위와 같아도 생시묘절(生時墓絕)의 곳에 있으면 먼저난 아이는 키우기 어렵고 뒤에 난아이는 잘 자란다。 시상(時上)이 상관(傷官)이거나 공망(空亡)할 때에는 자식을 갖기 힘든다。

○여명은 상관(傷官)을 잡아서 남아로 하고、 식신(食神)을 잡아서 여아로함、 만약 인수(印綬) 편인(偏印)을 보면 자식을 얻기 어렵다。

○남명은 관살(官殺)〈七살〉의 자리를 얻지 못하고 중화(中和)하면 그 자식이 있고、 자식의 수는 간지(干支)의 생왕사절(生旺死絕)등을 본다。 생왕(生旺)하는 사람은 배가(倍加)하고、 사절(死絕)하는 사람은 반감한다。 있어도 자라기 어렵다。 태과(太過)함은 미치지못하고、 태과하여 자식이 있는 것은 대개 젊어서 죽는다。 혹은 흉완(凶頑)한 자식을 둔다。 관살(官殺)을 얻어 부조 있는 사람은 그자식은 충효(忠孝)하고 현명하다。 휴수(休囚) 사절(死絕) 파재(破財)、 쇠병(衰病)、 양인(羊刃)、 원흉(元凶)의 자리에 있으면 그자식은 불초(不肖) 혹은 빈천하고、 질병이 있는 자식이다。 갑자일(甲子日) 갑자시는、 경금(庚金)은 자(子)에 죽는다。 그러므로 늙어서 자식을 잃는다。 묘시(墓時)생은 두사람의 자식을 갖기 어렵다。 절(絕)의 기(氣)와 아들、 태(胎)에 있으면 처음은 여아로서 고독한 말이 있다。 양

(養)은 세자식 가운데 둘을키운다。 장생(長生)의 자리는 七명의 자식이 있다。 목욕(沐浴)은 한、둘을 키우고、관대(冠帶) 건록(建祿)은 세자식이 있다。 제왕(帝旺)은 五명이 있고、스스로 성공한다。 쇠(衰)에 당하면 두아이、병(病)은 하나 자식이다。 사(死)에 당하면 없다 사주팔자 가운데 자식 별이 없고、시상(時上)에 왕(旺)을 생하지 않아도、운이 관살(官殺)의 왕(旺)하는 곳에 가면 자식이 있는 것이다。 운이 지나치면 도리어 없고、팔자중에 하나의 칠살이 있으면 하나자식、二살이 있으면 두 아이、살이 없으면 자식도 없다。 만일 주(柱)중에 신살(身殺) 두가지가 머므르고、살에 왕하는 자리에 가면 자식이 매우 많다。 또 재성(財星)의 여하를 보아 때로 더하고 덜하며、그 많고 적음을 알아보지 않으면 아니된다。

소아명식(小兒命式)

보통 소아의 명을 봄에、재(財) 많음을 보면 반드시 서출(庶出)이거나 양자격인 사람、뒤를 이을 자식이 되지 못하고、부모를 극하고 또 타향에 간다。 어려서 일직 재(財)의 왕하는 운에 가면 부모를 극함、소아의 명은 대개 신왕(身旺)이 좋다。 인수(印綬)가 생함을 가장 기뻐한다。 재(財)를 극함이 없으면〈재생은 인수(印綬)를 극함〉、곧 자라기 쉽고 병이 적다。 관성(官星)七살을 요함、양인(羊刃)、상관(傷官)이 태왕(太旺)하고 몸도 또한 왕(旺)하면 재(災)도 많다。 신약(身弱)은 좀처럼 키우기어렵다。 사주에 따라 꺼리는 별에가고、세운(歲運)이 도우는 것을 좋아 하지 않는다。 크게 재(財)의 왕(旺)하는 것을 겁낸다。 재(財)가 왕(旺)함은 도기(盜氣)이다〉 다시 소년으로서 관대(冠帶)、제왕(帝旺)의 운에가는 것을 요하지 않고、그러나 그 영기(英氣)는 꺾기 어렵고、수(壽)를 손상(損傷)한다。

가령

명식(命式)

食神(식신)	庚子	년	胎(태)
比肩(비견)	戊寅	월	長生(장생)
(甲偏官)(갑편관)	戊子	일	帝旺(제왕)
印綬(인수)	丁巳	시	帝旺(제왕)

생월 가운데 뒤에 있으면 월의 칠살에 만난다。 정화(丁火)를 인수(印綬)로함。 인(寅)은 장생(長生)의 곳이되고、 잘 무토(戊土)를 생한다。 경자(庚子)는 합하는 간(干)을 보지 않는다。〈을(乙)이다〉。 사자(巳字)는 금(金)의 장생(長生)이다。 둘있는 자(子)는 수재(水財)이다。 수(水)는 정(丁)의 화기(火氣)를 극하고、 도리어、 생월중에 칠살〈목의 편관(偏官)〉을 생하게 한다。 칠살이 여기에 이르러 몸을 극한다。 신약(身弱)은 이기기 어렵다。 당년 十一월〈해(亥) 수(水)를 생할때〉에 그자식은 죽을 것이다。 이것이 살(殺)을 생하여 인(印)을 깨뜨리는 화(禍)이다。 또

偏財(편재)	癸酉	년	病(병)
偏財(편재)	癸亥	월	帝旺(제왕)
	己丑	일	墓(묘)
食神(식신)	乙亥	시	死(사)

와 같은 것은 사주에 재(財)가 겹쳐있어、 태어나기는 하여도 곧 죽고、 어머니도 또한 일년쯤하여 여읜다。

소아의 명에 관살(關殺)의 식이있다。

육친(六親)의 극(尅)

육친(六親)에 상극(相尅)한다는 것이 있다。 이것은 슬퍼 할 일이나 사실이다。 육친이 소장(消長)하는 관계는 다른 항에서도 가리켰으나 지금여기에 다시 말하면、 년상(年上)에 상관(傷官)이 있으면 부조(父祖)를 상케한다。 비견(比肩)양인(羊刄)이 생일、 생시 가운데에 있으면 년령에 관계없이 부도(父道)가 흉이된다。 부모의 간(干)이 회합(會合)하면 수명이 소나무와 같다。 년월하의 상관(傷官)은 처자를 상하고、 월상은 부(父)를 극함。 사주의 편인(偏印)은 손자를 상하고、 조모를 극한다。 만약 인수(印綬)의 별이 둘 있어 간함(干合)하면 모(母)는 재혼한 사람이다。 <또는 재혼 한다> 재성(財星)이 간합(干合)하면 처에 부정이 있다。 관성(官星)이 간합(干合)하면 딸에게 부정이 있다。

비견(比肩)이 합하면 형제자매에 부정이있다。 상관(傷官)이 합하면 조모의 부정、 식신

(食神)이 합하면 손녀의 부정이다。가령 갑일(甲日)을 주로 하는 것이 계(癸)를 보면 모(母)이다。무진(戊辰) 술(戌)을 보면 부(父) 및 첩(妾)이다。기、축、미、토를 보면 어느 것이고 토(土)이므로 아버지의 몸을 다루는 등의 일이 있다。또 상관(傷官)、계수(癸水)가 있으면 모(母)를 극한다。갑인(甲寅)자를 보면 부(父)및 첩(妾)을 극한다。경신자(庚申字)가 있으면 형과 누나를 극함、을묘자(乙卯字)가 있으면 아우와 누이동생을 극함、병、사、오(丙巳午)가 있으면 자녀를 극한다는 등의 예로서、모두 五행<목、화、토、금、수>의 제복강약(制伏强弱)에 따라 이것을 보는 것이다。

또 그해의 운이 무엇이며、어떤 사람을 극하는가、다시 또 어느 간지(干支)이므로 쇠왕향배(衰旺向背)가 있는가 나아가야하나、물러나야하나、고독하느냐 여러사람의 정을 얻느냐、이것을 알자면 수알을 팅기는 것과같이 더 덜 할 수 있는 것이다。

부모의 극(尅)

그 사람의 사주에 관살(官殺)이 혼잡(混雜)하고、<상관(傷官)、편관(偏官)、정관(正官) 등이 동시에 있다>。인수성(印綬星)이 상을 받고、재성(財星)이 많고 신약(身弱)이 되는 사람은 부모를 극함。

양간(陽干)에 편재(偏財)를 보면 친아버지이다。 만약 겁재(劫財)가 있으면 반드시 상해(傷害)가 있다。 모(母)는 인수(印綬)이다。 만약 재성(財星)이 왕(旺)하는 때를 만나면 모(母)를 상한다。 음간(陰干)은 정재(正財)가 부(父)이다。 비견(比肩) 겁재(劫財)가 있으면 부를 형상(刑傷)한다。 효신(梟神) 편인(偏印)은 편모(偏母) <두번째의 어머니>이다。 편재(偏財)를 만나면 모(母)가 일직 사망 한다。

형제(兄弟)의 극(尅)

갑(甲)에 을(乙)을 보면 아우로함、 경신(庚辛)이 사주에 있으면 형제에 극(尅)이 있다。 병정(丙丁)을 보면 제매(弟妹)이다。 임계(壬癸)를 만나면 극이있다。 갑(甲)에 을(乙)을 보면 누나이다。

달에 형충(刑衝) <지(支)와 지(支)와 의 마주침등>이 있으면 형제가 없다。 비견(比肩)이 나란히 있는 것도 형제가 없다。 생일의 간(干)이 왕(旺)하는 것은 형제가 극 함을 받는다。

부처(夫妻)의 극(尅)

부인은 관성(官星)으로서 남편으로 한다。 사주의 관성(官星)이 좋으면 남편은 발달 현양(顯揚)한다。 상관(傷官)및 편관(偏官)이 있으면 남편을 형상(刑傷)한다。 관상이 혼잡(混雜)하는 명은 하천(下賤)한 여자이다。 남자는 재성(財星)으로서 처로 한다。 편재(偏財)가 있는 사람은 열처(劣妻)를 얻거나 재(財)가 없는 집의 딸을 아내로 맞이한다。 혹은 또 자유로 혼례를 올린다。 만약 양인(羊刃)、 비견(比肩) 겁재(劫財)가 있는 것은 처를 형상(刑傷)한다。 일시에 인수(印綬)를 만나면 그아내는 현숙하고 자식은 준재(俊才)이다。

양인(羊刃)이 겹쳐있으면 처를 극함。

여자가 상관(傷官)을 범하면 일직이 이별 한다。 남자에게 비견(比肩)이 있으면 반드시 처를 두번얻는다。 사주에 정재(正財)가 있고、 인수(印綬)가 있으면 귀히되고、 재왕(財旺)하고 관(官)이 생함도 좋으나 인수(印綬) 관성(官星)다같이 두별이상이 있음은 좋지않다。

자식(子息)의 극(尅)

갑(甲)에 경(庚)을 보면 이것은 자식、 신(辛)을 보면 여식、 병정(丙丁)을 보면 극(尅)이 있다。 남명 사주중에 관성(官星)이 있으면 자식이 있다。 관성(官星)이 휴수(休囚) 공망(空亡)하면 자식이 없다。 사주중에 만약 상관(傷官)의 기가 있으면 생별(生別) 사별(死別) 끝날때가 없다。 여자는 식신(食神)으로서 자식으로 한다。 식신(食神)이 왕(旺)것이 하는 있으면 귀한 자식을 둔다。 편인(偏印)을 만나면 자식을 두기 어렵다。 만약 공망(空亡)을 만나면 병든 자식을 둔다。

형극(刑剋)

비견(比肩) 양인(羊刄)이 생일생시에 있으면 부(父)의 운이 좋지 않다。 부모의 간지(干支)가 합하면 부모가 다같이 건전하고 수명은 소나무와 같다。 그렇지 않으면 처를 극하고 자식을 형(刑)하고 부(父)를 상(傷)하게함。 자기는 또 고독하고 승려(僧侶)가 될 사람이다。

처(妻)를 극(剋)함

사주의 간(干)에 비견성(比肩星)이 많은 사람、 재성(財星)이 재(財)를 지나쳐서 쇠운(衰運)이 심한 사람、 월령(月令)〈월율분야중의 왕분〉이 또 신왕(身旺)하는 곳에 있는 사람등은 청년시대에 소녀를 희롱한다。 사주에 재성(財星)있는 사람、양인(羊刃)이 시에 있으면 반드시 형극(刑剋)이 있다。 년운이 처재(妻財)의 묘절(墓絶)하는 때에 이르면 처는 그생명을 잃는 수가 있다。

명식(命式)∧加藤高明伯未亡人春路子∨

서기 一八六八년 二월 二十일(오후 五시생이리라)

正財 甲子년 絶 白衣

偏官 丁卯월 病

(偏財) 辛卯일 建祿 女錯、地轉日

正官 丙申시 病 ○子甲 수국합、傷官

○이것만으로서는 전연 귀성(貴星)이 없다。 인수(印綬) 천덕(天德)도 없다。 칠살에 제복(制伏)도 없다。 록이 재(財)에도 없다。 관성(官星)의 합도없다。 그러나 그 아이와의 관계에

서 생각하여 병신시(丙申時)생이 아닌가 생각한다。 자신(子申) 수국(水局)하면 상관(傷官)이 된다。 관비견운(官比肩運)이 좋지 않다。 더우기 백의(白衣)의 흉성이 있으니 일직 남편 또는 자식을 먼저 잃어버릴 고독해 질 생이다。「加藤伯」의 죽음은 여기에한 원인이 있다。

八년운으로서 「加藤伯」의 병사(病死)한 一九二六년 一월은 六十二세로서、

大運	庚申	劫財	沐浴	(逆八년、比肩運)
歲運	庚子	劫財	絶	(比肩)
流年	乙丑	偏財	墓	

가 된다。 즉 경신(庚辛)의 금(金)에서도 경자(庚子)에서도 수(水)를 생하여 을(乙)은 경(庚)에 합하고 축(丑)은 자(子)에 합하여、 어느 것이나 금생수(金生水)의 대왕분(大旺)을 얻어 상관(傷官)을 발달시키기 때문에 병정(丙丁)의 관(官)을 동시에 깨뜨려 남편의 별을 극하게된 것이다。 이명에 있어서는 대왕분이다。 처가 신왕(身旺)이라면 남편은 신약(身弱)하여 진다。 그리하여 十五년은 병(丙)의 정관(正官)이다。 자신이 스스로 남편을 대신하지 않으면 아니되는 것이다。

성 정(性情)

성정은 곧 七정、희、노、애、락、애、악、욕(喜怒哀樂愛惡慾)이 발하는 것이다。인、의、예、지、신(仁義禮智信)이 펴지는 곳이다。아버지의 정(精)、어머니의 피를 받아서 모습이 이루어진 것이다。모두 五행으로 하면 금、목、수、화、토의 관계이다。

목(木)

즉 목을 곡직(曲直)이라 하고 맛의씨고 인(仁)을 맡아있다。측은(惻隱)한 마음이 있고、자비심이 많다。재물을 잘 다스리고、남을 위하는 뜻이 있다。외로움을 알아주고 불상히 여기며 고요한 가운데 청고(淸高)하다。이 사람됨은 청수(淸秀)하고 키가 크고、얼굴빛은 창백하다。그러므로 목(木)이 무성하면 인(仁)이 많다고 한다。목(木)이 태과(太過)하면 즉 부러진다。성벽이 고지식하여 한가지 일을 하면 다른 것을 모른다。미치지 못하면 어질지 못하고、마음이 언제나 투의(妬意)가 있다。

화(火)

화를 염상(炎上)이라함、 맛은 써고 예(禮)를 맡아있다。 사양하는 마음이 있고、 공경(恭敬)심이 있고 위엄이 있으며、 무게있고、 순박하여 인물은 얼굴이 위가 좁고 밑이 넓으며 인당(印堂)〈눈섭과 눈섭의 사이〉이 좁고、 콧구멍이 밖으로 보이고 마음이 바쁘고、 말을 급하게 하고 뜻이 조급하다。 얼굴은 검붉빛고、 앉으면 무릎을 흔든다。 화(火)가 태과(太過하면 곧 총명 성질이 급하고、 수염이 붉고、 화(火)가 미치지 못하면 곧 누르고、 여위었으며、 뾰족하게 날뛰어 사물이 날뛰어 사물이 처음은 있고、 끝이 없다。

금(金)

금을 종혁(從革)이라함、 맛은 아주 씨다。 주의(主義)가 악을 부끄러워 하는 마음이 강하고、 의(義)를 따고 재(財)에 둔하고、 용감호걸 이다。 염치를 안다。 이사람은 중용(中庸)골육상응(骨肉相應)하여 모가난 얼굴에 빛갈은 희고、 눈섭은 높고、 눈은 깊으며、 코가 높으고、 귀가 위로 당겼다。 음성은 맑고 울리며、 성질이 굳고 여물어 오단성이 있으며、 태과

(太過)하면 곧 스스로 어진 마음이 없고、투쟁을 좋아 하며 탐욕이 많다。금(金)이 미치지 못하면 곧 소위 삼사(三思)가 많고、조금과감하나 인색하여 모든일에 뜻이 꺾인다。

수(水)

수를 윤하(潤下)라함、맛은 짜고 지(智)를 맡아있다。시비하는 마음이 많고、뜻이 깊고 꾀가 많다。기관이 깊고、문학에 총하다。수(水) 태과(太過)하면 약고 날리고 남을 속이고 방탕하여 힘이 없이 길울어 음모를 잘꾸미고、악을 좋아하고、수(水)가 미치지 못하면 곧、담소(膽小)하여 꾀하는 일이 없고、도리어 인물의 여위고 작은 것을 맡았다。

토(土)

토를 가색(稼穡)、구진(勾陳)이라고함、맛은 달고서 믿음을 맡아있다。성실한 마음이 있다。마음이 두텁고 지성이 있고、말과 행동이 바르고 신불을 위하는 것을 즐기고、사람됨이 등은 둥굴고、허리통이 넓고、코가 크고 입이 모가 나며 미목이 청수 하고、얼굴은 장벽과 같이 빛갈은 누르다。처사가 경쾌하지 못하고、도량이 넓고、태과(太過)하면 곧 어리

석고, 옛을 따서 모자라는 것과도 같으며, 미치지 못하면 안색이 근심 있는 것 같고, 코는 낮고 얼굴도 삐뚤고, 소리는 탁하고, 소박하면서 끈기가 있고, 태과(太過)하면 곧, 자기만이 알고, 인색하며, 인정을 살수 없고, 신용을 잃어서 넘어진다. 또한 일간(日干)이 약하면 오무라져서 부끄럼을 알고, 일간이 강하면 곧 스스로 오만하다.

이상은 주로 사주 조직의 위의 五행을 통감(通鑑)할 일이다. 변통성(變通星)의 여하에 또한 각각 다른 성격을 나타내고, 지(支)에 붙는 길흉성의 여하도 또한 성격의 일부를 이루는 것이므로 이러한 기관을 보아 그적은 것을 버리고, 많은 것을 따서 이것을 판단할 일이다.

명식(命式)〈예〉

서기 一八八二년 四월 十二일 오전 五시생(남)

傷(상)官(관) 壬午년 死(사)

正(정)財(재) 甲辰월 衰(쇠)

(乙偏財) 辛巳 일 長生

比肩 辛卯 시 絶

이사람은 한때 자산이 三천만원이라고 불리운 사람이다。五행은 금、목、수이고 화와 토가 없다。 그러므로 신왕(身旺)이 되지 않는다。 중화(中和)보다도 조금 약한 편이다。 말하자면 관성(官星)과 인수(印綬)가 없다。 이중에 어느것이고 있으면 신왕(身旺)이되는 것이나 이것이 없으므로 신약(身弱)이되어 재(財)를 부지못하게 된다。 그러므로 뒤에 자산이 연기 처럼 살아진 것이다。 그러나 아주 형편 없이는 떨어지지 않는다。 귀성(貴星)이 있어 도움도 있으나 편재(偏財)가 월령(月令)에 있어 힘이 되어 년상의 상관(傷官)이 이것을 생하고 있으므로、 사물에 잘고 가늘며、 정신을 차려서하는것 같으나、 편재(偏財)는 이기심(利己心)의 별로서、 조금 속이는 것이기때문에 그점에서 오해들을 받는다。 인물은 또한 청수(淸秀)한 편이나、 비견(比肩)의 겁재분탈(劫財分奪)이 있기 때문에 잘 잡고、 잘 흩는 편은 아니고、 어지간히 인색한 편이므로 경문(頸刎)지 벗을 갖지 못한다、 그릇이 작다。 작은 그릇에는 대부(大富)는 담을수가 없다。 그러므로、 몇만의 부가 달아간 것으로서 명리

(命理)의 법에서 보면 사람의 성정도 내몸의 운기에 관계한다。

부인(婦人)의 명식

부인의 명을 미루어 아는데 남자와 같지 않다。 더우기 가장 어려운 일이다。 이명은 순화(純和)하면서 청귀함이 있고、 탁난(濁亂)하면서 창음(娼淫)함도 있다。 그런데 여명에 있어서는 관성(官星)을 따서 남편으로 하고 복성(福星)으로함、 재성(財星)이 왕하면 관(官)을 생하고、 곧 남편은 복을 겸우어둠。 인수식신(印綬食神)은 명귀(名貴)의 별이다。 인수기를 생함은 자식을 갖기 어렵고、 인수 재관(財官)은 반드시 부귀한 집에 태어 난다。 재모(才貌)가 있고、 현숙한 부인이다。 갑일(甲日)에 신(辛)〈정관(正官)〉을 보면 이것은 정부(正夫)、 정오자(丁午字)가 있으면 정부(正夫)를 상케함〈丁午는 음화(陰火)이다。 신금(辛金)을 극함〉、 경신(庚申)은 편부(偏夫)、 경신(庚申)、 신유(辛酉)가 겹쳐서 사주에 있으면 남편을 극하여 재가(再嫁)함、 만약 재성(財星)이 심히 많고、 관살(官殺)이 심히 왕(旺)하면 밝고 어두운 남자가 많이 모인다。 음(淫)하고 남(濫)하다。 부인에게 재(財)가 많으면 음(淫) 그러므로 여인은 재(財)가 얇아야함。 재가 얇으면 남편을 덕되게하고 자식을 덕되게

함、 관성(官星)의 자리를 얻고、 七살상을 받고、 식신(食神)이 감응하고、 인수(印綬)에 천덕월덕(天德月德)이 붙는 것은 남편이 피어나고、 자식이 귀히되고、 봉증귀명(封贈貴命)의 부인이다。

부인의 사주팔자가 상관(傷官) 관살(官殺)이 혼잡 하고、 식신(食神)이 왕하고、 몸이 쇠함은 남의 투기를 사고、 호색하고 흉한 마음과 완고한 마음이 지나치며、 상관(傷官)에 또 관성(官星)이 있으면 남편을 극하여 재가 한다。 혹은 심신을 많이 쓰고、 남편을 상케하지 않아도 또 병환이있고、 보통복이 얇아 대개 불안한 생계를 한다。

년상(年上)에 상관(傷官)이 있음은 주로 산액대질(產厄帶疾)이 있거나 그렇지 않으면 수명이 짧고、 상관(傷官)의 별은 사람됨이 총명(聰明)、 생김새가 아름다우며、 뛰어난기가 있고、 상관에 편관(偏官)있는 사람은 부(富)하고 상관(傷官)에 재(財)가 없으면 빈(貧)、 겁재(劫財) 패재(敗財)가 있어 상관신왕(傷官身旺)인 사람은 부자 집에 태어나도 빈천하고 하격이다。 이상의 것은 모두 관(官)을 충(沖)함을 만나고、 〈여자의 간합(干合)은 좋지못함〉、 다같이 상관(傷官)있음은 부귀하다 하여도、 음남(淫濫)한 풍이있다。 칠살정관(正官)은 사주중에 단 한자리 있음을 요함、 관살(官殺)이 많으면 곧 남편이 많고、 관살(官殺)이 합하면 비첩자매(婢妾姉妹)가 서로 권리를 다투는 일이있고、 이를테면 갑(甲)의 신관(神官)을 씀과같이 신(辛)은 병(丙)과 합함。＜병(丙)은 즉 식신(食神)이다＞과 같음이 이것이다。 을(乙)은 경(庚)의 관을 씀、 정(丁)과 같은 것이 이것이다。 무일(戊日)은 을로서 관으로 하나、 사주중에 신(神)을 봄과 같은 것이 이것이다。 이와 같은 부인의 혼처가 정하여지지 않고 장년에 혼기를 잃는수가 많다。 사주중에 상관(傷官) 또는 정관편관(正官偏官)의 지(支)가 사절(死絕)에 있는 사람은 고신과숙(孤神寡宿)하여 부처의 연분이 없고、 있어도 오래가지를 못하고、 한평생을 고독하게 마치는 것이다。 또 생일생시의 공망하는 사람도 고독한 명이다。 천간(天干)에 관성(官星)이 나타나고、 지지(地支)에 관살(官殺)이 없는 사람、 다시 휴수사절(休囚死絕)의 곳에 임하고、 퇴기(退氣)의 자리에 있으면 그부인은 남 편의기가 끊어져서 한평생 남편이 없고、 혹은 첩비(妾婢)가 되거나、 아니면 천업에 붙는다。 만약 명중에 천월이덕(天月二德)이 있으면 산액혈광(產厄血光)의 환이 없고、 또 음란한 기가없다。 여명은 그저 신약(身弱)을 요함 ＜남명은 신왕을 요함＞ 신약(身弱)하면 순수하면서 온유(溫柔)하고 잘 시시집과 어른을 섬기고、 남편을 도우고、 가업을 성대 하게한다。 몸이 강하면 남편을 속이고、 시어른께 불효하고、 가정에 시비가 많고、 그리고 성미가 급하여 스스로 병신이 되는 것이다。

또 역마(驛馬)가 있음은 혼자 바쁨을 맡아 있고、함지도화(咸地桃花)는 음남하다。여명은 유약 함이 좋고、강건함은 좋지 않다。여명이 강건하면 남편을 극하고、남편이 세상에 나아갈 수가 없고、귀복을 얻기 어렵다。세운(歲運) 또한 같다。다시 여명에 음차양차(陰錯陽錯)있음은 외로운 사람이며 모두 화촉을 밝히지 않고 부모가 됨(자유 결혼을 함) 그 생가의 대를 이을 자식이 끊어지고、<이것을 고란살(孤鸞殺)이라고 함、(흉성)>。갑인일생(甲寅日生)은 사위(婿)가 없고、신해(辛亥)는 남편이 없고、병무(丙戊)의 축(丑)은 홀로 엎드렸으며、임자(壬字)는 공방(空房)을 지킨다。남자는 홀아비이고、여자는 과부이다。구(救)함이 있으면、면한다。생시에 만약 충(沖)이 있으면 여자는 남편 및 뒤를 이을 자식을 갖기 어렵고、더하기를 공망(空亡)의 사일은 고극(孤尅)한 사람이다。다시 사주중에 관살(官殺)이 같이 없으면 도리어 관살(官殺)이 재운(財運)에 가서 부성(夫星)이 자리를 얻어 고독하지않고、사주중에 관재(官財)가 다 같이있다。상관(傷官)이 겁재(劫財)의 자리에가 면 남편을 갖기어렵다。운이지난뒤에 출가(出嫁)할 일이다。그나머지는 아래를 보고서 생각해볼일이다。

여명귀격(女命貴格)

여명에서 귀복인 사람은 사주중에 관성(官星)이 한자리 있음을 요함。합이 많으면 귀하지를 않고 한자리 생기 있음을 정기관성 정기관성(正氣官星)이라고함、 재성(財星)、관성(官星) 둘이면서 왕(旺)하는 것도 귀이다。인수(印綬)에 천덕인(天德人)의 별이 있는것。한자리의 칠살에 제복(制伏)이 있는 사람、상관(傷官)에 재성이 있어 재(財)를 생하는 사람、건록(建祿)이면서 재성(財星)이 있는 사람、관성(官星)이 합을 띠는 사람〈화하여 관이 되는 것도 좋다〉、일귀(日貴)의 별이 재(財)를 만나는 사람、〈일귀는 계묘(癸卯)、계사(癸巳)、정유(丁酉)、정해(丁亥)일이 이것이다。관귀(官貴)의 별이 관을 만나는 사람、관성(官星)이 건록(建祿)에 앉는 사람、관성(官星)에 도화(桃花)〈자、오、묘、유〉있는 사람、식신(食神)이 왕을 생하는 사람、칠살 간합(干合)하여 인수(印綬)로 화(化)하는 사람、천월이덕(天月二德)을 도우는 사람、지(支)에 三합국이 있는 사람、양인(羊刄)에 제복(制伏)있는 사람、공록공귀격(拱祿拱貴格)인 사람、귀록시격(歸祿時格)인 사람은 어느 것이고、여명의 귀격이다。

명식(命式)∧武藤山治씨 부인∨

서기 一八九七년 二월 二十五일 일출시생

木목	印綬(인수)	丁丑년	衰(쇠)	太極人(태극인)
化화	偏財(편재)	壬寅월	病(병)	天德人(천덕인)
丙(병)	偏財(편재)	戊申일	病(병)	福星人(복성인)
	偏官(편관)	甲寅시	建祿(건록)	

순三년운 공망(空亡) 인묘(寅卯)

○여명의 귀격은 인수(印綬)에 천덕(天德)이 있는 사람도 좋고、관성(官星)의 건록(建祿)에 앉는 것도 좋다。이명은 관기(官貴)가 관을 만나있는 것으로서 인수(印綬)는 신사(申巳)의합∧수(水)∨로서 도우고 있으므로、목(木)은 수(水)의 재(財)를 얻어 귀명이된다。편관(偏官)은 살성(殺星)으로 귀(鬼)로 하는 것이나、여기에 만약 인수(印綬)가 없고 몸이

쇠하면 편관(偏官)이 왕하여 흉이된다。 사신(巳申)의 수(水)는 월의 인목(寅木)에 통하고 신약(身弱)하여 지지 않는다。 즉 일주(日主)는 기대일 자리가 있으므로 구(救)함이 있고、 신(申)의 경(庚)은 식신(食神)으로서 이것을 도우게 되므로 귀는 화하여 정관(正官)이되고、 부귀의 명이되고、 신체도 조금 살찌고 재주가 있으며 생김새도 좋고 현숙 하고 자손도 많은 것이다。 이명은 가장 중화(中和)됨을 얻는 좋은 명이다。

음명일람(陰命一覽)

음명(陰命)은 곧 여명이다。 여명을 봄은 먼저 남편의 성쇠여하를 볼 필요가 있는 것이다。 다음에 몸의 영고(榮枯)를 논한다。 다음에 자식의 강약을 봄을 요한다。 남편이 되어나면 자식도 또한 왕(旺)한다。 이는 반드시 부귀영화한 사람이다。 자식이 죽으면 남편도 쇠한다 그저 이는 궁고하천(窮孤下賤)이다。 남편과 자식이 있어도 빈한하다。 말하자면 그몸이 쇠향(衰鄕)에 있기 때문이다。 남편이 없고 자식이 없고서도 오히려 창성(昌盛)한 사람은 그 사람이 신왕(身旺)의 곳에 있기 때문이다。 만약 귀인이 적음은 부하지 않아도 또 왕성하다 귀신을 합하면 기부(妓婦)가 아니면 여승(女僧)이다。 빈천한 사람은 사주에 상관(傷官)이 많은 사람이다。 남몰래 이성(異性)을 불러드려서 재물을 줄이고、그렇지 않으면 사위를 맞이한다。 사주의 년월의 위에 나타남은 편부(偏夫)〈또는 二부〉이며 일시의 위에 왕하면 정부(正夫)이다。 남편이 쇠약하고 신왕(身旺)하면 염치가 있고 깨끗한 사람이다。 귀(魁)가 왕하고、몸이 쇠할때에는 반드시 외롭고 쓸쓸한 사람이된다。 다시 상관(傷官)이 태충(太重)하면 남편을 방해하고、편인(偏印)을 겹만 만나면 복을 감한다。 살성(殺星)〈편관(偏官)〉이 처겹지면 귀실(貴室)의 첩이된다。 합이 많으면 반드시 정조를 탈내고、건록(建祿) 금여(金輿)의 별이 있으면 온후(穩厚)하다。 충(沖)이 많은 사람은 몸이 가볍고、일록(日祿)이시에 있으면 다른 사람의 공경을 받는다。〈생시는 건록이다〉、천월이덕이 본명(本命)에 앉아있고、겸하여 인수(印綬)를 만나면 부귀의 명이다。 생일생시의 양인(羊刃)은 본래흉신으로 남편의 신상에 좋지않고、그리고 평생의 성을 깨뜨린다。 일간(日干)이 좋고、생시의 식신(食神)이 건왕(建旺)을 당하면 가장 좋고、오로지 식신만 있으면 자식이 번영하고 편인(偏印)이 이를 깨뜨림을 꺼린다。 규문을 지켜서 정정(正靜)한 것은 반드시 일주가 중화를 얻음에 있다。

남편과 사위를 얻어 경영하는 것은 양간(陽干)의 날로서 시의 왕함이 심한 사람이다。 부인의 명은 보통 정록(正祿)을 만나는 것을 좋아하고, 함지(周地) <자, 묘, 오, 유>를 범함을 꺼린다. 청귀(清貴)함은 장생(長生)의 도움을 얻는 것이고, 잡혼(雜混)함는 패기(敗氣) 가운데에 있는 것이다. 사주중에 패재(敗財)가 많으면 크게 몸을 충(沖)하고 합함을 꺼린다. 이명은 일생동안 바쁘기만하다. 그렇지 않으면 천한업에 종사한다. 인수(印綬)를 깨뜨리면 시어른과 사이가 좋지않고, 괴강(魁罡)있음은 남편이 비명에 죽고, 일귀(日貴)있음은 언제나 편안한 복이 있다. 더욱 관살(官殺)이 뛰어나고 이를막음이 없으면 창기가 아니면 종의 명이다.

명식(命式)<九條武子 부인>

서기 一八八七년 十월 二十일 오전 七시—九시쯤

印綬(인수) 丁亥년 病(병)

食神(식신) 庚戌월 衰(쇠)

(丁印綬)(정인수) 戊申일 長生(장생)

戌亥는 격각(隔角)

○天官人(천관인) ○福星人(복성인)

○干學日(간학일) ○暗祿(암록)

○呻吟日(신음일)

성정(性情)

偏印(편인) 丙辰시 冠帶(관대) ○天赦日(천사일) ○天廚人(천주인)

순四년운 인묘(寅卯)

○생시가 불명이지만 외로운 사람이라는 것과 몸이 약하였다는 점으로 보아、식신(食神)을 넘어뜨릴 효인(梟印)이 있다고 보아서 진(辰)이라고 판단하였다。

○부인의 명에 진(辰)과 술(戌)이 있으면、비록 귀명에 나도 고독하다。 인수(印綬)가 둘있으면 이것도 좋지 않다。 그러나、노래에 뛰어난 것은 이 인수(印綬)의 별이 넘쳐있기 때문이다。

○그러나 신음일(呻吟日)이고 간학일(干學日)이므로 대단히 마음에 근심이 있음과 동시에 노래에는 뛰어 난것이다。 술해(戌亥)의 격각(雜角)은 六친과 떨어지고 끊어지는 별이다。

대운(大運) 四十세—四十四세 기신(己申) 패재(敗財) 병(病) 즉 四十一세에서 四十四세까지는 패재(敗財) 도기(盜氣)의 병운이다。 또 세운(歲運) 四十二세 신해(辛亥) 상관(傷官) 목욕(沐浴)이다。 사주의 신진(申辰)은 수국(水局)을 이루고、 대운 기토(己土)는 화(火)로서 생한다。

그러나、생시상(生時上)의 병편인(丙偏印)은 무기(無氣)이므로 정인수(丁印綬)는 토(土)를 생하고、도기(盜氣)가 되고、또 신상관(辛傷官)을 생하고、신해(申亥)는 또 수(水)가 되어 인수(印綬)를 해함、

즉 금(金)은 병이되어 몸을 극하므로 흉이 되는 것으로서 생년에 지(支)가 병이 있는 것도 또 중년이 후에는 건강을 잃게 되는 것이다。

○이격은 소위 용음호소(龍吟虎嘯)의 격이므로 이름은 높이 하늘에 들리어도 고독의성(性)인 것은 면키어렵다。

여명천격(女命賤格)

여명으로 관살혼잡(官殺混雜)한다。관살(官殺)에 제복(制伏)없는 사람、살성(殺星)이 태중(太重)하는 사람、상관(傷官)의 태중(太重)하는 사람、재(財)를 탐내어 인수(印綬)를 깨뜨리는 사람、비견성(比肩星)이 몇개 있는 사람 관성(官星)없고 합을 보는 사람、인수(印綬)가 없으면서 살성(殺星)이 있는 사람、상관(傷官)에 칠살이 있는 사람、도화(桃花)〈자오、묘、유〉가 합을 띠는 사람、사주에 형충(刑沖)이 많은 사람、재(財)가 많고 몸이 약한 사람、양인(羊刃)에 형충(刑冲)이 있는 사람、식신(食神)에 양인(羊刃)이 있는 사람、<식신시는、신축(辛丑)、신사(辛巳)、신유(辛酉)、기유(巳酉)、기축(己丑)、뿐이다> 관성(官星)이 많고 합이 많은 사람、도종도화(到種桃花)인 사람、<도종도화는 신자진(申子辰)생인 것에 유(酉)를 본다。즉 수국(水局)에 또 수(水)를 생하는 금(金)을 본다。유생(酉生)인 사람에 임(壬)을 보는 것등은 극음(極淫)을 맡아 있다。창기의 명이다。또 봉안도화(鳳眼桃花)라함> 신왕(身旺)하여 의지할 곳이 없고、상관(傷官)에 또 관성(官星)을 본다。재관(財官)이 다시 인수(印綬)를 만남 인수(印綬)에 겁재(劫財)가 있는 것등은 모두가 여자의 천격이다。여명에 있어서는 관성(官星)은 남편이다。

그러므로 단지 한자리만을 좋아 한다。관성이 두자리 있으면 남편이 바뀐다。사주에 모두 관성이 되면 흉이된다。모든 주(柱)가 七살이 되면 도리어 복귀를 이룸、상관(傷官)은 귀를 이루지 못하고、상관(傷官)의 운에 가면 남편을 극함、상관에 제(制)가 있으면 몸을 절(絕)함。여명에 상관(傷官) 편관(偏官) 정관(正官)이 있으면 남편을 상케하는 하천한 사람이다。상관(傷官)이 자、묘、오、유(子、卯、午、酉)에 있으면 기녀(妓女)의 명、아니면 자식을 극함、만약 귀인이 한자리 를보고、혹은 영신(榮神)을 보고 혹은 절지(絕地)를 이루면 대개 부귀하고 정결 하다。 사주에 진(辰)이 있고 술(戌)이 없음은 고독(孤獨)하고 늙어서는 적막(寂莫)하여 진다。 술(戌)이 있고 진(辰)이 없음은 초년에 노고가 있고 중년은 좋다。 남편을 방해하지 않고、 그저 멋을 지니고、 음이있고、 남편을 극 하지않고、 진술(辰戌)이 갖으면 음난하여 집안을 깨뜨리고、 남편을 상하고、 자식을 극하고 혹은 장수하지 못하고 아니면 신앙이 있다고 한다。

명식(命式)<咸地桃花의 명>

서기 一八九六년 六월 十九일 오전七시생(여)

劫財	丙申	沐浴(絶)	
印綬	甲午	建祿(死)	納音山下
食神 己乙	丁卯	病(建祿)	火性
偏官	癸卯	病(長生)	

조직 역五년운 空亡(공망) 戌亥

이생은 일생동안 운세가 네번 변화하는 것이다。 이것이 여자의 운을 보는 첫째 안목 또 제일 중요한 점이다。

왜냐하면 병、갑、정、계(丙、甲、丁、癸) 이렇게 사주가 잡기(雜記)되어 있기 때문이다 또 시상에 편관(偏官)이 있으나 격에드는 것은 진、술、축、미(辰、戌、丑、未)이므로 시상 편관격(偏官格)은 아니다。 또 그 생일이 묘(卯)이 므로 잡기(雜記)되어 있어도 잡기재관격(雜記財官格)은 되지 않는다。

이에 반하여 묘(卯)가 둘 있으므로 함지살(咸地殺) 즉 도화살(桃花殺)이 되어 여자의 천격(賤格)이 되어 남편의 연분이 두번、세번、네번、이렇게 바뀐다。 네번을 결혼하지 않아도 네사람의 남자에게 몸을 맡기게 되는 것이다。 묘(卯)와 묘의 도화(桃花)는 두번、병、갑(丙甲)이 두번이다。 이미 본인은 두번 남편이 바뀌었다고함。 현재는 두번째의 남편 〈먼저 남편과는 사별〉과도 표면상 이별하고、첩과 같이되어 따로 집을 가지고 가끔가서 만나고 있다함。 대운을 보면 아래와 같다。

一세부터 五세까지——갑인수(甲印綬)

六세부터 十세까지——계편관(癸偏官)

十一세부터 十五세까지——임정관(壬正官)

十六세부터 二十세까지——신편재(辛偏財)〈혹은 이동안에 정을 통함〉

二十一세부터 二十五세까지——경정재(庚正財)〈안해가됨〉

二十六세부터 三十세까지——기식신(己食神)〈이동에 재연〉

三十一세부터 三十五세까지——무상관(戊傷官)〈파연(破緣)이됨〉

三十六세부터 四十세까지——정비견(丁比肩)〈고독(孤獨)〉

四十一세부터 四十五세까지——겁재(刦財)〈좋지못한 결혼〉

겁재(刦財)가 五개년 다음은 편인(偏印)이 五개년 五十세가 된다。五十一세 부터는 두번째의 인수(印綬)이므로、또 고독 하여져서 놀이 같은 것으로 살아 가게 된다。 네번째 남편이 바뀐다는 것은 신편재(辛偏財)의 때나 五十六세를 지나면서 또 남편〈사실은 첩과 같은 것〉을 얻게 되는 것이다。 그 상세한 관계는 또 중운이나 년운의 추이(推移)를 보지 않으면 아니되겠지만 한눈으로 보아서 두번 이상 네번 남편이 바뀐다는 것은 사주가 네번다 다르다는 것 및 도화살(桃花殺)이 있는 것으로 단언 할수 있는 것이다。

명식(命式)

서기 一八九九년 一월 十八일 오후 五시생(여)

偏財(편재)	戊	戌	년	墓(묘) (戊(무)는 인수(印綬)를 깨뜨림)
敗財(패재)	乙	丑	월	衰(쇠)
(辛(신)正官(정관))	甲	申	일	病(병)
印綬(인수)	癸	酉	시	病(병)

간합(干合)화(火)가됨 (偏財·印綬)

이것은 기생(妓生)이다。 초연의 자식이 하나있다。 그밖에 몇사람의 남자가 있었는지도 모른다。 지(支)에 아무런 귀성이없다。 무(戊)가 인수(印綬)를 토극수(土尅水)로 깨뜨리게 되므로 좋지않다。 그리하여 간합(干合)하여 병화(丙火)의 식신(食神)이 되나 식신(食神)은 색정(色情)이기도 하기때문에 많은 사람에게 몸을 맡기게된다。 또 여명에 술(戌)이 있고 진(辰)이 없거나 진(辰)이 있고 술(戌)이 없거나 한것은 천격(賤格)이 된다。 그러므로 천업을 가지게 되었고、 이것으로 생활은 되지만 귀성이 없고、 또 인을 깨뜨리므로 안락을 얻을 수는 없다。 슬픈 명이다。

명식(命式)〈井上醫四郎 부인〉

서기 一八八六년 七월 七일(생시불명)

偏(편)印(인) 丙戌년 墓(묘)

正(정)官(관) 乙未월 養(양)

巳(사)敗(패)財(재) 戊辰冠 官帶(관대)

○자작부인(子爵夫人)이기는 하나 술진(戌辰)이 있어서는 고규(孤閨)의 사람이다。 한때 부처가 별거를 하여 문제를 일으킨 일이 있고、 부인은 부인대로 홀로해나갈 길을 찾기도 한 일이 있으나 그뒤에도 동서(同棲)하였다。 이와 같은 생은 남편과 연분이 얕은 것이다。

굴기흥패(屈起興敗)

인간이 군흥(群興)하여 부귀의 영광을 이루고, 그리하여 잘 복을 받고, 그몸을 가짐은 무엇인가, 이것을 근대과학의 양식으로 말하면 기구적사실(機構的事實)의 왕성한 것으로 돌아가나, 여기서는 사주중에 몸이 오로지 왕성함에 있는 것이다. 신주(身主)라는 것은 곧 이른바 일간(日干)〈생일〉이고, 그 길신을 쓰는 곳이나 또는 재(財) 또는 관(官), 혹은 인수(印綬), 아니면 식신(食神)에 따라 부(富)를 갖고, 권(權)을 띠고, 학문을 닦고, 화락을 얻게 되는 것이다. 길신(吉神)은, 월중(月中)에 감추는 바의 것으로서 이를테면 묘(卯)중에 있어서의 갑(甲) 또는 을(乙)과 같은 것이다.

이들 길신(吉神)이 록(祿)을 띠면 권(權)을 얻으나, 그들은 또 형충(刑冲), 손상(損傷) 극해(尅害)의 별들이 붙지 않는 것을 좋은 것으로 한다. 길신(吉神)이 건전하면 부귀의 본원(本源)을 이루고, 훗날 그 재주를 잘 부려먹고, 윗대에서 닦은 기업(基業)앞에 빛나고, 당대의 공명을 이루고, 말성을 일으키지 않고, 상해(傷害)를 부르지 않고, 운상(運上)에 자국 자국이 길을 얻는 것이다.

사주에 길리(吉利)가 더하면、이것 소위 원류(源流)의 청결(淸潔)을 가리키고、복록권세를 잘 받아서 사회의 윗자리에 나타나고 한평생 원한 없는 생활을 하는 것이다。이것 모두가 사주의 건왕(建旺)한 데에서 결한일로서 사람이 만들은 바는 아니다。

만일 그 몸을 궁하게하고、수고고한(愁苦孤寒)하던 것이 어떤 경우에 갑자기 일어나고 혹은 재물이 뜻과 같고、맨손으로 많은 전답을 사모으고、혹은 높은 자리에 서게되는 것은 사주의 전후 길흉을 달리 하기때문이고、장년시(壯年時)에 고생함은、일주(日主)의 생기가 아직도 왕(旺)하는 바가 되지 않았기 때문이다。쓰이는바 길신(吉神)이 모두 자리를 얻으면 왕(旺)하고、또 격을 얻음으로 일주(日主)에 힘이 아님이 없고、만약 일주에 힘이 없으면 그복을 받아들일 수없이 고생스럽고 고달픈 것이다。곧 운의 도움을 만나면 그 일간(日干)이 강건(强健)을 얻어 풍운을 타고、기회를 잡으나、이것은 본래 그 일주(日主)에 이것을 쓸 길신(神吉)이 있기때문이다。이러한 아무것도 없다면、기회가 이르러도 복지(福祉)를 얻지 못하고 혹은 일단두터운 복을 얻어도 중도에서 무너지고、또다시 본래대로 적수로 돌아가는 것이다。그들의 실적은 하나하나의 사람에 따라서 이것을 명료하게 지적 할수 있는 일로서 결코 일상 사람의 힘으로서 어떻게도 할수 없는 것이다。

일주(日主)가 강하면 즉 사주오행、잡순(雜純)이 섞이지 않고、몸도 살성(殺星)과 같이 왕성한다。즉 본밑에서 이것을 제복(制伏)함이 없으면 부귀 해지지는 않는다。일주(日主)가 강하면 제복(制伏)이 있어 부귀가 이루어 진다。그렇지 못한것은 그저 운이 오는 것을 기다려、그 살성(殺星)이 제복할 때에、살신(殺神)화하여 권을 이루므로、이 기(機)를 타고서 일을 하겠금 잘 굴기(崛起)를 얻는 것이다。그러할때는 재덕이 장관을 움직이고 공명현달(功名顯達)하여 무리를 뛰어넘고、유(類)를 벗어날 수가 있는 것이다。이것은 그몸이 왕(旺)하고 살신제복(殺神制伏)때문에 화하여 권(權)을 가져오기 때문이다。신(神)을 막고힘이 왕(旺)하면 그 복은 보통이 아니다。그렇지 않으면 현달(顯達)함을 얻을수 없다。나아가서 그품이 극귀에 이르름도 실로 그 조직이 있기때문인 것이다。그리고 또 그운이 이것을 도우기 때문이다。적어도 운에 이르지 않으면 즉 보통사람으로 마치는 것이다。밑 운세가 장대하여 당장에 일어나고、또는 당장에 나쁜운을 만나는 것은 그 원명(元命)에 해가 더하여지기 때문이다。혹은 그 재(財)를 빼앗기고 혹은 그관(官)을 상케하고、그 인수(印綬)를 깨뜨리고、그 식신(食神)을 손(損)하면 흉신이 그몸에 미치고、화(禍)가 말할수 없을 만큼 크다。그러므로 중년까지는 운세가 기울어 피어 나지 못하는 사람도 악운이 한번 가고、또 좋은 운이 몸을 도우게 됨을 만나고、나의 용신(用神)을 일신하면 마른묘가 비를 만남과 같이 발연(勃然)히 일어 나는 것이다。

또 사람에게는 五행의 소장(消長)이 있다。 양인(羊双) 비견(比肩)이 있음은 다 같이 그 왕(旺)을 빼앗기 때문에、몸에 극을 받음이 심하다。 재관격신(財官格神)등인 것이 있어 이것을 누르는 것이좋다。 사주의 허부(虛浮)하는 것은 힘을 다하여도 공명이 없다。 운을향하여도 저해(阻害)가 있고、일생을 기한(飢寒)으로 마치고、고생이 많아 뜻은 있어도 사물의 이루어 짐이 없다。 혹은 중년만년에 이르러、부에 살운(殺運)을 만나면、혹시 살성(殺星)이 권을 부리고、혹은 양인(羊双)을 제복(制伏)하면 권귀를 얻어서 현양(顯揚)한다。 혹은 자원(資源)을 받아서 발복한다。 모든 오행의 청탁(淸濁)에 따라서 위의운을 나누어 보는 것이다。

운이 통할때에는 신왕(身旺)하고 일주(日主)가 왕성할때이다。 운이 통하지 않을때에는 신약(身弱)하여 살인(殺双)이 몸에 미칠때이다。 더우기 또한 비견(比肩)이 세운(歲運)이 되면 반드시 다른 사람과 다투고 헤어지는 일이 있다。 겁재(劫財) 양인(羊双)의 때에도 또한 흉한 일이 있다。 편관(偏官)살에 임할때에는 해직(解職)、이동(移動)、소송(訴訟)등의 일이있다。 그리하여 일생동안 떠돌다가 곤난이 뼈에 스미는 것은 일주(日主)가 약하거나 또는 사주가 왕하지 않는 것이다。 그렇다면 신약(身弱)이란 어떠한 것인가、 즉 다음과 같은 것이다。

신약(身弱)

이를테면 갑목근(甲木根)없으면 축월(丑月)생이다。 축(丑)은 三합하여 금(金)이 된다。 만약 사주에 수(水)가 많으면 금생수(金生水) 수생목(水生木)으로서 귀에 옮긴다。 을목근(乙木根)없음은 자신진(子申辰) 三국이 있는 사람이다。 三국은 수(水)가 된다。 병화(丙火)를 생함이 없으면 이몸은 빈천하다。

六갑(여섯 갑일(甲日)생이 신(申)에 앉고、 세번 자(子)의 운을 보고、 또 북방에 가면 수(水)가 많으므로 목(木)은 떠내려 다닌다。 횡사(橫死)를 막지 않으면 아니된다。 병(丙)이 신(申)에 임하면、 임수(壬水)가 오는 것을 꺼린다。 제(制)가 있으면 신왕(身旺)이 되고、 왕할때에 명리(名利)가 이루어진다。 사(巳)가 해월(亥月)에 들어있으면、 을목(乙木) 묘를 만나는 것을 겁낸다。 월(月)이 인수(印綬)를 만나면 자연히 복이 이루어 진다。

기일(己日)이 칠살을 만나면 인(印)이 왕(旺)하여 재(財)가 숨는다. 동남방에 운전(運轉)할 때 귀고(貴高)하고 재록(財祿)이 족하다. 임인(壬寅) 임술(壬戌)에 무토(戊土)가 있고, 관성(官星)이 섞이지 않으면 이름이 떨치고, 록(祿)이 나타난다. 계수(癸水)에 뿌리가 없으면 화향(火鄕)에 이르러 귀가 있다. 임수근(壬水根)이 없으면 화향(火鄕)에 이르는 것을 겁낸다. 정유(丁酉) 음유(陰柔)하면 수(水)가 많음을 겁내지 않고 비견(比肩)을 뚫고 나왔으면 도리어 좋지 않다. 무인일주(戊寅日主)이면 무엇 때문에 목(木)이 왕(旺)함을 근심할 것이며, 화향(火鄕)에 이르러서 이름이 난다. 수(水)가 오면 표탕(漂蕩)함. 경오일(庚午日)이 되면 지(支)는 불(火)이 활활 붙는다. 토(土)를 보면 귀를 이루고, 수(水)를 봄은 좋지 않다. 신금(辛金) 신약(身弱)은 묘(卯)의 년월에 나면 격에든다. 계유(癸酉) 일주(日主)가 쇠하면 재(財)가 사주에 들때 격이 된다. 계사근(癸巳根)이 없으면 화토(火土)를 겹쳐볼 때 재명(財名)이 드러나고 수(水)의 근(根)은 금(金)이다. 금이 사주에 나타나면 도리어 천하다.

소위 출세를 할 사람은 신왕(身旺)이다. 박명(薄命)인 사람은 신약(身弱)이다. 신약을 신왕이 되게 할수도 없으나, 흉을 피하는 일은 꼭 불가능한 것도 아니다.

명식(命式)

서기 一九一三년 一월 五일 오후 四시반생(남)

偏官(편관) 壬 子 년 帝旺(제왕)

偏官(편관) 壬 子 월 帝旺(제왕)

(巳(사) 傷官(상관)) 丙 戌 일 墓(묘)

比肩(비견) 丙 申 시 病(병)

○子甲 수국(水局)함

순九년운 공망(空亡) 진사(辰巳)

○병술일(丙戌日) 병신시(丙申時)는 귀격이 되는 것이나。 임수(壬水)가 둘이나 있고、 자신(子申) 또 수국(水局)하므로 신왕(身旺)하고 의지할곳 없는 사람이다。 즉 자월(子月)은 수(水)로서 병일(丙日)은 화(火)이다。 그리고 수(水)는 칠살이다。 토(土)가 없으면 아니되나 사주에는 토(土)가 없다。 신왕(身旺)하고 의지할 바없는 생이므로、 남자로서는 첫째 조업

을 깨뜨리고, 기침병에 걸리고, 다음에 직업으로서는 승려(僧侶)등이 될수 밖에 없는 것이다. 편관(偏官)두별이 왕(旺)을 다투기 때문에 인화도 없고, 부모도 오래 동거하기 어렵다 보통사람으로서는 처자가 무슨일에 종사하고, 그자력에 따라 생활할 수 밖에 없다. 자재명리 다같이 얇으나 만년이 되면 조금집안이 안정된다. 그러나 신병이 있는 몸이 되기쉽다.

명식(命式)

서기 一八七五년 九월 十七일 오전 一시생(남)

傷官(상관)	乙亥년	絕
傷官(상관)	乙酉월	絕
(庚偏印)(경편인)	壬午일	帝旺
	庚子시	胎

전주편인(全柱偏印)

○酉는 공망(空亡)이 됨.

○子午는 충(冲)이 다.

역三년운 공망(空亡) 申酉

○이것은 신약(身弱)이다。부모 형제의 인연이 좋지 못하고、처가 먼저 죽고、〈임자(壬子)는 백의(白衣)이다。〉 자식의 인연도 없다。만년五十四세 이후는 고독 하다。년상 상관(傷官)은 조업을 해하고、월상 상관(傷官)은 부모(父母)를 해(害)하고、일직 고아가 된다。생일이 임오간(壬午干) 지이성(志異性)은 처를 형(刑)함、자오(子午)의 충(沖)은 자식의 인연이 없다。모든 주(柱)가 모두 편인효신(偏印梟神)이므로、도식(倒食)이다。〈식신(食神)을 넘어 뜨림〉、도식은 나의 식록(食祿)을 넘어뜨리는 것이다。그러므로 재(財)가 있어도 이것을 잃게 되고、나의 자식도 극하므로 자식이 없는 것이다。

질병(疾病) 및 생사(生死)

질병은 정신 기혈을 맡은 것으로서、각각 감상(感傷)이 있고、속에는 장부가 있고、밖에는 지체(肢體)가 있는 것이다。이제 이것을 봄은 팔자의 간지(干支)、오행생극의 뜻을 잡아、상(傷)의 중요한것을 잡아서 판단하는 것이다。오행간지가 태왕(太旺)하는가 또는 미치지 못하는 것은 다 같이 병이 있다。금(金)은 도인형상(刀刃刑傷)을 맡았고 수(水)는 배가 뒤집혀서 죽고、수난(水難)이 있다。목(木)은 들보로 걸리고、목에 의하여 부상을 입고 화(火)는 곧 밤에 잠자는데 뒤집히고、 혹은 화난(火難)이 있다。 토(土)는 산이 무너져 떨어지고、 뻘속에 떨어져서 죽는다。 이것 모두가 천명인 것이다。 또 천간(天干)으로서 내장을 말하자면、 갑(甲)은 간장(肝臟)、 을(乙)은 담장(膽臟)、 병(丙)은 소장(小腸)、 정(丁)은 심장(心臟)、 늑막(肋膜)、 무(戊)는 위(胃)、 기(己)는 비장(脾臟)、 노쇠(老衰)、 경(庚)、 대장(大腸)、 신(辛)은 폐(肺) 임(壬)은 방광(膀胱)、 계(癸)는 신장(腎臟)이다。

○천간(天干)으로서 지체(肢體)를 말한다면、 갑은 머리、 을은 목、 병은 어깨、 정은 가슴、 무는 옆구리、 기는 배、 경은배꼽、 신(辛)은 다리、 임은 허벅지、 계는 발이다。

○十二지로서 병으로 말하면 자(子)、 산기(疝氣)、 축(丑)은 아랫배、 인(寅)은 팔꿈치 묘(卯)는 눈과 손、 진(辰)은 등과 가슴、 사(巳)는 얼굴과 잇발、 오(午)는 가슴과 배、 미(未)는 옆구리、 신(申)은 기침병、 유(酉)는 간과 허파、 술(戌)은 등과 허파、 해(亥)는 머리와 간、 간(肝)은 신(腎)의 끝으머리이다。 신(腎)은 간(肝)의 주(主)이다。 신은 눈과 통한다。 그러므로 신이 쇠하면 시력을 감한다。 담(膽)은 넋을 감추고、 간은 백(魄)을 감추고、 신은 정(精)을 감추고、 심은 신(神)을 감추고、 비(脾)는 기(氣)를 감춘다。

○그밖에 목、 화、 토、 금、 수 오행의 명이 이와 같아서 사람의 생사를 논하자면 각각 오

행의 왕쇠(旺衰)를 미루어 알지 않으면 아니되나 이제 여기에 격국의 정론(定論)이 있는것만을 대략 말하기로 한다。

○인수(印綬)에서 재(財)를 보면 재운에 가고、일직 사절(死絕)의 자리에 이르르면 반드시 황천에 든다。주에 비견(比肩)의 별이 있으면 재(財)를 극하므로 이것을 면한다。

○정관(正官)에 칠살 및 상관(傷官)을 보고、형충파해(刑冲破害)세운에 서로 따르면 반드시 죽는다。

○정재편재(正財偏財)가 있고、비견(比肩)의 나누어 빼앗김을 보고、겁재(劫財)、양인(羊刃)을 보고、세운에 또 이것을 보면 충(冲)이 합할때 반드시 죽는다。

○상관(傷官)의 격은、재왕(財旺)하면 신약(身弱)하여 진다。관살(官殺)을 겹쳐보고 충(冲) 및 양인(羊刃)의 지(支)와 섞이고、세운에 또한 이를보면 반드시 죽는다。살아도 신체에 상처가 남는다。

○귀록시격(歸祿時格)인 사람이 형충파해(刑冲破害)를 만나고 칠살을 보고、관성(官星)이 공망(空亡)하고 충(冲) 및 양인(羊刃)이 있으면 반드시 죽는다。세운과 서로 따라가면 반드시 죽는다。그나머지 제격은 모두 칠살 및 동성(同性)의 별이 나타 났을때가 좋지않다。

그밖에 흉신이 모일때、 병사묘(病死墓)의 운이 올때는 구사일생을 얻는다。 사주에 재성(財星)이 많음은 신약(身弱)칠살의 운에 오는 것은 좋지 않다。 몸이 가벼우면 즉 구(救)하여 줌이 있다。 도움이 없으면 흉이다。 사주에 금(金)이 많으면 꺾이고、 수(水)가 많으면 떠돌아다니고、 목왕(木旺)하면 곧 요절(夭折)하고、 화(火)가 많으면 불타고、 토(土)가 많으면 바보가 되고、 대과(大過)하는 것도 미치지 못하는 것도 좋지않다。

명식(命式)〈예〉

서기 一八七七년 六월 二七일 오후七시(여)

偏官 丁丑년
正官 丙午월
(丁偏官) 辛未일
印綬 戊戌시

○丙辛 각(干) 수화(水化)함
○未와 午합함(火)
○未丑을 합함
○丑戌은 형(刑)이됨、
○戌은 양인(羊刄) 공망(空亡)

순(順)三년운 공망(空亡) 戌亥

이조직의 길흉판단은 앞서 말하였다。 무술(戊戌)은 묘운(墓運)이 되므로 만년이 좋지않

다。五十一세부터의 운을 보면、

四十九세、五十세、五十一세、 임술상관(壬戌傷官) 〈충운(冲運)으로서 공망(空亡)〉 관대(冠帶)

이사이에 남편과 헤어진다。(상관(傷官)은 남편을 극함)

五十二、三、四세 계해식신(癸亥食神)

이사이에 여학교를 일으켰음。

五十五、六、七세 갑자정재(甲子正財) 장생(長生)

즉、도기(盜氣)가 됨、그리하여 갑목(甲木)은 병정(丙丁)의 관성(官星)을 더하게 한다。

또 자(子)는 월령(月令)의 오(午)를 충(冲)하고、일지(日支)의 미(未)를 해(害)함、또 생일의 신(辛)은 병과합하여서 수(水)의 상관(傷官)이 되고、더욱더 정재(正財)를 강하게 하고、정재(正財)가 강하여 지면 또 병정(丙丁)의 관성(官星)이 강하여져서 몸의 살성(殺星)이 되어서 신약(身弱)이 된다。

인수(印綬)는 이명에 있어서는 도움(救)이므로〈인수(印綬)가 왕하면 관(官)이 움직임、그러므로 길이 됨〉、이것을 깨뜨리는 것이 있어서는 아니된다。그런데 에기에 갑목(甲木)

은 장생(長生)하여 무(戊)의 인수(印綬)를 깨뜨리기 때문에, 기는 한층 강하여 지는 것이다. 그러므로이 五十五, 六, 七세때가 가장 나쁜 것이다. 서기 一九三一년은 세운의 무진(戊辰)에 당하고, 이것이 또 생시의 술(戌)과 충(冲)하는 위에 생일의 미(未)와 형(刑)한다. 그러므로 형충(刑冲)은 생일 및 생시에 갖게모인 것이다. 이 해는 신(辛)으로서 비견운(比肩運)이다. 신금(辛金)은 또 수(水)가 생하는 곳으로서, 남과의 헤어짐이다. 八월은 병정관(丙正官)의 달, 신(辛)과 합하여서 또 수(水)가 되고, 오월(午月) 또한 충형(冲刑)을 할때이다. 이달의 二十九일 병진(丙辰)의 다시 충형(冲刑)을 받는 날에, 심장병으로 죽었다.

명식(命式)〈예〉

서기 一九九〇년 二월 十五일 〈생시불명〉

正財(정재)	庚寅	년	長生(장생)
傷官(상관)	戊寅	월	長生(장생)

인묘(寅卯) 모두 목(木)이다.

(甲印綬) 丁卯일 建祿

순七년운 공망(空亡) 戌亥

이명은 음화(陰火)의 정(丁)에서 토생금(土生金) 이렇게 달로부터 해어가서, 인(寅)에 갑목(甲木)이 있어 경금(庚金)에서 극하고 있으므로, 아버지의 힘을 입기 어렵고, 또 일직 아버지를 여윈다. 인묘(寅卯)도 목(木)이며 인수(印綬)가 되므로, 인수는 말하자면 태과(太過)하므로 신약(身弱)이다. 무엇보다. 도기(盜氣)、七살의 운이 오는 것이 흉이다.

七 세	戊寅	傷官	死
十四세	己卯	食神	病 (이사이는 다병(多病))
二十一세	庚辰	正財	衰
二十八세	辛巳	偏財	帝旺
三十五세	壬午	正官	(이때 회사의 부장) 建祿

四十二세 癸未 偏官(편관) 冠帶(관대) (羊刃(양인)일때 또는 七살운)

이 四十二세는 미(未)의 양인(羊刃)에 해당하고、또 칠살이 되므로 대흉이다。세운은 경오(庚午)의 정재운(正財運)이고、서기 一九三一년은 또 신미(辛未)의 양인년(羊刃年)이다。七살은 양인(羊刃)과 겹쳐진다。수명은 여기서 마치는 것이다。즉 그해 三월 편관(偏官)의 달에 돌아갔다。

명식(命式)〈예〉

서기 一九〇七년 六월 二五일 아침 五시생

				아래는 기화(氣化)
食神(식신)	丁未	년	養(양)	衰(쇠)
傷官(상관)	丙午	월	長生(장생)	帝旺(제왕)
食神(식신)(丁)	乙巳	일	沐浴(목욕)	建祿(건록)
正財(정재)	戊寅	시	帝旺(제왕)	長生(장생)

○화살표는 년의 쪽에 생하는 세력은 이것 흉이다。 반대로 일시의 쪽에 생하는 것은 길이다

○사、오、미(巳、午、未)와 일、월、년이 나란히 있는 것은 남방의 화기(火氣)이다。 인오(寅午)도 화국(火局)하여 남방의 화가된다。

○남방의 화(火)는 염상(炎上)이다。 예의를 맡아 사양하는 마음이 있다。 공경(恭敬)하고 위의(威儀)가 있으며 무게 있고、순박하며 얼굴은 위가 좀 튀어 나오고 밑이 넓으며 양자성(養子星)의 골상을 갖고 있음。 대과(大過)하므로 곧 공경하고 총명한 것이다。 학재에 뛰어났고、사물을 보는 지능에 뛰어나고、일직이 노성(老成)한풍이 있다。 곧 천하의 수재이다。

○운기는 역(逆)육년이다。 곧 생월에서 보아 〈이것이 법식이다。 이것이 대운(大運)

丙午 傷官(상관) 六세까지

乙巳 比肩(비견) 十二세까지

甲辰 劫財(겁재) 十八세까지

癸酉 偏印(편인) 二十四세까지

○소운(小運)은 병오(丙午)에서 차례로

丙	午	傷官(상관)	二十一세
丁	未	食神(식신)	二十二세
戊	申	正財(정재)	二十三세
己	酉	偏財(편재)	二十四세

가된다。위태하기 짝이 없다。불꽃이 하늘을 찌르고、생명이 바야흐로 불타、수명이 여기 다하려는 징조이다。왜냐하면 대운(大運)의 계(癸)는 무(戊)와 간합(干合)하여 화가 되고 상관(傷官)이 된다。소운(小運)의 기(己)는 갑(甲)과 간합(干合)하여 목화(木化)하고 다시 불이타오르는데에다 힘을 덧붙인다。년운이 一九二九년은 또 기(己)로서 갑(甲)과 간합(干合)하여 큰 화로에다 나무를 산떼미처럼 쌓고 불을질러 놓으려는 것이다。그리하여 그불은 년상을 향하여 큰 용과도 같이 날세게난다。생명이 여기에 다하려는 것이다。

이 아이는 친구의 장남이다。처음은 사랑스러운 어린이였었다。커서는 법정대학에 있어서의 수재이었다。 내가 눈여겨봐 공부 잘 하는 청년이었다。 과연 二十三세의 十一월 곧 무년(戊年)〈계(癸)와 간합(干合)하여 화(火)가 됨〉。 十一월은 계정재(癸正財)의 달, 또 무(戊)와 간합하여 화(火)가 되는 때에 발병 하였다 폐염(肺炎)。 부모는 깜짝 놀라서 의사 의원을 찾고, 자기는 또 종교가 인지라 부처님의 힘을 빌어서 사랑하는 자식의 병마를 격퇴하려고 하였다。 나도 또한 미치지 못하나 방법을 일러주었다。 그러나 나의 방법은 반을 행하기 전에 마침내 一九二九년(己) 十월 병상관(丙傷官) 기사일(己巳日)에 영영 죽고 말았다。 불타고 타고 다시 불타서 이 수재는 二十四세의 생애를 마쳤던 것이다。

십간동정(十干動靜)

명리의 법은 생일 및 생시로서 주(主)로 하고, 년은 그다지 중하게 여기지 않는다。 월은 월령(月令)이 되므로 그만둔다。 그러므로 여기 사람의 생년 만으로서 그 길흉을 상세하게 말하기는 어렵다。

서문에서도 말한것 처럼, 도궁(陶宮)은 이 가운데의 十二지(支)만을 쓰고, 구성(九星)은 말하자면 년만에 쓴것으로서 술(術)의 한 끝이기는 하지만 전부는 아니다。 그러나 여기 이 책을 읽는 사람의 편리를 위하여、 아래에 十간(干)에 따른 각각 그해의 길흉을 가리킨다。 그 정확한 것은 생일 생시의 여하에 따라서 비로소 될수 있는 것이라는 것을 알아주기 바란다。

○갑년생일(甲年生日) (서一九六八년、一八八七년、一八八四년、一八九 기四년、一九〇五년、一九二八년、一九三八년)

○갑년(甲年)에는 다른사람과 헤어짐이 있다。 부모와의 이별이 있다。 실직이 있다。 처를 극하고 재(財)를 깨뜨린다。

○을년(乙年)에는 손해、 실재、 또는 다른 사람과 헤어짐이 있다。 결혼하면 뒤에 실패가 있다는 것을 자각한다。

○병년(丙年)에는 연애(戀愛)가 일어난다。 결혼도 있다。 아랫사람의 결혼이 있다。 때로 질병이 있다。

○정년(丁年)에는 불화(不和)다툼、 병난、 부상등이 있다。

○무년(戊年)에는 금운(金運)도 있으나 출재(出財)도 있다。 아이를 갖게 되는 수도 있다。

정사(情事)가 있다。

○기년(己年)에는 금리(金利)가 있다。 자식을 얻는 기쁜일이 있다。 젊은이는 결혼이 있다。

○경년(庚年)에는 몸의 이동、 주소의 옮김이 있다。 아랫사람의 병난이 있다。 공사(公事)가 있다。

○신년(辛年)에는 신분의 향상이 있다。 때로 불화 소송(不和訴訟)、 재판사가 있다。

○임년(壬年)에는 병난이 있다。 사물이 될것 같으면서 되지 않는 것이 많다。 다른 사람과의 분리 또는 이전이 있다。

○계년(癸年)에는 신분의 향상발전이 있다。 자식과의 이별이 있다。

○을년생인(乙年生人) (서기一八七五년、一八八五년、一八九五년、一九〇五년、一九一九년)

○을년(乙年)에는 사람들의 헤어짐이 있다。 독립이 있다。 부모와의 이별이 있다。 실직이 있다。

○병년(丙年)에는 불화(不和)、 소송、 부인의 병난이 있다。 이해에 결혼하면 실패라는 것을 자각한다。 부인과의 분리가 있다。

정년(丁年)에는 정사(情事)가 있다。 보수(保守)하는 사람은 평화이다。 결혼은 길이다。

○무년(戊年)에는 금리(金利)가 있다。 젊은 사람은 안해나 아기를 갖게 된다。

○기년(己年)에는 결혼하면 불만족한 결혼을 한다。 결혼한 사람은 여식을 얻는다。 자매의 일에 돈쓰임이 있다。 금운이 있어도 모이지 않는다。

○경년(庚年)에는 신상의 발달 향상이 있다。 취직이 있다。 여자라면 남편을 얻는다。

○신년(辛年)에는 몸의 이동、 주소의 변동、 또는 자손의 일로 노고가 있다。

○임년(壬年)에는 향상발전이 있다。 취직이 있다。 자기가 아주 좋을때는 자식을 잃게되는 수가 있다。

○계년(癸年)에는 평정(平靜)하며 흉사도 없다。 때로 정사(情事)가 일어 난다。 혹은 이전이 있다。

○갑년(甲年)에는 출재(出財)가 있다。 부인과의 관계가 일어 난다。 옛을 지킴이 좋다。 사람에 따라서는 금운(金運)이 있다。

○병년생(丙年生)(서기一八七六년、一八八六년、一八九六년、一九〇六년、一九一六년)

○병년(丙年)에는 다른 사람과의 분리、실직이 있다。

○정년(丁年)에는 출재(出財) 파재(破財) 또는 정사(情事)가 일어난다。 결혼하면 극히 나쁜결과를 가져온다。 또 사람과의 이별이 있다。

○무년(戊年)에는 연애(戀愛)가 일어난다。 사람에 따라서는 평정(平靜)하다。 이해에 아기를 얻으면 남아를 얻는다。

○기년(己年)에는 불화(不和)、소송、병난 같은 것이 일어나기 쉽다。

○경년(庚年)에는 출재(出財)가 있다。 부인과의 출입사가 있는 사람도 있다。 손해가 있다。 아이를 얻는 사람도 있다。 젊은 사람은 결혼이 있다。

○신년(辛年)에는 금리(金利)가 있다。 젊은 사람은 결혼이 있다。 자식을 얻으면 여아이다。 여자는 좋은 사람을 만나게 된다。

○임년(壬年)에는 몸의 이동이 있고 또는 재판사등이 일어난다。 실직도 있다。 동쪽으로 움직인다。

○계년(癸年)에는 신분의 향상발전이 있다。
○갑년(甲年)에는 평범하고、 때로 몸의 이동이 있다。
○을년(乙年)에는 신분의 향상 발전이 있다。 그위에 기쁜일이 있다。

○정년생인(丁年生人) (서기一八七七년、一八八七년、一八九七년、一九〇七년、一九一七년)

○정년(丁年)에는 다른 사람과의 분리、 부모와의 이별、 실직、 해직등이 있다。
○무년(戊年)에는 불화、 충돌등이 있다。 결혼을 하면 후에 흉사를 본다。 또 사람과의 이별이 있다。
○기년(己年)에는 평운이다。 연애 정사등이 일어나는 일이 있다。 결혼도 좋다。 부인이 이해에 잉태하면 남자아이를 얻는다。
○경년(庚年)에는 아내를 맞이한다。 혹은 자식이 생긴다。 이해에 잉태하면 여자아이를 낳는다。 금운(金運)이 있다。
○신년(辛年)에는 출재(出財)가 있다。 처자를 얻는 수가 있다。 금전은 흩어지기 쉽다。
○임년(壬年)에는 신상의 향상발전이 있다。 남자아이를 얻는 일이 있다。 여자는 남편을 대

신하는 일이 있다。여자는 남편을 얻는다。

○계년(癸年)에는 몸의 이동、주소의 변경、또는 남편의 병난 등이 있다。남자는 실직하는 일이 있다。

○갑년(甲年)에는 신분의 향상발전이 있다。그러나 자식의 신상에 좋지 못한 일이 있을 지도 모른다。취직이 있음。

○을년(乙年)에는 몸의 이동이 있다。

○병년(丙年)에는 출재(出財)아니면 이재(利財)가 있다。실없는 일로 금전을 잃는 수가 있다。여자일로 노고가 있는 수가 있고、결혼은 좋은 결과를 가져오지 못한다。

○무년생인(戊年生人)(서기一八六八년、一八七八년、一八八八년、一八九八년、一九〇八년、一九一九년)

○무년(戊年)에는 길흉 어느 사람과의 분리、실직등이 있다。

○기년(己年)에는 출재(出財) 파재(破財)가 있다。아랫 사람과의 결혼이 있다。또 다른 사람과 이별이 있다。

○경년(庚年)에는 결혼에는 정사(情事)가 일어난다。 사물의 개시가 있다。 평운이다。
○신년(辛年)에 사람은 남과의 불화、 병이 생기고、 남자는 아내에게 노고를 기치는 일이 있다。 여자는 남편을 극함。
○임년(壬年)에는 출재(出財)가있다。 여자와의 관계가 일어난다。 결혼은 크게 좋지는 못하다。
○계년(癸年)에는 결혼이 있다。 여자는 착한 남편을 맞이 한다。 금리(金利)재리가 있다。
○갑년(甲年)에는 다투는일、 소송、 몸의 이동、 주소의 변경、 전임(轉任)등의 일이있다。 반드시 동남방에 갈것이다。
○을년(乙年)에는 대길、 신상에 향상발전이 있다。 자식을 얻으면 남자아이를 둔다。
○병년(丙年)에는 이전의 일이 있다。 사물이 좀처럼 잘되기 어렵다。
○정년(丁年)에는 자기가 좋을 때는 자식의 신상에 무슨일인가 있다。 그러나 사물은 잘나아간다。

○기년생(己年生)(서기 一八六九년、一八七九년、一八八九년、一八九九년、一九〇九년、一九一九년)

○기년(己年)에는 부모 형제 또는 집안사람과의 분리가 있다。실직이 있다。

○경년(庚年)에는 불화한 일이 있다。자립 자영(自營)하는 일이 있다。때로 병난이 있다。혹은 육신(肉身)상에 슬픔이 있고、다른 사람과의 분리가 있다。

○신년(辛年)에는 때로 연애가 일어난다。젊은 사람은 결혼에 좋다。평정(平靜)을 지킴이 길하다。

○임년(壬年)에는 이재(利財)가 있다。아이를 얻게 되는 일이 있고 결혼이 있다。

○계년(癸年)에는 출재(出財)가 있다。여성의 일로 노고하는 일이있다。여자 아기를 얻는 일이 있다。

○갑년(甲年)에는 신분의 향상발전이 있다。때로 다른 사람과의 분리가 있다。

○을년(乙年)에는 불화、소송、공사(公事)、신분 및 주소의 변동 등이 있다。병난이 있다。식구의 일로 고통이 있다。

○병년(丙年)에는 신분의 향상발전이 있다。학문 명예가 높아지는 일이 있다。

○정년(丁年)에는 주소의 변동이 있기 쉽다. 신분의 향상이 있다.

○무년(戊年)에는 출재(出財) 파재(破財) 또는 여자때문에 노고가 있다. 자손의 근심도 있다.

○경년생(庚年生) (서기一八七〇년, 一八八〇년, 一八九〇년 一九〇〇년, 一九一〇년, 一九二〇년)

경년(庚年)에는 다른 사람과의 분리, 실직이 있다.

○신년(辛年)에는 출재(出財), 파재(破財), 손해 결혼등을 하면 그 결과는 나쁘다. 여성때문에 위와 같은 실패가 있다. 여자도 연애(戀愛)에 실패하는 일이 있다. 또 다른 사람과의 분리등도 있다.

○임년(壬年)에는 평운, 때로 결혼이 있다. 남녀의 정사(情事)가 일어난다. 자식을 얻는 기쁨이 있다.

계년(癸年)에는 불화, 다툼등이 있다. 여자라면 남편 또는 자식, 남자라면 아내, 또는 자식에 병난이 있는 일이 있다. 몸의 이동이 있다.

○갑년(甲年)에는 출재(出財)가 있다. 자식을 얻는 일이 있다. 할수 없이 결혼하는 일이

있다。

○을년(乙年)에는 재리(財利)가 있다。결혼을 하거나 자식을 얻는 기쁨이 있다。

○병년(丙年)에는 몸의 이동、실직 불화사、이전등이 일어나기 쉽다。

○정년(丁年)에는 신분의 승진이 있다。때로 이재(利財)가 있다。

○무년(戊年)에는 주소의 바뀜이 있다。때로 정사(情事)가 일어 난다。

○기년(己年)에는 자신이 길하면 자식의 신상에 노고 하는 일이 있다。

○신년생(辛年生)(서기一八七〇년、一八八一년、一八九一년 一九〇一년、一九一一년、一九二一년)

○신년(辛年)에는 다른 사람과의 분리 실패가 있다。

○임년(壬年)에는 집에 병자가 있다。불화가 있다。

○계년(癸年)에는 결혼 정사(情事)、신규사업등이 있다。

○갑년(甲年)에는 이재、결혼、자식을 얻는 기쁜일 등이 있다。

○을년(乙年)에는 출재(出財)、정사(情事)、여성의 일로 실패등이 있다。손해가 있다。

○병년(丙年)에는 신상의 발전 자식을 얻는 기쁨등이 있다。여자는 고독하여지는 일이 있다。

○정년(丁年)에는 신분의 이동、전직、실직、식구의 병난、소송등이 일어나기 쉽다。

○무년(戊年)에는 신분의 향상발전이 있다。때로 자식때문에 근심이 있다。이 해에 잉태하면 좋은 자식을 얻는다。

○기년(己年)에는 주소의 변경등이 있다。때로 이재(利財)도 있다。

○경년(庚年)에는 부인으로 하여 노고가 있다。좋지 못한 결혼을 하는일이 있다。남자는 여성의 일로 실패하는 일이 있다。

○임년생(壬年生)(서기一八七二년、一八八二년、一八九二년、一九〇二년、一九一二년、一九二二년)

○임년(壬年)에는 한때라도 다른 사람과의 분리 실직、해직、등이 있다。형제와의 이별 등이 있다。

○계년(癸年)에는 역시 이별수가 있다。정사(情事)에 따른 실패、손해가 있다。결혼은 뒤에 흉을 본다。

○갑년(甲年)에는 길복이 있다。결혼이 있다。때로。연애(戀愛)가 일어나는 수가 있다。남자아이를 얻는 기쁨도 있다。

○을년(乙年)에는 식구의 병난 불화 실직등의 일이 일어나기 쉽다。

○병년(丙年)에는 출재(出財)、여성의 일로 노고가 있다。자식을 얻는 일이 있다。

○정년(丁年)에는 이재(利財)、자식을 얻는 기쁨、가내번창의 일이 있다。

○무년(戊年)에는 신분상의 변동、가내의 병난、소송등의 일이 일어나기 쉽다。실직、해직 등의 일이 나기 쉽다。

○기년(己年)에는 신분의 향상승진이 있다。남자아이를 낳게되는 기쁨이 있다。

○경년(庚年)에는 신분의 이동、주소의 변경등이 일어나기 쉽다。

○신년(辛年)에는 자신이 대길하면 자식의 신상에 노고를 생하는 일이 있다。

○계년생(癸年生) (서기一八七三년、一八八三년、一八九三년 一九〇三년、一九一三년、一九二三년)

○계년(癸年)에는 다른 사람과의 분리가 있다。

○갑년(甲年)에는 사람과의 이별、병난、불화사、해직 등의 일이 일어나기 쉽다。

○을년(乙年)에는 평운이다。신규의 일이있다。연애、결혼의 일이있다。

○병년(丙年)에는 이재(利財)、자식을 얻는 기쁨등이 있다。

○정년(丁年)에는 출재(出財)、손해、여성에 따른 근심등이 일어난다。
○무년(戊年)에는 신분의 향상발전、혹은 결혼、남자아이를 얻는 기쁨이 있다。
○기년(己年)에는 신분의 변동、노고、실직、식구의병、불화、소송사등이 일어나기 쉽다。
○경년(庚年)에는 길복이 있다。학문 명예의 승진이 있으나、자손의 신상에는 근심이 있는 일이 있다。
○신년(辛年)에는 이전、출재(出財)등이 일어 나기 쉽다。
○임년(壬年)에는 출재(出財)가 심하다。결혼하면 큰실패를 가져온다。또 여자로 하여 근심이 있다。

생년 월 일 시의 신비

사주추명학

定價 28,000원

2014年 3月 20日 인쇄
2014年 3月 25日 발행
편 저 : 박 종 갑
발행인 : 김 현 호
발행처 : 법문 북스
<한림원 판>
공급처 : 법률미디어

152-050
서울 구로구 경인로 54길 4
TEL : 2636 - 2911, FAX : 2636 - 3012
등록 : 1979년 8월 27일 제5-22호
Home : www.lawb.co.kr

ISBN 978-89-7535-278-2 93180
파본은 교환해 드립니다.